Introdução à teologia

SÉRIE CONHECIMENTOS EM TEOLOGIA

intersaberes

Antonio Carlos da Silva

Introdução à teologia

Rua Clara Vendramin, 58 . Mossunguê
CEP 81200-170 . Curitiba . PR . Brasil
Fone: (41) 2106-4170
www.intersaberes.com
editora@intersaberes.com

Conselho editorial
Dr. Alexandre Coutinho Pagliarini
Dr.ª Elena Godoy
Dr. Neri dos Santos
M.ª Maria Lúcia Prado Sabatella

Editora-chefe
Lindsay Azambuja

Gerente editorial
Ariadne Nunes Wenger

Assistente editorial
Daniela Viroli Pereira Pinto

Preparação de originais
Ana Maria Ziccardi

Edição de texto
Letra & Língua Ltda. – ME
Palavra do Editor

Capa
Charles L. da Silva (*design*)
Hedzun Vasyl, oatawa/
Shutterstock (imagem)

Projeto gráfico
Charles L. da Silva

Diagramação
Regiane Rosa

***Designer* responsável**
Iná Trigo

Iconografia
Regina Claudia Cruz Prestes

Dados Internacionais de Catalogação na Publicação (CIP)
(Câmara Brasileira do Livro, SP, Brasil)

Silva, Antonio Carlos da
 Introdução à teologia / Antonio Carlos da Silva. -- Curitiba : Editora Intersaberes, 2023. -- (Série conhecimentos em teologia)

Bibliografia.
ISBN 978-85-227-0438-5

1. Teologia I. Título. II. Série.

23-142452   CDD-230

Índices para catálogo sistemático:
1. Teologia   230
Cibele Maria Dias – Bibliotecária – CRB-8/9427

1ª edição, 2023.
Foi feito o depósito legal.

Informamos que é de inteira responsabilidade do autor a emissão de conceitos.

Nenhuma parte desta publicação poderá ser reproduzida por qualquer meio ou forma sem a prévia autorização da Editora InterSaberes.

A violação dos direitos autorais é crime estabelecido na Lei n. 9.610/1998 e punido pelo art. 184 do Código Penal.

sumário

9 *Apresentação*

capítulo um
13 **Fundamentos do estudo teológico**
15 1.1 Natureza e objeto da teologia
25 1.2 Relação entre a fé e a teologia
33 1.3 Princípios filosóficos
37 1.4 Boas práticas de estudo em teologia
43 1.5 Perfil do teólogo

capítulo dois
53 **Teologia e ciência**
55 2.1 Teologia como ciência
64 2.2 Teologia e outros saberes
67 2.3 Importância da filosofia para a teologia
72 2.4 Filosofia cristã
78 2.5 Teologia e Sagrada Escritura

capítulo três
- 91 **Fundamentos da teologia**
- 93   3.1 Fé e razão
- 105 3.2 Fé-palavra
- 109 3.3 Fé-experiência
- 116 3.4 Fé-prática
- 124 3.5 Jesus Cristo como raiz teológica

capítulo quatro
- 141 **Humanidade e divindade de Jesus**
- 143 4.1 Considerações sobre a dupla natureza de Jesus
- 154 4.2 Níveis da teologia: profissional, pastoral e popular
- 160 4.3 Teologia fundamental e teologia bíblica
- 166 4.4 Teologia sistemática
- 172 4.5 Teologia prática
- 176 4.6 Teologia e espiritualidade e outras teologias importantes

capítulo cinco
- 195 **Teologia cristã**
- 197 5.1 Origem da teologia cristã
- 204 5.2 Teologia patrística
- 207 5.3 Teologia escolástica
- 214 5.4 Teologia moderna
- 218 5.5 Teologia contemporânea

capítulo seis
239 **Ramos da teologia na atualidade**
241 6.1 Pluralismo teológico
262 6.2 Teologia da libertação
269 6.3 Teologia feminista
273 6.4 Teologia étnica: negra e ameríndia
281 6.5 Teologia das religiões

307 *Considerações finais*
311 *Referências*
343 *Bibliografia comentada*
347 *Respostas*
349 *Sobre o autor*

Apresentação

Quem pode nos responder a algumas perguntas sobre o ser humano, seu comportamento e suas indagações? Alguns dirão que é a filosofia; outros, a psicologia. Sim, no que diz respeito a pensamentos e sentimentos, é possível que ambas respondam a nossos questionamentos. Outros, talvez, afirmem que precisamos consultar mais alguma ciência, talvez a teologia. A teologia não é ciência, alguém poderá dizer. Pensando bem, é melhor consultarmos a Deus, que deve saber nos responder. Sim, mas será que é possível falar com Deus para sermos ajudados?

Em meio a essas indagações, identificamos a necessidade de um estudo mais específico, mesmo que introdutório, para descobrir informações que possam nos tranquilizar ou nos levar a questionamentos ainda mais profundos. Estudando a teologia, caminharemos no sentido de aprender, entender e compartilhar conhecimentos. Na prática, ela pode continuar sendo um instrumento para aprendermos sobre aquilo que é divino (eterno) e o que é humano (transitório).

Dessa forma, o objetivo primeiro desta obra é ser útil nos universos acadêmico, eclesiástico e social de estudantes de teologia e de áreas afins, servindo como base para sua caminhada por meio de conteúdos relacionados às Escrituras Sagradas e a algumas ciências, em especial à filosofia. Além disso, desejamos orientá-los na busca por compreender a natureza dos seres divinos, seus atributos e sua relação com a humanidade, levando-os a reflexões equilibradas e relevantes nas esferas científica, acadêmica, comunitária e eclesiástica, de modo a analisar como podemos relacionar fé e teologia, quais princípios fazem parte desse processo e como, de maneira prática, um teólogo pode interagir e contribuir com suas percepções.

Nossa proposta é oferecer uma obra introdutória no campo da teologia, entendendo ser necessário apresentar aos estimados leitores as contribuições de teólogos e filósofos que têm marcado a história da teologia, bem como de acadêmicos da presente geração que têm analisado não só temas históricos da teologia, mas também temas atuais.

Nesta obra, você encontrará menções a pensadores de um passado distante e a estudiosos de nossa geração, por meio da abordagem de temas diversos no âmbito da teologia. Reunimos contribuições e considerações de pesquisadores e debatedores de temas teológicos e filosóficos que já renderam discussões acaloradas e que continuam sendo pertinentes para o aprendizado acadêmico. Para tanto, organizamos os temas em seis capítulos, acompanhados de atividades de avaliação e de reflexão, algumas questões de cunho prático e uma lista de recomendações bibliográficas.

Em nossa abordagem, analisamos a história da teologia e o surgimento de movimentos e pensadores que nos fazem perceber sua evolução no envolvimento com a vida humana. Procuramos apresentar definições de termos e temas que inicialmente podem parecer complexos; porém, conforme avançamos, vamos nos familiarizando com eles e compreendendo que se trata de um universo acessível e enriquecedor.

No Capítulo 1, abordamos os fundamentos do estudo teológico, descrevendo seu conceito e sua relação com a fé. Apresentamos alguns princípios filosóficos e também questões relacionadas ao mundo em que vivemos, em que se encontra uma humanidade complexa, desafiada a todo instante a se posicionar sobre os mais diversos assuntos.

No Capítulo 2, aproximamo-nos do universo científico para esclarecer se a teologia pode ser considerada ciência e como, por meio dela, podemos acessar o ser divino. Evidenciamos como essa área se relaciona com a sociedade não apenas baseados em informações advindas do presente século, mas também recorrendo ao passado.

Em seguida, examinamos, no Capítulo 3, como a teologia amplia nossa percepção sobre a divindade, a fé, a religião e a religiosidade por meio de um espectro de conhecimentos e como nos alimenta para melhor elaborarmos nossas perguntas e respostas na vida em comunidade. Apontamos também como a teologia nos permite utilizar a razão para opinarmos sobre fenômenos religiosos, respeitando a sabedoria imanente da ciência.

No Capítulo 4, discutimos sobre a dupla natureza de Jesus e também sobre algumas áreas da teologia, como a fundamental e a bíblica, a sistemática e a prática. Concluímos o capítulo refletindo sobre a relação entre teologia e espiritualidade.

A teologia cristã é o tema do Capítulo 5, no qual explicamos sua origem enfocando as teologias patrística e escolástica, bem como as teologias moderna e contemporânea

Por fim, no Capítulo 6, tratamos do pluralismo teológico atual apresentando um breve panorama das teologias da libertação, feminista, negra e ameríndia e também das religiões.

Propomos aqui uma reflexão sobre aspectos teológicos e filosóficos que foram passando por transformações no decorrer dos séculos e recebendo diversos nomes e formas diferentes de serem comunicados. Entendemos que a teologia é um instrumento de aprendizado e de aperfeiçoamento nos campos intelectual, acadêmico e eclesiástico. Ela faz parte de um processo que estuda a vida humana e o que ela pode produzir quando se busca, com dedicação, descobrir algo novo.

Ao estudarmos a teologia, percebemos que, do ponto de vista formativo, o ser humano pode analisar o universo divino baseando-se no pressuposto de que ele tem em seu interior um sistema de códigos gerado pela divindade e que precisa ser ativado e alimentado continuamente. Temos a esperança de que vamos nos aperfeiçoar em nossos conceitos e percepções relacionados a aspectos históricos e filosóficos que envolvem o universo da teologia.

Nossa expectativa é que este livro produza um amplo desejo de pesquisar os temas e autores mencionados aqui. Nossa intenção é que sejam percebidos e assimilados os elementos fundamentais da teologia, assim como os desdobramentos no campo dos debates e dos questionamentos que os temas teológicos geram e podem gerar.

capítulo um

Fundamentos do estudo teológico

01

Nossa abordagem sobre os fundamentos da teologia começa sob a perspectiva de alguns conceitos teológicos básicos que despertam opiniões diversas. Trataremos da relevância e do alcance da teologia no universo acadêmico, considerando que ela parte de escritos sagrados redigidos por pessoas inspiradas por Deus, mas que integraram um cenário real, histórico, cercado de detalhes e pormenores envolvendo questões religiosas, sociais, políticas, morais, objetivas, subjetivas, literais e figuradas. Em outras palavras, são autores bíblicos, inspirados e dotados de liberdade para comunicar suas mensagens.

Examinaremos alguns estudos acadêmicos sobre o que é teologia e qual é sua relação com a fé descrita nas Escrituras Sagradas e a fé estudada e debatida por teólogos contemporâneos. Em nosso estudo, observaremos se há princípios filosóficos que podem nos ajudar a entendê-la e a compartilhá-la nos universos acadêmico e eclesiástico. Ainda, analisaremos aspectos sobre doutrinas, tradição religiosa, personagens e questões literárias sob o prisma da interpretação e da aplicação teológica.

Verificaremos também se há alguma metodologia adequada para aprendermos sobre teologia e qual seria o perfil acadêmico de um teólogo.

1.1 Natureza e objeto da teologia

A vida humana faz parte de um universo diversificado, parcialmente conhecido e repleto de elementos espalhados pelas galáxias. A Via Láctea, uma dessas galáxias, tem um sistema solar do qual faz parte o planeta Terra (Damineli; Steiner, 2010). A astronomia é a área que nos fornece essas informações. O estudo dos astros, no decorrer dos séculos, gerou diversos debates e fez com que ficassem registrados na história humana nomes de estudiosos como Nicolau Copérnico (1473-1543), Johannes Kepler (1571-1630), Galileu Galilei (1564-1642) e Isaac Newton (1643-1727) (Inpe, 2018).

Entre outros, esses personagens fizeram parte de um período da história humana cheio de descobertas, em especial Newton, matemático, físico, astrônomo e teólogo, que professava a fé protestante (Westfall, 1993). Seu trabalho é amplamente reconhecido, e sua contribuição no universo científico foi profundamente relevante para sua geração e para todas as seguintes. Newton descobriu a lei fundamental da gravitação, imaginou as leis básicas da mecânica e aplicou-as aos corpos celestes, inventou os métodos de cálculo diferencial e integral, além de estabelecer os alicerces de suas grandes descobertas ópticas. Ele construiu o primeiro telescópio refletor prático e desenvolveu uma teoria sofisticada da cor, com base na observação de que um prisma separa a luz branca (Damineli; Steiner, 2010).

Essa breve introdução a respeito do que sabemos sobre alguns expoentes da ciência e sua ligação com aspectos teológicos abre caminho para pensarmos que, nos séculos XV, XVI e XVII, aconteceram fatos históricos marcantes no período do Renascimento e da Idade Moderna que nos fazem vislumbrar o anseio que estudiosos importantes tiveram com relação ao universo divino e ao mundo transcendente. Cabe mencionar aqui uma matéria publicada pela revista *Superinteressante* em que se comenta que, procurando por Deus, gênios como Newton e Kepler fizeram grandes descobertas científicas (Szklarz, 2002).

No Renascimento, pintores, escultores e artistas retrataram algumas obras que envolviam temas como fé, aspectos religiosos e alguns elementos teológicos. A pintura da Capela Sistina, por exemplo, é uma obra renascentista antropocentrista, produzida em um contexto histórico em que a arte era apresentada como uma manifestação religiosa, um instrumento muito utilizado pela Igreja Católica para a evangelização e fins de catequização. Em termos teológicos, o antropocentrismo tira a figura divina do centro da existência da humanidade e coloca o ser humano como centro – tema bastante estudado e debatido por estudiosos da teologia no universo acadêmico e eclesiástico.

Há algumas questões inerentes ao ser humano que a teologia encontra espaço para analisar e opinar. Do ponto de vista de sua formação biológica, o ser humano pode ser estudado partindo-se do pressuposto de que ele tem em seu interior um sistema de códigos, recebido, em parte, de seus genitores e, em outra parte, adquirido pela vida, no meio em que está inserido. O Salmo 139 menciona que cada pessoa é formada por Deus no ventre da mulher (Bíblia. Salmos, 2018, 139: 14) e que todos os dias de vida dela já foram escritos (Bíblia. Salmos, 2018, 139: 16). Encontramos aqui uma abertura para pensarmos científica e teologicamente.

Por meio da convivência, das experiências e dos aprendizados, o que vemos à nossa frente será decodificado de acordo com o sistema de códigos que adquirimos e desenvolvemos. Observando-se cores e formas, entre outras linguagens, é possível definir o que vemos. Essa descrição pode ser um vislumbre para o desenvolvimento de perspectivas teológicas que contemplem os feitos humanos tanto nas artes, como foi no Renascimento, quanto na análise e na interpretação da literatura teológica.

Precisamos buscar informações sobre aquilo que não vemos e até mesmo não entendemos para, com base nelas, construirmos conclusões e opiniões.

Por exemplo, quando vemos à nossa frente uma construção edificada, deparamo-nos com uma forma, mas não enxergamos o que está sustentando aquela construção para que ela fique de pé. Há algum elemento enterrado que dê a ela essa condição? Sim, há, e essa base tem sido chamada de *alicerce* ou *fundação*.

Faremos, então, uma analogia com esse exemplo para pensarmos sobre os fundamentos da teologia. Começaremos por sua constituição etimológica.

Severa (1999, p. 2) esclarece que a palavra *teologia* é formada por duas palavras gregas: *theós* (Deus) e *logos* (palavra, assunto, tratado). Em termos literais, a definição seria: assunto, tratado ou discurso sobre Deus. Em seu dicionário, Silveira Bueno (2010, p. 547) descreve que a teologia "se dedica a estudar Deus, seus atributos e coisas divinas".

Aristóteles, em sua obra *Filosofia primeira*, conhecida atualmente com o título *Metafísica*, afirma que o *theós* seria objeto de pesquisa da maior de todas as ciências: a ciência do ser enquanto ser – a atual metafísica (Aristóteles, 2002). De modo sintético, o filósofo entendia que a teologia tem como primeira doutrina o que diz respeito à divindade, e a explicação sobre ela é a causa primeira do estudo (Aristóteles, citado por Reegen; Silva, 2021).

Augustus H. Strong (1836-1921) entende que a teologia é "a ciência de Deus e das relações entre Deus e o universo" (Strong, citado por Severa, 1999, p. 1).

Com o passar dos anos, conforme estudamos a teologia, notamos um aumento de percepções e discussões a respeito de seus significados, relevância e alcance. Ela pode ter um sentido lato, mas seu significado parece receber constantemente ressignificados. Na atualidade, há uma perspectiva que a considera como um discurso racional acerca de Deus, com base em dados fornecidos pelas Escrituras Sagradas, ou seja, a Bíblia.

A teologia, de certa forma, teria a função de atualizar esses dados do passado que nos foram fornecidos por meio de homens e mulheres, em princípio, inspirados divinamente e dotados de intelectualidade suficiente para organizar esses dados e comunicá-los ao seu ouvinte/leitor. Atualmente, uma análise pode ser feita por meio de discursos segundo as exigências históricas vigentes.

O discurso teológico pode ser analisado sob a perspectiva de seu caráter transitório e do fato de que pode sofrer alterações em cada geração. O motivo é que a vida humana também tem a característica da transitoriedade em sua cultura e em sua história, diante das diversas problemáticas peculiares às gerações. Em virtude disso, a figura divina, o ser de Deus, precisaria sempre ser conhecida pelo ser humano, por meio de um discurso teológico historicamente situado. Assim, percebemos a ligação estreita entre teólogo, história e revelação.

Gustavo Gutiérrez (2000) afirma que a teologia é inerente à vida de fé que procura ser autêntica e plena e, portanto, inerente à partilha dessa fé na comunidade eclesial. Ele explica que, nos primeiros séculos da Igreja, o que se conhece atualmente por *teologia* se restringia à espiritualidade, tendo recebido o nome de *teologia monástica*, caracterizada pela busca de um estilo de vida no qual essa espiritualidade progredisse em prol de uma vida espiritual perfeita (Gutiérrez, 2000).

Há de se considerar, com base nos próprios relatos bíblicos do Novo Testamento, que a espiritualidade também foi experimentada por homens e mulheres nas comunidades cristãs. O apóstolo Paulo, escrevendo aos gálatas, recomendou a eles: "Irmãos, se alguém for surpreendido em algum pecado, vós que sois espirituais, deveis restaurar essa pessoa com espírito de humildade" (Bíblia. Gálatas, 2018, 6: 1). O tema *espiritualidade* e sua prática são anteriores, inclusive, aos relatos cristãos. Nos mundos egípcio e grego da Antiguidade estava presente o anseio por elementos do universo místico e sobrenatural.

A teologia tem o ser divino como elemento central, e tudo o que se vê na atualidade e o que se sabe por meio da história precisa ser analisado com base no que podemos conhecer e descobrir a respeito desse ser. No universo cristão, a pessoa divina que é identificada como o Criador de tudo é estudada sob o ponto de vista doutrinário, eclesiológico ou sistemático. Para além disso, os atributos divinos também são estudados[1], entre eles, por exemplo, os atributos naturais, sua imutabilidade e sua eternidade (Severa, 1999).

O anseio pelo conhecimento e a busca por respostas fazem parte da história das civilizações desde seus primórdios. Quando estudamos o que aconteceu no Egito Antigo, constatamos a importância que era dada à vida após a morte, uma vez que os produtos e as técnicas utilizados no processo de mumificação dos corpos nos levam a pensar que os egípcios acreditavam que havia vida após a morte.

....
1   Conforme Strong (1967, p. 244, tradução nossa), os atributos podem ser definidos como "características que distinguem a natureza divina, inseparáveis da ideia de Deus, e que constituem a base e a razão de suas diferentes manifestações à suas criaturas".

Segundo Jean Vercoutter (1980), a história escrita do Egito teria tido início por volta de 3000 a.c. Ele comenta que, nessa época, os egípcios "já possuíam uma longa experiência humana: território demarcado, elementos da religião constituídos, língua e escrita firmados, instituições essenciais estabelecidas, os sacerdotes salmodiam frases que seus mais distantes ancestrais transmitiam oralmente antes de existir a escrita" (Vercoutter, citado por Barbosa, 2013).

Michelle Barbosa (2013), pesquisadora de ciências das religiões, afirma que, "no estudo da religiosidade humana, conhecer aspectos das crenças do Antigo Egito torna-se indispensável no entendimento do desenvolvimento da religiosidade ocidental". A diversidade de crenças e deuses na civilização egípcia nos sinaliza que os egípcios davam muita importância para o que acontecia no mundo místico e invisível da época (Jorge, 2018). Por exemplo, todas as cidades contavam com proteção divina, cada uma tinha um deus protetor (Jorge, 2018).

Quando estudamos a mitologia egípcia, descobrimos que ela abrigava um conjunto de crenças e costumes (Blanc, 2021). Havia textos sagrados e mensagens que eram comunicadas por meio da arte, da arquitetura dos templos e das tumbas. Toby Wilkinson (2004, citado por Barbosa, 2013) comenta que "muitas obras de arte [na civilização egípcia] foram desenhadas para serem 'lidas' simbolicamente e proporcionar uma espécie de mensagem oculta. As cores, os materiais, os números e especialmente, as formas dos hieróglifos formavam parte de uma linguagem simbólica".

Além dos egípcios, podemos citar os gregos, que, no mundo antigo, vez por outra visitavam a civilização egípcia. Marília Pinheiro (1995, p. 442) destaca que, desde o século VIII a.C., o Egito "exerceu [...] sobre os gregos, uma curiosidade e atracção irreprimíveis". Maria Christina Rocha (1994), escrevendo sobre a pólis grega, comenta que sua instituição não ocorreu apenas sob alguma necessidade política em seu estabelecimento, tendo sido influenciada também pelo surgimento de uma emergência de um universo espiritual que carecia de organização/ordem.

Vitor Oliveira apresenta uma relação das primeiras civilizações que se desenvolveram em diferentes períodos de tempo, a partir de 3500 a.C. (Oliveira, 1981):

....

1) a civilização suméria no sul da Mesopotâmia (atual Iraque);
2) a civilização egípcia (no Egito);
3) a civilização harappan no vale do Rio Indo;
4) a civilização chinesa no Rio Amarelo;
5) a civilização asteca no Vale do México;
6) a civilização maia nas selvas da Guatemala e Honduras;
7) a civilização inca nas regiões costeiras e terras altas do Peru.

....

O autor explica que as civilizações suméria, egípcia e harappan são conhecidas como *culturas mortas* e, depois delas, as civilizações grega, romana e europeia ocidental cristã evoluíram.

Quando estudamos a civilização suméria, descobrimos a origem de uma cidade-Estado chamada Ur, que, entre 3500 e 2500 a.C., viveu dias muito prósperos. Uma parte da cidade tinha uma vida intramuros, conhecida como *cidade muralhada*, onde havia um espaço próprio para desenvolver a religião. Outra parte da cidade se desenvolvia além dos muros, algo que nos remete às cidades--fortaleza do período medieval (Oliveira, 1981).

Anthony Morris (1972) explica que o recinto religioso, na cidade de Ur, ocupava uma parte significativa de sua área noroeste e continha os únicos espaços públicos de permanência da cidade. Na narrativa bíblica no Livro de Gênesis, encontramos menção à cidade de Ur: "E morreu Harã estando seu pai Terá ainda vivo, na terra do seu nascimento, em Ur dos caldeus" (Bíblia. Gênesis, 2018, 11: 28). Na sequência da narrativa, Terá sai com sua família de Ur e põe-se a caminho da terra de Canaã (Bíblia. Gênesis, 2018, 11: 31). Quais seriam as razões que levaram Terá a sair daquela terra?

Sob o foco teológico, o Livro de Gênesis terá um "novo início", pois podemos dividi-lo em duas partes: a primeira, dos Capítulos 1 ao 11, quando não há como precisar datas dos fatos e relatos, e a segunda, dos Capítulos 12 ao 50, quando os relatos narrados teriam basicamente o objetivo de mostrar literariamente como surgiu a nação de Israel.

Essa percepção quanto à divisão do Livro de Gênesis em duas partes pode ser considerada como uma interpretação teológica, podendo ser contra-argumentada por teólogos e intérpretes bíblicos com outros entendimentos. Surge, assim, a possibilidade de promovermos o debate e incentivarmos a pesquisa sobre, por exemplo, qual seria a teologia principal a ser compreendida no Livro de Gênesis.

Com relação à natureza da teologia, vemos que Deus é estudado e a doutrina cristã é apenas a declaração das crenças mais fundamentais do cristão: crenças sobre a natureza de Deus, sobre sua ação, sobre o ser humano e sobre o que Deus faz para gerar comunhão entre ele e a humanidade.

A doutrina sobre Deus baseia-se em verdades centrais e atemporais sobre Ele e sobre o restante da realidade. Não é apenas um estudo de eventos históricos específicos, tais como o que Deus fez, mas da própria natureza do Deus que atua na história. O estudo da doutrina de Deus também é conhecido como *teologia* (Erickson, 1997).

1.1.1 Conceito de teologia

A introdução sobre as civilizações antigas e sua origem indica que em todas, desde o seu início, houve espaço para que se desenvolvesse a espiritualidade e/ou a religiosidade. A presença virtual do ser, ou seres, divino e uma possível realidade de um mundo espiritual desconhecido parecem ter gerado nas civilizações questionamentos que, esperando por respostas, deram origem à teologia.

Quando estudamos a língua grega, descobrimos que a palavra *teologia* tem origem em dois vocábulos gregos, como já mencionamos: *theos*, que significa "deus", e *logos*, que denota "estudo". Em termos literais, não encontramos essa palavra nas Escrituras Sagradas, mas podemos considerar que, em seu caráter, ela pode ser entendida como bíblica.

O filósofo Platão (427-347 a.C.) usou esse vocábulo com o sentido de história de mitos e lendas dos deuses, contados pelos poetas. Na Grécia Antiga, os poetas foram os primeiros a se intitularem *teólogos*, "por comporem versos em honra aos deuses", uma vez que *teologia* se referia às discussões filosóficas a respeito de seres divinos (teogonias) e do mundo (cosmogonias) (Dejorge, 2020, p. 10).

No segmento cristão, Justino (100-165 d.C.), Clemente de Alexandria (150-215 d.C.) e Orígenes (185-253 d.C.) fizeram uso do termo, mas sem a formalidade que se estabeleceu a partir do século IV, quando passou a ser usado no universo literário cristão. Há vários relatos de que os Padres da Igreja foram os primeiros a chamar a reflexão sobre Deus de *teologia*. Santo Agostinho, em sua obra *A cidade de Deus* (*De Cevitate*, no original), leva o uso da palavra *teologia* a uma especificidade cristã. O termo também pode ser entendido como "discurso sobre Deus".

Considerando ainda a Antiguidade grega, Urbano Zilles (2013, p. 107) explica que o termo

> foi usado com um tríplice significado: a) mitológico, como discurso mítico, no qual se fala dos deuses. b) filosófico-cosmológico, pois a partir de Aristóteles passou a ser usado como equivalente à "filosofia primeira" ou metafísica. c) cultual público, no sentido do que se diz dos deuses no culto oficial.

Zilles (2013, p. 107) também comenta que "por causa dessa origem pagã do termo, os primeiros cristãos evitavam seu uso. [...] Na Idade Média, passou a ter o significado de explicação racional da revelação divina".

A teologia é, portanto, uma ciência que se aproxima do ser divino e procura estudar seu relacionamento com o ser humano e com o mundo físico e espiritual. Severa (1999, p. 2) afirma que ela investiga de modo criterioso e sistematiza os princípios e as verdades básicas da religião cristã. Conforme se revela e como é absorvida, a teologia pode ser entendida como uma disciplina que apresenta uma formulação unificada sobre a verdade divina e que aplica essas verdades a todo aspecto da vida e do pensamento humano.

Millard Erickson (2015, p. 22) explica que a teologia é a disciplina que procura, de modo coerente, afirmar as doutrinas da fé cristã, fundamentada, principalmente, nas Escrituras, situada no contexto da cultura em geral, verbalizada em uma linguagem atual relacionada com as questões da vida.

No século XVIII, Immanuel Kant (citado por Beraldi, 2012), em sua percepção, comenta que o ser humano não podia prescindir de um senhor e o via sujeito a todas as inclinações esquadrinhadas por uma religião. Para ele, a liberdade de que naturalmente o ser humano gozava precisava submeter sua vontade particular a um senhor que o levasse a exercer uma racionalidade que garantisse a liberdade universal de todos (Kant, citado por Beraldi, 2012).

A liberdade para pensar sobre teologia passou a ser maior no século XIX, quando surgiram pensadores no continente europeu que participam de amplos debates sobre temas teológicos.

No início do século XX, o teólogo Karl Barth (1886-1968), na busca de reaver a natureza e o sentido da Bíblia como padrão de fé e de prática da Igreja, imprimiu novas nuances ao estudo da teologia (Santana Filho, 2007). Temos em mente que, para Barth, era preciso avançar no pensar sobre dogmas e pensamentos formados por doutrinas bíblicas que faziam parte da vida em sociedade de seu período.

Com relação ao ser divino, Severa (1999) comenta que é imprescindível ao ser humano buscar saber quem é Deus, procurar aprender sobre seu caráter e o modo como ele se relaciona com o mundo, para poder desenvolver um relacionamento apropriado com ele.

Se estamos em busca de analisar conceitos básicos da teologia, sua natureza e o objeto principal de seu estudo – Deus, pela natureza criada (Salmo, 19), por sua Palavra (2 Timóteo, 3: 16-17), por seu Filho encarnado (João, 1: 1-14) e ressuscitado (Lucas, 24: 36-49), por seu Espírito instrutor (João, 14: 16-28) e condutor (Romanos, 8: 14; 1 João, 2: 27) –, podemos participar de um processo contínuo de aprendizado. Trata-se de algo que nos instiga constantemente a investigar, com paciência e equilíbrio, sobre o que podemos aprender e compartilhar sobre Deus por meio da teologia.

1.2 Relação entre a fé e a teologia

Antes de ponderarmos sobre a relação entre a fé e a teologia, precisamos pensar sobre o que é a fé nas relações humanas com a divindade. Além disso, cabe averiguarmos como surgiram a ciência teológica e suas peculiaridades de interpretação e de aplicação de seu conteúdo na vida pessoal, acadêmica e social.

Segundo Eliane Rodrigues (2009, p. 17), a teologia tem no tempo e na cultura sua base para reflexão. Dinâmica e viva, ela é um tipo de saber que se desenvolve conforme lhe são formuladas perguntas. Pensando em perguntas básicas a respeito do ser humano, a teologia e a filosofia procuram responder sobre a razão da existência da vida humana e se há algum tipo de vida no pós-morte – questões que, geração após geração, continuam em voga no universo acadêmico e na sociedade.

O exercício da fé pode ser analisado por meio do que o ser humano abriga na parte racional de sua existência, do que sua mente pode processar a fim de encontrar justificativas para sua prática. Essa análise pode, ainda, entrar pelo caminho da subjetividade e, em uma ação corajosa, declarar ao mundo que uma divindade é um ente sobrenatural e que pode ser acessado sem que a mente humana precise apresentar uma explicação racional para justificar sua crença ou devoção a esse ente. Podemos citar como exemplo a prática da oração, o ato de fecharmos os olhos e expressarmos algumas palavras, sem que haja, naquele momento, um elemento físico que nos possa responder ou interagir conosco. Essa prática sinaliza ao mundo físico que a comunicação proposta não precisa ser compreendida pela mente humana.

No processo de análise da fé, a teologia pode estudar as possíveis razões que levam uma pessoa a recorrer e a acreditar na prática da oração. Podemos mencionar um exemplo mais comum: em uma região em não chove nem há previsão de chuva, uma pessoa recorre à oração e, em pouco tempo, os céus daquela região mudam e inicia-se a chuva. O contrário também pode ser um exemplo: em meio a muita chuva, alguém recorre à oração e, em pouco tempo, a chuva cessa. Parece ser plausível pensar que, em ambos os casos, a fé foi exercitada e, em razão dela, os fenômenos referentes à chuva aconteceram.

Com base nos exemplos citados, a fé pode ser entendida como uma verdade digna de ser crida. O propósito da teologia seria analisá-la. Uma perspectiva que surge é a de que há um motivo formal para que se exerça a fé em meio a cenários físicos reais e desfavoráveis no que diz respeito à resolução de problemas. A resposta objetiva seria atribuir à divindade uma autoridade para se revelar ao ser humano quando lhe for propício. Uma vez feita a revelação, a fé, como dom (capacitação) recebido, assimila de modo racional a mensagem comunicada ao cérebro. Nesse processo, a inteligência humana entende e reage diante do que foi entendido.

Por exemplo, no relato bíblico em que Elias está orando e tem a companhia de outro homem em uma época em que Israel sofria com a seca, a oração era feita para que houvesse chuva, e, ao final de sete momentos de oração, uma pequena nuvem foi vista no horizonte. Ao saber da existência da nuvem, o profeta Elias ordena ao homem que leve uma mensagem ao rei Acabe avisando que preparasse seu car ro e descesse antes que a chuva o impedisse (Bíblia. 1 Reis, 2018, 18: 44).

Essa narrativa pode ser interpretada sob algumas perspectivas, mas, com base em um sinal físico/visível (a nuvem), foi possível compreender que a chuva viria. O que levou o profeta bíblico a orar e a perguntar ao outro homem se havia algum sinal? Qual foi a intenção do autor ao relatar esse episódio a seu leitor? Temos em mente que há uma mensagem baseada em fatos históricos: a nação de Israel passava por um período de seca, algo, portanto, que a ciência pode explicar. O fato de haver uma nuvem no horizonte visível poderia indicar que viria a chuva. Assim é que o profeta entende, incluindo a subjetividade da fé inerente ao subconsciente dele.

A fé, como pressuposto da teologia, tem suas peculiaridades. Alguém pode perguntar como é possível estudar a teologia sem que haja fé. Como seria possível pensar na fé além daquilo que ensinam as religiões? Pensando sobre como a teologia é ensinada nos ambientes eclesiásticos e em escolas religiosas, notamos que ela pode ser explicada sem que se disponha de uma conceituação absoluta que a defina plenamente.

Quando observamos a dinâmica da pastoral eclesiástica e da pastoral popular, podemos pensar que elas não permitem que se estabeleça a tutela de uma teologia vivenciada apenas no recôndito de bibliotecas e de salas de aula. Aliás, quase sempre recorremos ao entendimento pela fé quando a mente humana não encontra respaldo para tomadas de decisão em situações adversas que, de alguma forma, podem ser superadas se a fé for praticada.

Sob o foco teórico, a matéria-prima para explorar a teologia, basicamente, refere-se a fenômenos a serem estudados com relevância histórica, como a descoberta de uma artefato pela arqueologia, ou a dados revelados, percepções espirituais vinculadas a entendimentos intelectuais. Sob o ponto de vista eclesiástico, a observação recai sobre credos, tradições e proposições dogmáticas. Dessa forma, concluímos que o teólogo é desafiado a ler, pensar, entender, interpretar e aplicar suas descobertas e conclusões em segmentos diversos nos ambientes acadêmico, eclesiástico e comunitário.

Na comunidade eclesial, ocorrem situações que desafiam os teólogos a agir fazendo uso da razão e da fé (pensar e crer). "Os artigos da fé não são inventados por teólogos, mas lhe são transmitidos pela comunidade, que tem como pressuposto básico o fundamento de ser uma instituição guiada por seu Deus" (Presbíteros.org.br, 2023).

Ao analisarmos a trajetória da teologia na história da religião cristã, percebemos a relação intrínseca entre o pensar e o crer. Sem essa essência peculiar, a atividade teológica não existiria. Nesse caso, a teologia não seria produto da reflexão humana, mas o resultado do processo de assimilação do significado de um texto. A fé, por sua vez, é como uma resposta humana ao Deus que se revelou e a chamou. O nascimento da teologia deve ser entendido como resultado de uma fé que assume um discurso por meio da razão. Sob uma perspectiva didática católica,

> *a teologia considera o texto revelado presente na Escritura Sagrada e, na tradição eclesiástica, um elemento por meio do qual se manifesta a fé. O magistério seria um depositário, que mantém ativo o testemunho apostólico, garantindo sua integridade. Um texto (testemunho), como palavra apostólica, segue, portanto, viva. Esse conteúdo do texto é mantido protegido contra corrupções e pode ser atualizado em novas situações culturais.* (Presbíteros.org.br, 2023)

Severa (1999, p. 4) afirma que "a teologia deve ser exprimida no idioma contemporâneo, no contexto da cultura geral e relacionada com a maneira de viver do homem". Nesse sentido, seria possível perceber o caráter dinâmico da teologia em sua forma de expressão e em sua aplicação.

> *O Concílio Vaticano II ensinou que quando Deus se revela, devemos prestar-lhe a obediência da fé (Romanos 16: 26), pela qual o ser humano se confia livre e totalmente a Deus* (se totum libere Deo committit), *prestando do Deus revelador a homenagem do entendimento e da vontade, e assentindo voluntariamente à revelação feita por ele.* (Paulo VI, 1965)

Além disso, é preciso entender que a revelação não é apenas algo externo a Deus, pois, se assim fosse, haveria "o risco de cair no deísmo como fora pensado por Immanuel Kant: uma esperança para além da esperança, que até alimenta o caminho, mas não implica na presença de um Totalmente Outro" (Eufrásio; Gomes, 2018, p. 170).

Nessa perspectiva, a razão é um instrumento da teologia guiado pela fé. Entendemos, aqui, que a fé é a atitude interior e a conduta livre, sobrenatural e razoável do ser humano que aceita a revelação divina e se dedica a viver sob o cumprimento da vontade divina para sua vida. O ato de crer é pessoal e ocorre interligando dois seres pessoais, um divino e outro humano. Antes de expressar a fé em algum tipo de acontecimento que ocorrerá, expressa-se a fé em alguém que fará algo acontecer.

Observando os relatos do Novo Testamento, encontramos um episódio no Evangelho de João que pode servir como exemplo, quando Natanael responde a Jesus: "Rabi, tu és o Filho de Deus; tu és o Rei de Israel" (Bíblia. João, 2018, 1: 49). Essa resposta nos fornece três identificações a respeito de Jesus, havendo três elementos teológicos que podem ser amplamente estudados: (1) Jesus é identificado como Mestre (Rabi), função de destaque na história religiosa de Israel; (2) Jesus é identificado como Filho de Deus, divindade manifesta em meio à humanidade; e (3) Jesus é identificado como Rei de Israel, função política já experimentada no passado por Israel e esperada mediante a aparição de um Messias.

A afirmação de Natanael foi recebida com admiração por Jesus e demonstra que as palavras de Natanael foram liberadas como resposta de um processo que envolveu o que sua mente compreendeu e, pela fé, revelou quão significativa era a presença da vida de Jesus ali naquele ambiente.

Quanto ao ato de crer de Natanael, Jesus lhe respondeu: "Porque te disse: Vi-te debaixo da figueira, crês? Coisas maiores do que estas verás" (Bíblia, João, 2018, 1: 50). O crer encontrado em Natanael renderia a ele, no futuro, experiências ainda mais profundas, conforme foi acompanhando o desenvolvimento da missão realizada por Jesus e seus discípulos. A resposta de Jesus vai além daquilo que a mente de Natanael poderia esperar e compreender. Afinal, o futuro ainda não podia ser visto por ele, mas havia sido enxergado por Jesus. Essa relação presente/futuro parece ocorrer na dimensão da razão humana e da fé no divino. No Evangelho de João, percebemos a fé como um impulso interior que faz a mente humana reconhecer livremente o caráter divino de Jesus. Não haveria uma causa externa que gera esse resultado, isto é, recebemos uma capacitação divina para compreender. Incorporamos à nossa visão de realidade e entendemos, por meio da fé, os eventos como verdades concretas.

No Concílio Vaticano I, convocado pelo Papa Pio IX em 1869, menciona-se que a fé é um ato de assentimento, pelo qual uma pessoa aceita verdades e mistérios que não são evidentes para a razão. "Pela fé, cremos ser verdadeiro o que nos foi revelado por Deus e o cremos não pela intrínseca verdade das coisas, percebida pela luz natural da razão, mas pela autoridade do mesmo Deus que se revela que não pode se enganar, nem nos enganar" (Concílio Vaticano I, citado por Presbíteros.org.br, 2023).

O aspecto intelectual da fé significa que ela é conhecimento certo, e não uma simples opinião, e que não se esgota na confiança em Deus. Com base na *Dei Verbum* n. 5, podemos pensar que a fé é uma opção da vontade que se inclina para Deus e decide se entregar a Ele (Paulo VI, 1965).

Severa (1999, p. 7) afirma ser impossível separar os aspectos práticos da fé dos teóricos. A expressão "vá e faça o mesmo" (Bíblia. Lucas, 2018, 10: 37) é dita por Jesus a um perito na lei. Alguém que era estudioso dos ensinamentos religiosos na tradição de Israel precisou ouvir uma parábola para que sua mente entendesse o significado da mensagem que Jesus estava transmitindo em seus ensinamentos (Lucas, 10: 25-37). Para Severa (1999, p. 6), é da natureza da mente humana raciocinar na expectativa de que seja possível entender tanto aquilo em que se crê quanto aquilo que se faz.

De acordo com Blaise Pascal, físico, matemático, filósofo e teólogo, citado por Almeida (2012, p. 140), "se submetemos tudo à razão, nossa religião nada terá de misterioso nem de sobrenatural. Se são desprezados o princípios da razão, nossa religião será absurda e ridícula". Para ele, há sempre razões para uma pessoa crer, ainda que a fé seja dependente de uma moção da graça.

Atanásio de Alexandria (296-373 d.C.) argumentava que "a Razão e a Revelação não podem se contradizer. A Razão tem que admitir sua insuficiência para investigar os mistérios de Deus, a impossibilidade de medir o infinito com o finito, sem nunca abandonar suas posições de fé, por mais difíceis que possam parecer" (Benson, citado por Instituto Santo Atanásio, 2019). A respeito da doutrina de Cristo, a percepção que temos em mente é que Atanásio esperava que não considerassem seu ensinamento por demais subjetivo e pudessem suspeitar que houvesse uma fé carente de um entendimento racional.

O Concílio II de Orange, que aconteceu em 529 d.C., também abordou o tema da fé e a considerou um dom gratuito, sobrenatural e como um ato humano livre, mas possível somente mediante uma graça aceita por uma pessoa (Montaner, 1994). Em sua epístola endereçada aos efésios, o apóstolo Paulo, a respeito da salvação, afirma que ela é recebida pela graça, por meio da fé, como um dom advindo de Deus (Bíblia. Efésios, 2018, 2: 8).

Aos cristãos estabelecidos em Roma, Paulo escreve que "com o coração se crê para a justiça, e com a boca se faz confissão para a salvação" (Bíblia. Romanos, 2018, 10: 10). O termo *coração* teria um sentido literal, referindo-se ao órgão vital do ser humano? Ou, sob o prisma teológico, trata-se de uma resposta da mente humana a um estímulo externo que leva uma pessoa a tomar uma decisão racional? Na sequência de sua epístola aos romanos, Paulo menciona que "a fé é pelo ouvir, e o ouvir pela palavra de Deus" (Bíblia.

Romanos, 2018, 10: 17). O fator externo à pessoa está ligado às palavras que lhe são referidas para que, depois de ouvi-las, decisões possam ser tomadas.

Nesse ambiente, seria possível uma pessoa ser alimentada em sua fé sob a via intelectual, culminando na recepção de um entendimento após o descortinar da informação. Seria razoável pensar que, nesse processo, acontece uma explosão na mente humana que a faz entender o significado da mensagem. De modo racional, poderíamos, na sequência dos fatos, tomar decisões e colocar em prática aquilo que foi compreendido a respeito do texto.

Em meio aos reformistas do século XVI, Martinho Lutero entendia que o conceito de teologia não era apenas acadêmico, mas também secular. Para ele, a teologia movimentava-se no interior da *quaestio* cultivada do perguntar, verificar e decidir (Bayer, 2007). A conclusão de Lutero acerca de como se obtinha a salvação ocorreu em um processo de leitura, análise e entendimento de que a salvação de uma pessoa se concretizava apenas por meio da fé – um ato de assentimento, livre e incondicionado.

Bayer (2007) explica que a fé, para Lutero, era o cumprimento do primeiro mandamento como fidelidade e demonstração de confiança em Deus.

1.3 Princípios filosóficos

A filosofia, na forma como a conhecemos atualmente, sistematizada como conhecimento racional, é resultado de um conjunto de características da Grécia Antiga, bem anterior a Cristo. Essas características, na sociedade grega, valorizavam a necessidade de pesquisarmos e tentarmos entender todas as coisas racionalmente. As três características básicas eram a poesia, a religião e as condições sociopolíticas em um cenário de constantes batalhas e conflitos com outros povos e culturas. De modo sintético, Miguel Spinelli (2006, p. 11) comenta que "a característica fundamental da filosofia grega foi a universalização: uma tentativa de construir uma comunidade humana de entendimento a partir de questões essenciais dadas a demanda ou discussão racional".

No universo da filosofia, Sócrates (470-399 a.C.) foi um de seus mais importantes representantes na história. Professor de Platão, foi uma figura essencial na unificação da filosofia grega. A essência de seus ensinamentos poderia ser sintetizada na frase "Conhece-te a ti mesmo". Na história da filosofia grega, tivemos uma fase conhecida como *socrática*, quando predominaram os estudos sobre o ser humano e o modo como ele se organizava (Pessanha, 1987).

Com base nas reflexões socráticas, podemos considerar que a vida humana nos permite observar perspectivas diversas no que se refere a sua importância, suas complexidades, suas satisfações e suas aspirações. Podemos adotar como ponto de partida para nossas reflexões a necessidade de explicitar que há aspectos físicos, intelectuais, sociais e culturais a serem levados em conta. Com base nessa percepção inicial, refletiremos sobre aspectos religiosos, espirituais e morais.

Quanto ao corpo físico, matéria, não há muito o que argumentar, pois as ciências médicas têm-se dedicado a analisar e descobrir como funciona o corpo humano. Elas têm avançado e pormenorizado cada vez mais exames, diagnósticos, tratamentos e acompanhamentos para que, fisicamente, a vida seja sempre mais bem vivida. Sobre a importância do corpo e sua formação, há ainda discussões inconclusas sobre, por exemplo, o que fazer com ele após a morte física. Ele deve ser sepultado ou cremado? Há argumentos filosóficos, teológicos e sociais que têm sido usados para responder a essa pergunta.

Do ponto de vista intelectual, há perspectivas filosóficas sobre como o ser humano pode ser estudado e entendido. Basicamente, sua constituição é caracterizada como um ser vivo racional, capaz de ser uma unidade e uma totalidade ao mesmo tempo como matéria. Por meio de sua racionalidade, ele também consegue diferenciar fenômenos e elaborar conceitos.

Quando estudamos a teologia como ciência, observamos que há elementos que, em sua forma de argumentar, podem nos remeter à filosofia. Segundo Jean-Pierre Vernant (2002), nem milagre nem orientalismo em suas extremidades definem o surgimento da filosofia. Se pensarmos em um período anterior a Cristo, vamos encontrar, no período de domínio grego (cerca de 330 a 200 a.C.), um florescimento do helenismo, movimento que teria influenciado a forma de pensar de alguns povos, inclusive alguns judeus (Douglas, 1995). Nesse cenário, a filosofia se dedicava a estudar a mitologia. Mitos e lendas eram interpretados com base em cada cultura. Os mitos, como histórias populares ou religiosas, normalmente compreendem uma narrativa na qual se usa linguagem simbólica. Por meio dessa linguagem, buscava-se descrever a origem e as suposições a respeito de crenças e tradições de uma cultura (Bueno, 2010).

Almeida (2015, p. 43), em estudo sobre a metáfora da luz, explica que a filosofia e a teologia têm

> *função ordenadora e explicativa na sociedade humana, e a única diferença entre as duas seria que a Filosofia passou a basear suas explicações do mundo e do universo exclusivamente na razão e nas evidências empíricas disponíveis, mais do que propriamente na revelação direta dos deuses ou mediante sinais místicos ou oráculos interpretados pelos homens.*

Parece ser possível atribuir à teologia uma função ordenadora com o intuito de esclarecer pensamentos para permitir que, no convívio sociorreligioso, sejam desenvolvidos entendimentos que respeitem as perspectivas de diferentes segmentos religiosos e possíveis distinções quando se pensa sobre a relevância e o alcance da teologia. Há exemplos a serem estudados com teor polêmico aguçado, como no caso do ato prático de fazer transfusão de sangue para um paciente sendo este um seguidor de princípios religiosos que não aceitam, em seu arcabouço doutrinário, o recebimento de sangue de outra pessoa.

No exemplo citado, se houver espaço para o diálogo e a compreensão de que a vida é uma dádiva e precisa ser preservada, será possível e lícito fazer uso de recursos éticos que a medicina disponibiliza. A compreensão teológica sobre o valor da vida pode estar apoiada na perspectiva de que o Criador da vida não faz distinção quanto a quem doou o sangue. O importante é que o sangue possa gerar vida naquele que dele precisa.

Há temas, como a origem do universo e a do ser humano, que têm sido investigados pela teologia considerando-se a ação objetiva da divindade e o desenvolvimento natural da vida, investigação esta que inclui a origem dos seres vivos de todas as espécies e as possíveis transformações que possam ter ocorrido desde o surgimento da vida no planeta em que vivemos.

Quando estudamos o conteúdo das Escrituras Sagradas de religiões monoteístas – como a Bíblia para cristãos, a Torah para os judeus e o Alcorão para muçulmanos – sobre a atuação divina no processo que deu origem à vida, percebemos que alguns princípios filosóficos podem favorecer a compreensão de como ocorre esse processo. Há três questões que podemos abordar: como essa criação surgiu, em quanto tempo ela foi executada e qual seria sua finalidade. Haverá uma dedicação filosófica para tentar entender como aconteceriam as relações entre o divino e a natureza, entre o divino e o humano, entre o humano e a natureza e entre os humanos. Na expectativa de tentarmos entender a importância desses relacionamentos, as indagações levantadas pela filosofia podem fornecer esclarecimentos que ampliem o leque dos conhecimentos. Na formação desse cenário, poderão surgir respostas que favoreçam o desenvolvimento da espiritualidade e do respeito à vida em comunidade.

1.4 Boas práticas de estudo em teologia

O escritor do Livro de Atos faz um relato acerca de um oficial do governo etíope que esteve em Jerusalém por ocasião de uma celebração na qual foi adorar (Bíblia. Atos, 2018, 8: 27). Em seu carro, dedicado a ler escritos do profeta Isaías, o oficial estava sem entender. E, de repente, Filipe surge ao seu lado e lhe pergunta: "Entendes o que lês?" (Bíblia. Atos, 2018, 8: 30). Então, o oficial lhe responde: "Como poderei entender, se alguém não me ensinar?" (Bíblia. Atos, 2018, 8: 31).

Quando pensamos nos verbos *entender*, do grego γινώσκω, *saber, conhecer, vir a conhecer – ginóskó –* e *ensinar*, do grego ὁδηγέω, *liderar, guiar, instruir – hodégeó* (Scholz, 2004; Gingrich; Danker, 2003) –, temos a perspectiva de que, para liderar um grupo de estudos sobre teologia, é aconselhável que haja uma dedicação exemplar para que os ensinamentos sejam equilibrados e coerentes, tanto do ponto de vista hermenêutico, quando se busca interpretar textos sagrados, quanto do ponto de vista prático, quando se usa a coerência para contextualizá-los e aplicá-los à realidade religiosa e social em que se esteja inserido. Compreendemos que fará parte desse processo de aprendizado e compartilhamento o desenvolvimento dos hábitos contínuos de *estudar*, do grego ἐρευνάω, *pesquisar, examinar, investigar* – *ereunaó* (Scholz, 2004; Gingrich; Danker, 2003)². Bueno (2010, p. 199) define *estudar* como o ato de "aplicar a inteligência ao aprendizado das ciências, artes, línguas e outros saberes mais".

Embora exista muita literatura disponível a respeito de quase todas as ciências e, na atualidade, ainda mais, por meio das mídias digitais, entendemos que há muito a ser pesquisado e descoberto ainda no universo da teologia. Nossa perspectiva para estudar teologia tem como base alguns pilares. Em um texto a ser estudado, investigamos todos os elementos que fazem parte de seu contexto. Procuramos entendê-lo em seu contexto original, tanto dos fatos ocorridos quanto da narrativa sobre eles. Por fim, verificamos como foi a compreensão do texto para a época dos fatos, bem como as possíveis aplicações dele quando estão sendo analisados.

Pensando na teologia de um texto bíblico ou sagrado, com base na hermenêutica³, procuramos dialogar com a obra do autor, compreendê-la dando importância à experiência religiosa (considerando doutrina, tradição e personagens envolvidos) e à forma como o texto pode ter sido produzido. No sentido de melhor nos apropriarmos dos conhecimentos e de dialogar com as implicações da teoria, podemos fazer pequenas incursões sobre a constituição do olhar sobre o mundo da época do autor. Pensamos na escrita

---

2 Pela ordem, temos, inicialmente, o verbo na língua grega; na sequência, o significado com base no dicionário grego/português; e, por fim, a transliteração da palavra grega para a leitura na língua portuguesa.

3 Hermenêutica é o trabalho de interpretar um texto procurando descobrir e transmitir seu sentido conforme o autor do texto o concebeu. No caso dos textos bíblicos, o intérprete se dedica a estudar o texto em seu contexto original e procura extrair ensinamentos, princípios e valores para analisar se é possível aplicá-los em sua vida e na vida em comunidade ou se têm apenas importância histórica para fins de conhecimento (Bueno, 2010).

quanto à forma, bem como na questão da intertextualidade[4], da intratextualidade[5], da tradução[6] e da interpretação[7].

Por exemplo, em termos metodológicos, temos um roteiro de estudo para os textos bíblicos que pode ser útil. Vejamos a seguir.

1. Leitura do texto
2. Busca de orientação divina (oração)
3. Delimitação do texto – Escolha de uma perícope (seção bíblica, a ser estudada)
4. Comparação de versões bíblicas disponíveis
5. Análise histórica
   a) Autoria
   b) Época do acontecimento narrado
   c) Época da escrita

---

[4] A intertextualidade diz respeito à análise que é feita para averiguar se há outros textos que podem ser consultados e correlacionados ao assunto em estudo. A teologia sistemática, por exemplo, é um ramo da teologia que usa muito esse recurso. No tema *cristologia*, muitos textos do Novo Testamento são consultados e correlacionados para estudar a vida e a obra de Cristo.

[5] A intratextualidade diz respeito à análise de um texto quanto à sua forma. As questões literárias são estudadas para descobrir o gênero do texto, se é uma poesia, um relato histórico ou um romance, por exemplo. A gramática do texto é examinada para verificar a forma como o texto foi composto, se há muitos verbos, adjetivos, substantivos, nomes de lugares e pessoas etc.

[6] No caso de textos bíblicos, a tradução é feita pela consulta às versões existentes buscando-se traduzir para a língua portuguesa. No Antigo Testamento, temos o texto bíblico escrito, em sua maioria, na língua hebraica e uma pequena porção na aramaica. No Novo Testamento, o texto bíblico foi escrito na língua grega.

[7] Interpretação é a ação de, após o processo de análise do texto, chegar a uma conclusão para estabelecer se o que está escrito no texto pode ser aplicado de alguma forma por aquele que está lendo e se é possível extrair do texto um conteúdo que possa ser comunicado/transmitido a outros. O objetivo do intérprete é tornar claro o texto para quem o lê e o ouve (Bueno, 2010).

6. Análise do contexto geográfico
7. Análise do gênero literário
8. Análise gramatical
   a) Tradução do texto a partir do hebraico/grego.
9. Análise teológica
   a) Consultar parecer de estudiosos de épocas anteriores
   b) Identificar possíveis temas abordados pelo autor
   (bem × mal, luz × trevas, céu × inferno etc.)
10. Conclusão e aplicação do texto

Seguir roteiros semelhantes a esse pode nos levar a discussões teóricas da hermenêutica com relação à forma literária, relembrando que o texto bíblico é, em primeiro lugar, um texto, ou seja, é matéria tanto intelectual quanto material. Essa matéria/produção intelectual tem um objetivo a ser alcançado. Por exemplo, o apóstolo João assim relata: "estas coisas vos escrevo, para que não pequeis" (Bíblia. 1 João, 2018, 2: 1). Qual teria sido o motivo para que ele, como autor, escrevesse algo assim? No ambiente em que João escreve seu texto, qual seria a definição de *pecado*, por exemplo?

Para compreendermos o texto, entendemos a necessidade de haver um esforço interpretativo, por isso devemos procurar observar as bases do processo comunicativo, conceitos e preconceitos culturais e suas influências sobre o autor e o receptor/leitor do texto. Nossa fundamentação básica seria manter-se fiel ao sentido original da mensagem do texto e identificar as possíveis razões que deram origem àquele texto.

Há uma peculiaridade especial com relação à composição dos textos: a estrutura adotada pelo autor/editor do texto para comunicar sua mensagem. Por exemplo, temos poemas espalhados pelo Antigo Testamento; na literatura sapiencial, temos provérbios e cânticos; a literatura apocalíptica é permeada de símbolos, números e figuras; e há relatos históricos em ambos os testamentos.

No processo de análise e interpretação, podemos estudar a forma dos textos, os protagonistas e as mensagens principais. Podemos pensar na evolução da materialidade dos textos, isto é, nos elementos que podem ter influenciado na escrita dos relatos bíblicos: na época dos mesopotâmios, as tabuletas de argila; os pergaminhos característicos dos egípcios; os debates realizados pelos gregos. A formação dos códices, as escolas proféticas e suas perspectivas também devem ser consideradas. Os judeus (autores bíblicos) podem ter recebido influências quanto à forma de escrever e comunicar as mensagens divinas.

Os textos sagrados, em geral, carregam uma importância histórica e mística ao mesmo tempo. No campo científico, a arqueologia tem participado no processo de descobertas sobre sítios arqueológicos, artefatos e produção de textos e vem contribuindo para confirmar a veracidade de lugares e objetos mencionados na Bíblia, por exemplo.

Quando estudamos a história da arquitetura, descobrimos que muitas construções foram executadas sob influência religiosa e, quando a arqueologia descobre vestígios arquitetônicos em meio às ruínas, percebemos que eles podem ser muito importantes para a compreensão de alguns textos bíblicos. Podemos citar, por exemplo, as ruínas da fortaleza de Massada em Israel e o Coliseu romano na Itália. Ambos podem ser visitados e, por meio do que ali vemos, podemos tentar entender o que teria acontecido nesses lugares na época dos primeiros apóstolos cristãos e quais seriam as razões.

Em termos teológicos, é possível refletirmos sobre o que aconteceu nessas construções. No Coliseu, por exemplo, muito sangue foi derramado em defesa da fé cristã. O texto relatado por João no

Apocalipse mostra que os cristãos, mesmo diante da morte, não amaram suas próprias vidas (Bíblia. Apocalipse, 2018, 12: 11).

Com base especificamente na interpretação bíblica, podemos seguir práticas equilibradas, procurando trilhar caminhos de isenção quanto à obrigatoriedade de impor doutrinas descontextualizadas e verdades parciais, de acordo com a conveniência desse ou daquele grupo.

Sob uma perspectiva social, uma pessoa pode aprender sobre determinado assunto consultando curadores de museus, pessoas experientes, com instrução formal e também não formal. Toda busca pelo conhecimento apresenta seus desafios e requer disciplina. Em termos acadêmicos, quando ingressa em uma escola, a criança passará por fases de aprendizado e crescerá paulatinamente à medida que vai se submetendo a provas/testes para avaliar o que tem sido aprendido.

No caso da teologia, uma pessoa sem conhecimento bíblico precisará de direcionamento básico para que inicie seus estudos. Há grupos religiosos que consideram o ensino formal da teologia como benéfico, salutar e esclarecedor. A teologia é aceita como uma parceira no processo de crescimento da fé e adotada como uma ferramenta importante que também capacita as pessoas a produzir bons frutos na vida religiosa e coopera com a realização das missões social, religiosa e espiritual daquele grupo em sua comunidade.

Há, ainda, um segmento no qual a teologia é exatamente o oposto – um obstáculo à espiritualidade da comunidade de fé –, uma vez que a literalidade e a racionalidade dos textos bíblicos sufocam a miraculosa manifestação do Espírito Santo. Nesse caso, assume-se a decisão questionável de que o saber anula o poder. Há também alguns segmentos no meio evangélico que, em seu estilo de exercer sua fé, querem independência plena da teologia como ciência. Há quem considere plausível essa posição, pois a teologia bíblica coerente jamais aprovará disparates praticados em nome de Deus, portanto seria melhor repudiar esse tipo de teologia.

1.5 Perfil do teólogo

Cada ciência é representada por um profissional, ou um especialista, que pode ser consultado sobre necessidades ou dúvidas que encontramos tanto na vida pessoal quanto na vida coletiva. No caso da teologia, o termo *teólogo* é aplicado àquele que se dedica a estudar e explicar os assuntos que fazem parte do universo religioso de uma cultura.

A importância das religiões, a relação entre o divino e o humano, as possíveis razões que levam o ser humano a desenvolver sua espiritualidade, entre outros temas, são a parte básica de estudo de um teólogo. Em termos acadêmicos e profissionais, trilhamos uma rota temporal para adquirirmos um aprendizado teórico e prático. A formação de um teólogo engloba muitas ciências, e sua atuação se estende por toda a sociedade.

Zilles (2008, p. 338) escreve que "cada teólogo é portador de uma situação cultural, social e eclesial constituída por influências complexas". O teólogo pode contribuir na administração eclesiástica de grupos religiosos, por exemplo. Ele pode ter participação mais ativa na academia e na esfera da formação de novos teólogos, podendo especializar-se em estudar e discutir temas específicos das religiões, como a importância dos rituais, das doutrinas, dos dogmas. Além disso, pode dedicar-se à interpretação e à tradução de textos sagrados.

O teólogo Paul Tillich (2005, p. 30) afirma que "o teólogo, enquanto teólogo, não é especialista em nenhum assunto de preocupação preliminar. O princípio formal da teologia, para ele, que guarda a linha divisória entre a preocupação última e as preliminares, protege tanto a teologia quanto os campos culturais do outro lado da linha".

Os conhecimentos adquiridos ao estudarmos teologia permitem ao profissional desenvolver diferentes atividades relacionadas ao estudo religioso. O trabalho realizado por um teólogo pode ser voltado para a comunidade acadêmica, por meio da produção de textos e da condução de debates sobre temas pertinentes, como o sofrimento e a ansiedade. Além disso, na área da saúde, o teólogo pode participar da assistência a pacientes, especializando-se no exercício de capelanias. Também pode ser o conselheiro de uma comunidade, levando a ela aconselhamentos, por exemplo, sobre o que envolve a formação de uma família para a sociedade.

Como teólogos, somos desafiados a transmitir e a estimular o desenvolvimento de uma conduta ética, que procure compreender o ser humano de modo integral, sob um prisma solidário na academia, na comunidade e na sociedade. Devemos primar pelo respeito ao próximo e pela disposição em ser útil à comunidade, mantendo a honestidade como elemento essencial do caráter. Além disso, precisamos buscar desenvolver uma vida íntegra tanto nos relacionamentos eclesiásticos quanto nos comunitários e sociais, bem como procurar dialogar em todos os embates acadêmicos e sociais em prol de bens comuns, sem nos deixarmos enredar pelo caminho da descrença ou da crítica em relação ao divino.

Em boa parte da sociedade em que vivemos, parece não haver muita expectativa em relação a pessoas identificadas como lideranças religiosas. Qualquer que seja a forma de identificação – pastor, padre, pai de santo, missionário, apóstolo, entre outras –, o descrédito e o desinteresse são comuns atualmente. O teólogo também parece sofrer em meio a esse cenário, portanto cabe a ele procurar desenvolver uma percepção holística e humanitária, ao mesmo tempo que mantém sua convicção religiosa e sua devoção espiritual.

Reuberson Ferreira e Ney Souza (2018), analisando a relação entre o Papa Francisco e a teologia, defendem que o teólogo deve ter como referência principal a pessoa de Jesus Cristo. Além disso, ele deve considerar a tradição da Igreja e do magistério, sem resumir sua ação a uma esfera abstrata, e sim prática, isto é, desenvolver junto à comunidade um trabalho intelectual e espiritual que contribua com a promoção de um aprendizado intelectual e espiritual solidário e benevolente (Ferreira; Souza, 2018).

Síntese

Neste capítulo, destacamos alguns personagens importantes do universo científico que participaram ativamente do processo do pensar que envolve a teologia. Isaac Newton, por exemplo, era uma pessoa ligada às ciências exatas (matemática e física) e também era teólogo. Ao pensarmos sobre os fundamentos básicos para a teologia, notamos que, com o passar dos anos, houve um aumento de percepções e discussões a respeito dela e de seus significados, bem como de sua relevância e de seu alcance. A teologia teria a função de atualizar dados do passado que nos foram fornecidos por meio de autores bíblicos, inspirados e dotados de liberdade para comunicarem suas mensagens.

O anseio pelo conhecimento e a busca por respostas fazem parte da história das civilizações desde os seus primórdios, tanto que encontramos aspectos peculiares desse anseio entre os egípcios e os gregos. A teologia é uma ciência que anseia por conhecer o ser divino e seu caráter; trata-se, portanto, de uma disciplina que formula e sistematiza estudos sobre a verdade divina e o modo como esta se revela. Além disso, evidenciamos como essa verdade é entendida, debatida e compartilhada entre estudiosos da teologia e de outras ciências.

Ainda, analisamos a trajetória da teologia na história da religião cristã e notamos que o pensar e o crer estão intrinsecamente conectados. Observamos que a fé pode ser entendida como uma resposta humana ao Deus que se revela. A teologia nasce como resultado da fé que assume um discurso racional. Em termos didáticos, percebemos que a teologia considera o texto escrito na Escritura Sagrada e a tradição eclesiástica para se posicionar a respeito da fé.

Com relação a princípios filosóficos que fazem parte do universo da teologia, apontamos algumas características da filosofia na Grécia Antiga que serviram de base para teólogos de épocas posteriores. As reflexões socráticas nos permitem observar perspectivas com relação às complexidades, satisfações e aspirações do ser humano. Há aspectos físicos, intelectuais, sociais, culturais, religiosos e morais a serem considerados. A filosofia e a teologia têm, portanto, uma função ordenadora e explicativa na sociedade. A primeira explica o mundo e o universo por meio da razão e de evidências empíricas. A segunda esclarece pensamentos sobre o ser divino e auxilia no desenvolvimento de um convívio sociorreligioso, que mantém convicções, mas que respeita as divergências.

Indicamos algumas práticas para aprendermos mais sobre teologia. Com base no comentário sobre Filipe e o eunuco, salientamos que pesquisar, examinar e investigar continuamente para descobrir algo novo faz parte do aprendizado.

Ainda, descrevemos qual deve ser o perfil de um teólogo e como ele pode contribuir na vida em sociedade. Como afirmou Zilles (2008), o teólogo é portador de uma situação cultural, social e eclesial constituída por influências complexas e pode contribuir e participar de várias maneiras na vida em sociedade.

Atividades de autoavaliação

1. Newton e Kepler, considerados gênios em suas gerações, em busca de conhecer a Deus, fizeram algumas descobertas científicas (Szklarz, 2002). Assinale a alternativa correta a respeito da atuação desses pesquisadores:
   a) Newton e Kepler conseguiram conciliar os temas *fé* e *ciência*, o que proporcionou a eles descobertas que foram muito úteis para a humanidade, principalmente no que diz respeito ao campo científico.
   b) A atitude de Newton e Kepler não pode ser considerada como referência para o estudo da teologia, pois eles eram pessoas leigas e, em termos teológicos, pouco produziram para suas obras serem consideradas relevantes para o universo acadêmico que estuda a teologia.
   c) Como teólogos proeminentes, Newton e Kepler foram dois dos principais expoentes idealizadores do movimento iluminista que trabalhou junto à aristocracia de sua época, e, em termos teológicos, suas teorias reconheciam que Deus poderia revelar-se por meio da ciência.
   d) Em sua fé protestante, Newton e Kepler combateram o movimento iluminista e foram defensores da manutenção da teologia como uma ciência independente das demais ciências conhecidas naquele período.
   e) Newton e Kepler se dedicaram à astronomia e à teologia, e seus estudos e teorias contribuíram com o universo acadêmico de sua época, tanto para que se confirmassem algumas teorias a respeito da existência de Deus quanto para que se verificasse que a ciência é totalmente dependente da orientação divina para realizar seus experimentos.

2. Gustavo Gutiérrez (2000) comenta o fato de a teologia ser inerente à vida de fé que procura ser autêntica e plena. Segundo ele, a partilha dessa fé deveria ocorrer no convívio com a comunidade eclesial. Assim, é correto afirmar:
   a) A teologia pode ser praticada apenas pela aquisição de um prévio conhecimento sobre o que ensinam as religiões e sobre o que dizem as Escrituras Sagradas, pois esse conhecimento prévio é indispensável.
   b) A prática da fé é aperfeiçoada à medida que buscamos o conhecimento teológico. A teologia é uma ciência cuja finalidade é orgna comunidade anizar a prática da fé tanto na comunidade eclesial quanto social.
   c) De certa forma, a fé e a teologia caminham juntas. O conhecimento teológico pode ser adquirido formal e informalmente, assim como a prática da fé pode acontecer tanto no meio eclesial quanto no social. Trata-se de um processo de aprendizado experimentado nos âmbitos formal, informal, pessoal e coletivo.
   d) A fé, segundo as Escrituras Sagradas, é um dom. A teologia é uma ciência que estuda a pessoa de Deus e também pesquisa e debate acerca desse dom e da importância da religião para a vida humana no convívio em sociedade.
   e) A comunidade eclesial é importante, mas não imprescindível para que uma pessoa pratique sua fé e seja bem-sucedida. Afinal, a fé é um dom espiritual, e a teologia, em muitos casos, leva as pessoas a agir mais pela razão do que pela fé.

3. A essência dos ensinamentos de Sócrates tem sido sintetizada na frase "Conhece-te a ti mesmo". Por meio dessa percepção filosófica, podemos pensar que a teologia, além de estudar as características e os atributos divinos, também:
a) estuda a vida humana sob perspectivas diversas quanto a sua importância, suas complexidades, suas satisfações e suas aspirações. Suas reflexões abordam aspectos emocionais, intelectuais, sociais e culturais. Por meio dessa percepção inicial, colocamo-nos a pensar sobre aspectos religiosos, espirituais e morais.
b) conduz o pensamento teológico por meio da abordagem sobre o comportamento humano, contemplando aspectos sociológicos, culturais, intelectuais e morais.
c) analisa a conduta humana sob as perspectivas espiritual, emocional e moral. Suas reflexões são feitas com base em experiências de fé que são compartilhadas no convívio social e eclesiástico.
d) observa o convívio humano em sociedade e, por meio de textos bíblicos, averigua se o ser humano está seguindo, ou não, os ensinamentos e princípios divinos.
e) aborda a vida em sociedade sob os aspectos intelectuais, morais e eclesiásticos. Suas reflexões estão voltadas para a intenção de que o ser humano siga uma doutrina conforme os ensinamentos e as percepções do grupo religioso em que estiver inserido.

4. As boas práticas e a dedicação ao estudo da teologia podem contribuir de que maneira na vida em sociedade?

a) A teologia pode ser vista como uma parceira e adotada como uma ferramenta importante que capacita as pessoas a adquirir mais conhecimento, mas, no que diz respeito ao crescimento da fé, ela gera mais incertezas do que certezas.

b) A sociedade pode ser auxiliada por meio de ensinamentos, aconselhamentos e orientações sob o ponto de vista científico. Quanto à dimensão espiritualista, a teologia não teria meios de contribuir, pois, para isso, seria necessário consultar um sacerdote eclesiástico.

c) No processo de crescimento da fé, a teologia pode ser aceita como uma parceira e adotada como uma ferramenta importante que também capacita as pessoas a amadurecer e produzir bons frutos na vida religiosa; também pode ajudar na realização da missão social, religiosa e espiritual em meio à sociedade.

d) A contribuição que a sociedade pode receber estaria ligada a aspectos sociais, como a diminuição da violência, o convívio mais harmonioso nas famílias, as pessoas mais educadas no trânsito e mais oportunidades para os jovens ingressarem no mercado de trabalho.

e) No que diz respeito a um mundo real, repleto de desafios, o estudo da teologia poderia levar as pessoas a ter mais fé e a experimentar mais milagres em sua vida.

5. A teologia, basicamente, estuda a pessoa de Deus e todas as relações que o ser humano pode desenvolver com o ser divino. Quais seriam os desafios de um teólogo nesse desenvolvimento de aprendizado?

   a) O recomendável é que o teólogo se envolva com a vida eclesiástica e acadêmica, mas se abstenha da participação em organizações comunitárias. Sua prioridade deve ser cuidar da paróquia e da vida espiritual dos fiéis.

   b) O teólogo é desafiado a ler, pensar, entender, interpretar e aplicar ensinamentos em segmentos diversos, nos ambientes acadêmico, eclesiástico e comunitário. Quanto ao universo eclesiástico, deve observar a importância de estudar credos, tradições e proposições dogmáticas e avaliar a melhor maneira de transmiti-los à comunidade e à sociedade de modo geral.

   c) Os desafios do teólogo estão mais relacionados à vida eclesiástica e comunitária vinculada à assistência dos fiéis. Com relação a temas polêmicos e de cunho sociopolítico, ele deve apenas fazer preces para que haja harmonia na sociedade.

   d) O teólogo é um agente importante na sociedade e deve estimular os fiéis a exercer sua cidadania e reivindicar seus direitos perante a sociedade. Quanto à vida acadêmica, ele não precisaria aprofundar-se em sua formação, pois seu principal objetivo seria fazer um curso básico de teologia e colocar-se a serviço da comunidade.

   e) Cabe ao teólogo continuar sua vida acadêmica buscando mais conhecimentos, visto que atuar na área acadêmica seria melhor do que se envolver com a carreira eclesiástica.

Atividades de aprendizagem

Questões para reflexão

1. Quando lemos um texto bíblico, notamos que ele está inserido em um contexto histórico e cultural. No que diz respeito ao sentido teológico do texto (por exemplo, os dez mandamentos), até que ponto é importante saber em que época ele foi escrito, por quem e para quem? Como é possível extrair princípios teológicos dos textos bíblicos e aplicá-los em outras épocas?

2. No que se refere à filosofia – o exercício de pensar, dialogar e defender convicções –, é comum que se oportunize o debate para que cada pessoa ouça todos os pontos de vista e tome suas decisões. Na teologia, é possível adotar esse roteiro filosófico para que tomemos decisões pessoais de interpretação segundo o que cada pessoa entende ou há muitos assuntos/temas na Bíblia, na Torah, no Alcorão etc. que são inegociáveis e não é possível debatê-los, pois o correto é obedecê-los literalmente?

Atividade aplicada: prática

1. Augustus H. Strong entende que a teologia é uma ciência que trata de Deus e das relações entre Deus e o universo. Quando pensamos em atividades eclesiásticas, pastorais e comunitárias, podemos dizer que, em todas elas, há uma base teológica para que o trabalho seja desenvolvido. Quais seriam os fundamentos teológicos básicos, por exemplo, para uma boa prática missionária e um bom trabalho pastoral com pessoas que não se interessam por religião e não acreditam na existência de Deus? Desenvolva um breve roteiro teológico para que a fé seja compartilhada com esse grupo de pessoas.

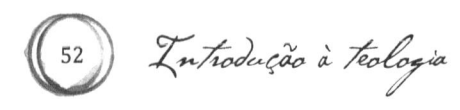

capítulo dois

Teologia e ciência

02

Após o início de nossos estudos voltados aos fundamentos do estudo teológico, agora vamos investigar as relações entre a teologia e a ciência.

Pretendemos avançar com o foco na abordagem da teologia como ciência e em suas conexões com outros saberes. Entre eles, veremos se a filosofia seria uma ciência coirmã da teologia no sentido de nos levar a questionar pressupostos e temas vinculados à religião e à prática da fé.

Ainda no campo filosófico, abordaremos o início das argumentações teológicas no cristianismo que deram origem à filosofia cristã e a seus princípios.

Com base nas Escrituras Sagradas, também nos dedicaremos a analisar como as teologias são desenvolvidas.

2.1 Teologia como ciência

Basicamente, como ponto de partida, podemos relembrar algumas definições de *teologia* e de *ciência*. A primeira estuda a pessoa de Deus e tudo aquilo que diz respeito a ela, sem que haja explicação racional para aceitá-la. Embora o pensamento faça parte do processo, a aceitação (compreensão) de fenômenos ocorre por meio da subjetividade, sem a necessidade de existir uma explicação racional. A segunda estuda, mediante a observação sistematizada (coleta de dados, pesquisa e análise), fenômenos e fatos que possam ser compreendidos e explicados racionalmente.

A discussão sobre a ideia de teologia ser aceita como ciência tem se acalorado nas últimas gerações acadêmicas, e a compreensão tem se diversificado ainda mais. Há teólogos favoráveis à sua cientificidade e há os que são contrários. Do ponto de vista tradicional, como destaca Fontana (2008, p. 173), "aquilo que distingue a ciência da não ciência é a utilização do método indutivo".

Érico João Hammes (2006, p. 547) entende que

> *a desqualificação da Teologia como ciência pode conduzir, paradoxalmente, ao desprezo de qualquer ciência. Na medida em que as comunidades humanas se entendem como totalidades, sua expectativa tende a incluir as várias dimensões da existência. Excluir a Teologia, como um dos momentos de reflexão, em sociedades onde a ciência era privilégio de poucos, tinha um impacto menor; mas, na sociedade atual, marcada pela pesquisa e desenvolvimento, a exclusão da Teologia corresponde à supressão de uma parte da vida.*

De modo geral, as ciências humanas tratam da vida humana no que diz respeito a seus aspectos biológicos, físicos, psíquicos e emocionais. Estes últimos, por vezes, são considerados e analisados como parte dos psíquicos. Notemos que, se a constituição da vida humana pudesse ser dividida assim, teríamos uma similaridade com a menção que o Apóstolo Paulo faz aos tessalonicenses quanto à necessidade de ser irrepreensível em sua relação com o divino e o humano: "e todo o vosso espírito, e alma, e corpo, sejam plenamente conservados irrepreensíveis [...]" (Bíblia. 1 Tessalonicenses, 2018, 5: 23).

Além dessa referência, temos outra, de outro autor, mas que teria um sentido semelhante: "oro para que você tenha boa saúde e tudo lhe corra bem, assim como vai bem a sua alma" (Bíblia. 3ª Epístola de João, 2018, 1: 2). Essa tricotomia ou dicotomia teria origem em algum pensamento filósofo? No período clássico da filosofia, já se discutia essa relação entre a alma e corpo.

Podemos pensar que a fisiologia, como ciência, está voltada a explicar o funcionamento do corpo. O estudo sobre esse funcionamento é realizado por ciências correlatas, como a neurociência e a psicologia. A filosofia pode ser entendida como uma ciência que analisa a vida humana quanto à forma como esta se comunica e interage na vida em sociedade, envolvendo aspectos pessoais, coletivos, sociais, religiosos, físicos, intelectuais etc. A teologia, por sua vez, é a responsável por refletir sobre aquilo que acontece com a alma em toda a sua existência. No século XIX, essas ciências passaram a ser formuladas e debatidas em meio às sociedades, mas a perspectiva que havia era de interdependência entre elas.

Hammes (2006, p. 548) também afirma que "o problema de ser ou não ciência não é privilégio da teologia. O questionamento do caráter de ciência, por razões diversas, atinge também a filosofia, o direito, ciências sociais e até mesmo a medicina". O autor defende ser salutar entender que a questão principal consiste em vislumbrar "um conceito de ciência suficientemente amplo, para dar conta da realidade e dos caminhos de apreensão" da teologia (Hammes, 2006, p. 548).

Immanuel Kant (1724-1804), refletindo sobre teologia e ciência, concebeu uma nova teoria do conhecimento que ficou conhecida como *idealismo transcendental* (Silveira, 2002). A filosofia adotada por ele e sua percepção acadêmica fizeram surgir o criticismo, corrente crítica do saber filosófico que teria como intenção maior delimitar os limites do conhecimento humano/ciência (Oliveira, D. S., 2017).

De acordo com Davison Oliveira, pesquisador das ciências da religião, o sistema elaborado por Kant parece ter estimulado o homem moderno a confiar na capacidade da razão para tratar de tudo o que diz respeito ao mundo material e evidenciado sua incapacidade para ocupar-se de tudo o que há em um virtual mundo invisível (Oliveira, D. S., 2017). O autor afirma que essa concepção de Kant, além de influenciar os pensadores do século XIX, teria influenciado os pertencentes ao século XX também (Oliveira, D. S., 2017). Em síntese, "Kant seria ateu, como também o foi Johann Gottlieb Fichte, na medida em que a religião da razão significou o abandono de Deus como objeto em favor da ordem ética" (Padovani, citado por Oliveira, D. S., 2017, p. 20).

Em solo brasileiro, as discussões acerca da teologia remetem ao século XVI, quando a Companhia de Jesus, do padre espanhol Inácio de Loyola, chegou às terras brasileiras e aconteceram encontros acalorados entre estudantes de filosofia e de teologia. A teologia passou a fazer parte do universo acadêmico brasileiro no século XVI.

Juarez Bortolanza (2017, p. 2) conta que "a Companhia de Jesus, fundada por Inácio de Loyola, teve forte participação no ensino no Brasil e, por ocasião da criação do curso de filosofia no Brasil [...], no Colégio da Bahia em 1572, teve seu curso de Teologia equiparado ao da Universidade de Évora, a segunda Universidade de Portugal [...]".

De acordo com a informação de Bortolanza (2017), portanto, filosofia e teologia entraram juntas na história do ensino superior no Brasil. Essa parece ser uma boa data de referência para considerar o recebimento da teologia como ciência no Brasil. Desde então, o caminho percorrido por ambas gerou muitos debates. A emancipação da teologia é recente no universo da formação acadêmica. Desde 2016, ela está enquadrada entre as ciências da religião, que o Ministério da Educação, por meio da Coordenação de Aperfeiçoamento de Pessoal de Nível Superior (Capes), identifica como Área 44 (Brasil, 2019).

Quando estudamos a história, conhecemos movimentos filosóficos, religiosos e sociais que envolveram muitos pensadores. Com relação a mudanças na forma de pensar do ser humano, podemos citar o Iluminismo. Em princípio, ele teria começado como um movimento cultural europeu no século XVII, estendendo-se para o século XVIII, e parecia buscar novos rumos para a percepção da vida em sociedade e todos os seus desdobramentos.

Há, contudo, uma perspectiva que concebe o Iluminismo como a maneira pela qual foram geradas mudanças nas esferas artística, política, econômica e social. Para isso, os iluministas acreditavam na disseminação do conhecimento como forma de enaltecer a razão em detrimento do pensamento religioso. Nesse sentido, as ciências exatas, como matemática, física e química, ganharam destaque.

De certa forma, houve uma revolução científica que parece ter influenciado o surgimento da Revolução Industrial no século XVIII. Nesse ambiente, a teologia contou com defensores para que pudesse, ao menos em parte, ser considerada uma ciência relevante para a sociedade.

Para exemplificar como a teologia foi abordada a partir de meados do século XVIII, podemos citar a contribuição de Friedrich Schleiermacher (1768-1834) – considerado pai do liberalismo teológico –, descrita por Wilhelm Gräb (1999, p. 67, tradução nossa) como a de alguém que se dedicava a uma teologia prática:

começou como um morávio, seu espírito se espalhou por toda parte na área das ciências...; a época se apoderou dele e o sopro de um ambiente poético, de tentativas e planos poéticos pairava sobre suas obras juvenis; ele foi um dos primeiros a tratar a sociabilidade como uma arte e dominou uma infinidade de relações... como um dos primeiros, em um tempo poderoso, ele começou a viver para o estado, sobretudo, no meio da indiferença, ele começou com a experiência de muitos no ministério da Igreja, nos anos passados em teologia para enfatizar a grande tarefa histórica da Igreja; ele se tornou o chefe espiritual da Igreja de seu tempo... movido por uma força interior que o conduziu por todos os círculos da existência humana, até o cosmos do mundo moral surgiu de seu espírito contemplativo. Aqui estava uma multiplicidade não de pesquisa, mas de vida. (baseada no texto da 1ª edição de 1870 e adições de propriedade da editora Redeker, Berlim 1970, p. XLII)

Em estudo sobre a teologia como ciência, Hermann Brandt (1972, p. 94) afirma que "a ideia de que ela seja uma ciência é negada tanto pela ciência, como também no âmbito da própria Teologia". Há uma perspectiva interessante a respeito da teologia segundo a qual ela não pode ser tratada como ciência por não ser possível testar suas teorias (Fontana, 2008).

Estudando a conferência *Fenomenologia e teologia*, proferida pelo filósofo alemão Martin Heidegger, Provinciatto e Kirchner (2017, p. 151) esclarecem que a teologia pode ser entendida como "um modo de compreensão da fé [...], dotado de positividade e de cientificidade [...]".

Marcos Aurélio Fernandes (2015, p. 99), escrevendo sobre ciências ônticas, explica que "o ente, ou seja, aquilo que de algum modo se dá numa presença ou vigência, está de antemão posto, quer dizer, exposto e disposto a se tornar objeto de conhecimento". Para Fernandes (2015), ele será elaborado no âmbito da teoria e será processado na metodologia da pesquisa.

Ainda de acordo com Fernandes (2015), o que determina as ciências ônticas são a positividade – o ente está incluído no processo do pensar como prejacente, ou seja, já referido – e a objetidade – quando esse ente processado assume a forma de objeto de conhecimento, a partir do projeto da pesquisa, com seus cânones metódicos.

Heidegger (citado por Fernandes, 2015, p. 99) identifica ciências ônticas com ciências positivas e afirma que "as ciências ônticas fazem temático, cada vez, um ente prejacente que sempre já está desvelado em certo modo antes do desvelamento científico". De certo modo, podemos exemplificar com a produção de um bolo. Inicialmente, temos em mente a vontade de fazer um bolo. Sabemos que o bolo ficará pronto, porém não sabemos qual será a qualidade do bolo depois de pronto. A positividade visualiza o bolo (ente) pronto, mas há o processo de pensar e usar os ingredientes para que cheguemos até o produto final, o bolo (ente) pronto.

Com relação à interpretação de um texto, essa perspectiva positivista pode indicar que o intérprete já tem em mente uma interpretação para aquele texto antes mesmo de trilhar o caminho de sua análise. Daí a necessidade em se percorrer todo o caminho hermenêutico para que o texto apresente ao intérprete uma explicação/tradução honesta e não suscetível à influência de pressupostos vinculados ao texto analisado.

Em estudo sobre o lugar da teologia como ciência na realidade brasileira, Johan Konings (2007, p. 240) observa: "Na tradição positivista, ciência só pode ser o que é experimentável, quantificável, formalizável, reproduzível. Alia-se a isso uma tradição historicista, que acolhe como científico o que é documentado e descritível formalmente, explicando por causa e consequência os fatos históricos".

Há alguns textos bíblicos que podemos considerar como ilustração de fenômenos que aconteceram na história de Israel e que a ciência tem se dedicado a estudar para tentar chegar a alguma conclusão. Por exemplo, na ocasião em que Josué falou ao Senhor em meio a uma guerra "sol, detém-te em Gibeom, e tu, lua, no vale de Ajalom [...] o sol se deteve, e a lua parou" (Bíblia. Josué, 2018, 10: 12-13), os dois astros mais importantes para a vida humana são apresentados como obedientes a uma ordem humana.

Como podemos estudar, entender e interpretar esse texto? Esse seria um milagre astronômico? Será que o movimento de translação da Terra ao redor do Sol sofreu alguma alteração nesse dia? O final do versículo 13 menciona que "o sol, pois, se deteve no meio do céu, e não se apressou a pôr-se, quase um dia inteiro" (Bíblia. Josué, 2018, 10: 13).

Uma publicação da revista *Exame* com o título "Evidência científica é encontrada a partir de história da Bíblia", de novembro de 2017, noticiou que pesquisadores da Universidade de Cambridge fizeram uma descoberta que pode alterar a cronologia do mundo antigo (Agrela, 2017). Segundo a notícia, eles criaram uma hipótese científica, que ainda precisa ser comprovada, de que o fenômeno narrado no Livro de Josué (10: 12-13) teria sido um eclipse anular.

Que tipo de diálogo pode haver entre teologia e ciência em um episódio como esse?

Com relação ao texto de Josué, 10, é preciso aprofundar a análise considerando-se o contexto, a forma escrita, a autoria, entre outros elementos, mas, por meio dele, notamos a necessidade de sermos cuidadosos para a interpretação de textos bíblicos.

Luís Gabriel Provinciatto e Renato Kirchner (2017, p. 133) argumentam que "a teologia, então, não é ciência ontológica, pois se caracteriza como compreensão derivada forjada na própria compreensão prévia do ente revelado para ela enquanto *positum* científico. Isso não significa dizer que ela, enquanto ciência, não zele pela originariedade da própria experiência".

Por meio da percepção de Provinciatto e Kirchner (2017), lembramos que as religiões têm seus conceitos sobre o ser divino e o que dele pode emanar e ser experimentado por aqueles devotados a ele. A narrativa do Êxodo dos hebreus em sua saída do Egito menciona um sofrimento experimentado pelos egípcios pelo fato de os deuses cultuados por eles não apresentarem força suficiente para superarem o poder do Deus dos hebreus. As chamadas *dez pragas do Egito* podem ser estudadas e entendidas sob a perspectiva teológica e científica.

Apenas para exemplificar, podemos citar a nona praga, quando aquela terra sofre sob uma camada densa de "escuridão" (Bíblia, Êxodo, 2018, 10: 21-29). Em tempos atuais, temos tido eventos conhecidos como *tempestades de areia* ou, ainda, em plena luz do dia, as nuvens escuras que se formam nos céus e transbordam em chuvas torrenciais sobre essa ou aquela região. Esses são fenômenos naturais conhecidos pela atual geração, mas que, por vezes, em tempos passados, foram identificados como castigos advindos da divindade. Os fortes relâmpagos cravados na terra, a revolta dos mares *(tsunamis)*, os terremotos e outros casos também são fenômenos naturais. Essa teria sido a experiência dos egípcios? Notemos que, enquanto essas pragas aconteciam com os egípcios, na terra de Gósen, nada acontecia com os hebreus (Êxodo, 9: 26).

Sinner (2007, p. 59) explica que "o estudo da teologia é um laboratório – ouçam os cientistas – onde se pode explorar, sem ter que decidir tudo de imediato, quais seriam as melhores palavras para dar expressão àquilo que não tem palavras, ultimamente – mas que representa 'a' Palavra".

Diante dessas perspectivas acadêmicas sobre teologia e ciência, concluímos que estudar a teologia como ciência é um desafio considerável. Na literatura sapiencial judaica, há muitos provérbios, assim como na cultura chinesa e em tantas outras. Podemos recorrer a um provérbio que traz o seguinte conselho: "Instrui ao sábio, e ele se tornará mais sábio; ensina ao justo, e ele crescerá na ciência" (Bíblia. Provérbios, 2018, 9: 9). Na vida em comunidade, os desafios são diversos, e a aplicação prática de provérbios como esse pode ser estimulada no sentido de não se limitar quanto à relevância do conhecimento teológico. Podemos aplicar esse provérbio na comunidade em que vivemos no sentido de propor a uma pessoa que ela aproveite todas as ocasiões de aprendizado disponibilizadas a ela, incluindo a teologia, a fim de conhecer toda a ciência pertinente ao texto em estudo.

Quando estudamos a história grega e o que aconteceu no mundo antigo, descobrimos que ali surgiram os primeiros teólogos, que também eram poetas. Personagens importantes, como Homero e Hesíodo, faziam uso do mito para contar suas histórias. Na época em que viveram, a teologia estava vinculada à mitologia.

Preste atenção!

Como define Bueno (2010), mito é uma narrativa oral que refere os tempos imemoriais da criação do mundo e da humanidade. Comumente, essas narrativas ganham espaço quando não se dispõe de algum documento oficial que comprove o que está sendo narrado. A narrativa de alguns textos ligados à literatura filosófica e religiosa tem sido classificada como mito, como o mito da caverna, de Platão, um dos mais estudados na comunidade acadêmica.

Há alguns exemplos bíblicos de narrativas que têm sido considerados não como eventos literais que aconteceram, mas como relatos que foram escritos para transmitir ao leitor uma mensagem épica, como o caso de alguém que triunfou diante de uma adversidade. Podemos citar como exemplo o Capítulo 3 de Daniel, quando os três judeus foram lançados a uma fornalha ardente e nem mesmo um fio de cabelo deles queimou. Há também o Capítulo 6 do mesmo livro, quando Daniel foi lançado na cova dos leões, mas nada lhe aconteceu, pois um anjo fechou a boca das feras.

Nesse sentido, mitologia, basicamente, é o estudo sobre os mitos de um povo (Bueno, 2010). Nos exemplos extraídos do Livro de Daniel, a narrativa busca demonstrar que o povo de Deus, mesmo exilado na Babilônia, foi protegido por seu Deus. Historicamente, a narrativa com essas características está muito presente em muitas culturas e é transmitida por meio da literatura e da arte. Destacamos também as mitologias egípcia, persa e grega, muito estudadas no universo acadêmico.

Segundo o professor de teologia sistemática Euler Westphal (2010), estudando a teologia, veremos que a expressão grega *logos theou* está vinculada à busca por conhecer a Deus e ao falar a respeito dele. Como relembra Westphal (2010), dois importantes expoentes da filosofia, Platão e Aristóteles, vinculavam suas explicações sobre teologia à política, e, por vezes, a teologia foi atrelada aos deuses de uma religião estatal. De acordo com Westphal (2010), a teologia seria uma reflexão que aconteceu na área do pensar antes mesmo que o cristianismo existisse. Tratava-se de uma "teologia poética, filosófica e política" (Westphal, 2010, p. 78). A música e a matemática também fizeram parte desse processo do pensar sobre a teologia.

2.2 Teologia e outros saberes

Há muitas considerações que podem ser feitas quando estudamos a relação da teologia com outras áreas de conhecimento. Podemos nos basear no princípio de que a teologia trabalha com questionamentos e faz uso de pressuposições básicas interpretadas previamente. Outro aspecto importante é pensar que o raciocínio humano tem um papel fundamental nesse processo, na coleta a e na análise dos dados, e a teologia poderia não ter razão de ser sem comunicação com as demais ciências.

Entendemos que há legitimidade para pensarmos em uma teologia contextual, aberta ao diálogo com outras ciências. Essa perspectiva precisa estar atenta às possíveis mudanças culturais da sociedade. O imaginário religioso popular é importante para que seja desenvolvida uma teologia contextual coerente com a realidade da comunidade e a sociedade como um todo (Westphal, 2010).

Analisando a teologia sob uma perspectiva social, percebemos que ela pode ajudar a construir um ambiente no qual haja reflexão contínua, e não apenas se assimile conhecimento, participando-se ativamente de uma estruturação da sociedade em que se reconheça a riqueza de sua pluralidade. Ela pode contribuir para que aconteçam transformações sociais.

Por exemplo, havia uma jovem escravizada na cidade de Filipos que dava lucro aos seus senhores. Segundo o texto bíblico, por meio de algumas palavras proferidas por Paulo, ela ficou livre de seu mal: "Paulo, perturbado, voltou-se e disse ao espírito: Em nome de Jesus Cristo, te mando que saias dela. E na mesma hora saiu" (Bíblia. Atos, 2018, 16: 18). Aquela jovem vivia sob um sistema de exploração, ela não era vista como uma pessoa.

Além do aspecto espiritual transcendente nesse episódio, notamos que a experiência de Paulo como conhecedor dos ensinamentos de Jesus foi transmitida de modo prático a uma pessoa sem forças para reagir diante de uma prática enraizada na cultura local, conhecida como *adivinhação*. Filipos era uma cidade de cultura grega e seguia a religião imposta por Roma. Os senhores da jovem, revoltados por perderem sua fonte de renda, arrastaram Paulo e Silas até a praça principal da cidade, local em que aconteciam julgamentos e debates dos filósofos. A jovem ficou livre, mas Paulo e Silas foram presos. O que aconteceu foi além de um debate envolvendo exposição de ideias (Bíblia. Atos, 2018, 16: 19-21).

Em nossos dias, também nos deparamos com problemas sociais e vemos, por parte de organizações sociais e religiosas, iniciativas para acompanhar e trabalhar para que esses problemas sejam ou solucionados ou, ao menos, amenizados. Alguns grupos de apoio procuram cooperar fazendo frequentes visitas e proporcionando apoio espiritual e psicológico às pessoas que apresentam algum tipo de incômodo espiritual e necessidades sociais. Nesse processo de acompanhamento, o conhecimento teológico pode ser levado ao campo prático na vida em sociedade. O amparo e as instruções no campo da fé podem contribuir para que as pessoas vislumbrem perspectivas melhores a respeito da própria vida e do convívio em sociedade.

Outra perspectiva é a psicológica, porque a teologia pode ajudar pessoas religiosas a conceber sua fé de maneira mais relevante e útil no cotidiano, levando-as a superar a teoria dos dogmas. Os dogmas são verdades de fé contidas na Bíblia e na tradição da Igreja. Por exemplo, utilizando-se um princípio teológico, pode-se buscar não se deixar vencer por aquilo que é mal, mas procurar vencê-lo fazendo o bem (Bíblia. Romanos, 2018, 12: 21).

No contexto dos distúrbios identificados pela psicologia/psiquiatria/medicina, pode-se proporcionar às pessoas, além de acompanhamento médico, psicológico e psiquiátrico, uma assistência que considere o desenvolvimento de uma espiritualidade por meio de orientação e da sugestão de literaturas que contribuam para o enriquecimento desse processo.

2.3 Importância da filosofia para a teologia

Ao refletirmos sobre a vida humana e o que diz respeito a ela, podemos tentar entender quais seriam as razões para o ser humano procurar respostas acerca de seu comportamento ou, ainda, qual seria a necessidade de desenvolvermos uma espiritualidade em busca de comunicação com o ser divino. Sob essa perspectiva, o tema *religião* pode ser abordado para tentar decifrar alguns enigmas. Será que há alguma relação entre o ato de pensar e o de sentir no que se refere à religião? Podemos ponderar sobre dois eventos pontuais, como a razão pela qual o ser humano passou a existir e como se explica uma pessoa inocente como Jesus morrer de modo tão cruel.

Sob a influência de ideias platônicas, Fílon de Alexandria foi um filósofo que buscou uma conciliação entre a religião e o ato de pensar (filosofia) (Calabi, 2014). Seu trabalho incluiu a escrita de comentários sobre a Torá (Pentateuco) com base nas ideias de Platão. Dax Nascimento (2003, p. 55) conta que Fílon surgiu como "o primeiro pensador que buscou conciliar o conteúdo bíblico à tradição filosófica ocidental". Fílon entendia a Deus como o criador de todas as coisas com base em suas próprias ideias, e não em ideias autônomas, como imaginava Platão, que não provinham do próprio Deus.

Algumas reflexões podem ser feitas sobre a filosofia. Há uma definição contida no diálogo *Eutidemo*, de Platão, segundo a qual a filosofia é o uso do saber em proveito da humanidade. Ele observa que de nada serviria a capacidade de transformar pedras em ouro a quem não soubesse utilizar o ouro; de nada serviria uma ciência que tornasse imortal a quem não soubesse utilizar a imortalidade, e assim por diante. Portanto, seria necessária uma ciência em que coincidam o fazer e o saber utilizar o que é feito, e essa ciência seria a filosofia (Platão, 2011).

Conforme esse conceito, a filosofia implica posse ou aquisição de um conhecimento que seja, ao mesmo tempo, o mais válido e o mais amplo possível – o uso desse conhecimento em benefício do ser humano. Esses dois elementos recorrem frequentemente às definições de filosofia em épocas diversas e sob diferentes perspectivas (Abbagnano, 2007, p. 453).

A filosofia está intimamente ligada à teologia, pois a filosofia é importante na construção de discursos racionais sobre Deus. A filosofia pode ser entendida como uma ciência que trata, praticamente, de todos os assuntos relacionados à vida humana.

O tema *fé e razão* rendeu muitos debates na história cristã e, na Idade Média, não foi diferente. A tradição cristã conseguiu influenciar o modo de pensar tanto de teólogos e filósofos quanto de bispos e da classe sacerdotal de modo geral. A busca se desenvolvia na intenção de conciliar a fé e a razão. No período medieval, a teologia conseguiu manter a filosofia sob suas rédeas. O pensamento teológico cristão, nesse período, manteve-se entrelaçado com o pensamento filosófico da tradição grega (Medeiros, 2016). Há uma percepção de que na Idade Média não havia filosofia, mas apenas teologia. Contudo, há elementos suficientes para se aceitar que havia filosofia e que Agostinho e Tomás de Aquino se envolveram com ela sob a influência de Platão e de Aristóteles, inclusive chegando a comparar a Bíblia com ensinamentos desses pensadores.

A busca pela conciliação entre fé e razão fez com que os primeiros filósofos cristãos interpretassem racionalmente aquilo que era assimilado/justificado por meio da fé mediante uma revelação transcendental. Em princípio, a linha de pensamento adotada considerava que a reflexão sobre os pressupostos fundamentais da fé poderia ocorrer conforme um roteiro lógico, aceito pela razão humana. Dessa forma, a filosofia ingressa no campo da ética cristã como uma tentativa racional de justificar princípios e normas de comportamento, submetendo a lei divina revelada ao exercício do raciocínio a ser processado pela mente humana. O termo *processar*, nesse caso, assume o sentido de analisar todas as informações de modo organizado e progressivo.

Se levarmos em conta a intensificação da relação entre a filosofia e a teologia no decorrer da Idade Média, veremos que as duas características principais da ética cristã foram o desenvolvimento da espiritualidade com Deus por meio da fé, como em "aprendei de mim que sou manso e humilde de coração" (Bíblia. Mateus, 2018, 11: 29), e a prática da solidariedade (caridade) para com o próximo, prática esta recomendada por Cristo nos Evangelhos de Mateus e de Marcos nas seguintes passagens: "dai-lhes vós de comer" (Mateus, 14: 16; Marcos, 6: 37); "tive fome e destes-me de comer" (Bíblia. Mateus, 2018, 25: 35).

Além disso, argumentava-se que foi por meio da revelação divina (Antigo e Novo Testamento) que Deus manifestou aos homens sua vontade e suas leis. Essa revelação era fundamental para a conduta ética cristã, que deveria reconhecer nela a vontade e a lei divina sob a importância da moralidade e da responsabilidade no convívio social.

Dessa forma, a conduta era considerada ética ou moral se estivesse de acordo com normas impostas sob a importância do dever e seria imoral ou antiética se realizada em contrariedade com tais normas. No cristianismo, o que o ser humano seria ou deveria ser era definido em relação ao requerido pela divindade. A essência da felicidade estaria vinculada ao ato de contemplar a Deus, ordenança sobrenatural que passou a ter primazia sobre a natural.

Pensando sobre a interioridade do ser humano, observamos que a moral cristã fez surgir outro conceito na constituição da moralidade do Ocidente, o qual foi codificado como *intenção*. Essa expressão é encontrada na vida moderna quando alguém diz "o que vale é a intenção". Trata-se do dever que se refere àquilo que pode ser chamado de *ação invisível* (não apenas visível), que deve ser julgada eticamente.

Com base nessa conceituação, passaram a ser levados em consideração no julgamento ético não apenas os atos, mas também as intenções que levam o ser humano a praticar determinado ato. Embora o processo seja lógico, em um caminhar de atuação contínua da razão, há espaço para a subjetividade nessa avaliação, pois, afinal, até que ponto podemos descobrir e afirmar qual seria a intenção de cada pessoa em cada circunstância?

Nessa perspectiva de reflexão, o cristão teria tanto mais razão para levar em consideração suas próprias intenções quanto mais noção tem de que mesmo aquilo que é invisível aos olhos humanos é visível aos olhos de Deus. Todo o processo que diz respeito ao ser humano está sendo acompanhado pelo olhar divino, inclusive o que há na intimidade do ser humano em relação a aspectos intelectuais e emocionais.

O cristianismo seria, assim, mais identificado como uma religião, uma sabedoria, do que como uma filosofia, mas que pressupõe uma concepção do mundo e da vida peculiar, indicando a necessidade de que essa percepção seria precisa ao tentar resolver um problema filosófico. Talvez um exemplo bastante prático para elucidarmos esse universo de pensamento seja a busca por explicar e entender o problema do bem e do mal mediante os dogmas do pecado original e da redenção pela cruz.

O tema *revelação* é um dos mais estudados e debatidos até a presente geração. Douglas destaca que, na língua grega, as palavras *gala*, *apokalypto* e *revelo* expressam a ideia de desvendar algo que está oculto para que possa ser visto e conhecido como exatamente é (Douglas, 1995). Nesse processo de encontrar argumentos para tentar compreender a profundidade da revelação judaico-cristã, surgiu uma sistematização racional a respeito do conteúdo sobrenatural da revelação, mediante uma disciplina específica, que ficou conhecida como *teologia dogmática*.

Sob a influência da Igreja, no decorrer da Idade Média, as discussões se concentraram em questões filosófico-teológicas, com a intenção de conciliar a fé e a razão. Nessa perspectiva, o envolvimento e as contribuições de Santo Agostinho e de São Tomás de Aquino trouxeram à luz reflexões fundamentais para a história do pensamento cristão. A interação entre filosofia e teologia contou com a participação decisiva de Agostinho e Tomás de Aquino, que resgataram as filosofias de Platão e de Aristóteles, como mencionamos. Agostinho foi um expoente representante do período da filosofia cristã conhecido como *patrística*, e Tomás de Aquino atuou decisivamente no período denominado *escolástica*.

Entre os temas estudados e debatidos por Agostinho está a teoria sobre o livre-arbítrio. O cristianismo, de modo geral, assimila essa ideia, sendo o primeiro impulso da liberdade dirigido para o mal (pecado). A argumentação a respeito dessa liberdade, inicialmente, vê o ser humano como fraco e pecador, dividido entre o bem e o mal. O auxílio para a melhor conduta seria a lei divina.

Nesse cenário, a ética cristã teria se definido por se fundamentar na importância sublime do amor, como defendido pelo apóstolo Paulo em meio aos cristãos na cidade de Corinto: "ainda que eu fale a língua, dos homens e dos anjos, se eu não tiver amor... eu nada sou" (Bíblia. 1 Coríntios, 2018, 13: 1). Assim como ensinado por Cristo, novamente voltamos ao ensinamento de Mateus (22: 37-39). O amor foi instaurado como o primeiro e maior mandamento: o amor a Deus acima de todas as coisas e o amor ao próximo. Para o cristianismo, a realização espiritual mais profunda estaria, assim, na prática do amor. Essa seria a essência da filosofia proposta por Cristo.

2.4 Filosofia cristã

Ao estudarmos a história das religiões, vamos notar que, na maioria delas, há algum personagem destacado e apresentado como referencial a ser seguido, como Jesus, Buda, Gandhi e Maomé. No segmento religioso cristão, o modelo a ser seguido se baseia na vida e nos ensinamentos de Jesus Cristo. No século anterior a Cristo, o helenismo fazia parte da cultura de muitos povos e, nesse contexto, a busca pelo conhecimento e os debates filosóficos entre os gregos eram práticas comuns.

A cultura helênica, incluindo suas práticas religiosas, era expressiva e foi adotada como modelo ideal. Douglas explica que, em meio aos povos do Oriente Mediterrâneo e ainda mais além, o helenismo assumiu o protagonismo. A busca por uma vida livre e cultivada em uma pequena comunidade autônoma, anteriormente presente em alguns poucos Estados egeus, passou a ser aceita quase que universalmente (Douglas, 1995).

Preste atenção!

O helenismo, ou período helenístico, abrange uma fase da história da Grécia Antiga que se iniciou no século IV a.C. e se estendeu até o século II a.C., o período do expansionismo alexandrino, que levou a cultura grega para além de suas fronteiras, construindo um verdadeiro império intercontinental. Nesse contexto, a filosofia antiga passou por grandes transformações, uma vez que, após a morte de Aristóteles, surgiram correntes filosóficas divergentes, conhecidas como *filosofias helenísticas*, entre as quais podemos citar o epicurismo e o estoicismo. O que notamos de comum é o fato de serem fundamentalmente éticas, ou seja, voltadas para a questão da conduta e da ação humanas. Mais do que problemas teóricos, essas correntes preocupavam-se com questões práticas. A filosofia helenística continuará até a cristianização do Império Romano.

....

O termo *filosofia cristã* surge com a perspectiva de favorecer a compreensão sobre o tema *fé e razão* quanto à sua conciliação e à sua contribuição para o conhecimento sobre o mundo. Trata-se de uma doutrina filosófica que teve como protagonistas muitos padres, cuja atuação visava fornecer explicações científicas para defender a crença na divindade.

Há também a compreensão de que se trata de um sistema de pensamento que, inicialmente, distinguiu-se do judaísmo e do helenismo, no qual Cristo se tornou a referência, como foi defendido pelo apóstolo Paulo perante os cristãos, na cidade de Corinto, em sua primeira carta dedicada a eles: "os judeus pedem sinal, e os gregos buscam sabedoria [...] nós pregamos a Cristo crucificado, que é escândalo para os judeus, e loucura para os gregos" (Bíblia. 1 Coríntios, 2018, 1: 22-23). Portanto, o cristianismo é um sistema orientado pela verdade revelada por Jesus, o Cristo, cujos dogmas devem ser estudados pela teologia, procurando-se explicá-los e aplicá-los na vida em sociedade.

Devemos lembrar que a personagem central dos quatro primeiros livros do Novo Testamento é a pessoa de Jesus Cristo. Entre os muitos atributos e características de Cristo citados nos quatro evangelhos, destacamos os títulos/nomes atribuídos a ele: Filho de Deus (Marcos, 1: 1), Salvador (Lucas, 2: 11), Senhor (João, 20: 28), Rei dos Judeus (Mateus, 27: 37) e Filho do Homem (Lucas, 19: 10).

A base dos ensinamentos de Cristo está expressa nos Capítulos 5, 6 e 7 do Evangelho de Mateus, trecho bíblico conhecido como *Sermão do Monte* ou *contracultura cristã* (Stott, 1981).

Preste atenção!

O Sermão do Monte foi proferido por Jesus em um momento em que o Império Romano teve suas políticas, suas leis e seus governantes e no qual a maior autoridade política era o imperador. Os ensinamentos proferidos por Jesus são considerados como contracultura pelo fato de abordarem a busca pela paz para com todos, o exercício da misericórdia, a prática da pureza, o exercício da solidariedade e da benevolência. Em resumo, a busca pelo Reino de Deus em primeiro lugar, conforme Mateus 6: 33. O Sermão é proferido em um cenário em que há um reino terreno cada vez mais ávido por conquistas enquanto o Reino anunciado por Jesus diz respeito a princípios de um reino eterno.

No que se refere sua racionalidade, a principal característica da filosofia cristã seria a busca pela explicação para a existência de Deus por meio da ciência. Hägglund (2003) argumenta que a maneira como os apologistas do segundo século pós-Cristo abordaram a verdade cristã incluía a tendência de intelectualizar seu conteúdo. A razão era o conceito mais marcante de seus escritos. As raízes desse pensamento estariam nas tradições racionalistas filosóficas grega e romana em consonância com os dogmas cristãos.

Nos séculos II a VIII, período da patrística, os dogmas (encarnação, expiação dos pecados e trindade) foram sistematizados e, no período da escolástica, séculos IX a XVI, o debate a respeito do que acontece na Igreja cristã evoluiu e surgiram novas perspectivas sobre a filosofia cristã. Agostinho de Hipona (354-430 d.C.), um dos principais pensadores cristãos, tratou, no período patrístico, de temas como fé e graça, o que foi fundamental para a reforma da fé cristã em sua geração.

A filosofia e o cristianismo se encontraram, e os cristãos passaram a se posicionar, decididos a discutir temas controversos. Agostinho e outros autores da Idade Média defenderam a fé cristã ante cultos estranhos, e ela assumiu importância central, a graça, sem focar muito obras ou uma tradição (Storck, 2003). Entre outros temas discutidos nesses períodos, destacamos a liberdade humana (livre-arbítrio) e a submissão da vontade humana à divina.

Para refletir

Douglas (1995) tece alguns comentários sobre esse tema. Entre eles, observa que, se o livre-arbítrio tivesse uma conotação teológica, teria o significado de que as escolhas voluntárias do ser humano não regenerado por Cristo são tomadas ainda sob uma realidade em que predomina o pecado. Para não haver mais o predomínio do pecado, o ser humano precisaria passar pela experiência da regeneração em Cristo. O que seria, na verdade, uma ação livre para submeter sua vontade à vontade divina?

Debatidos desde os primórdios da Era Cristã, esses temas continuam sendo abordados, pois, além de serem temas clássicos da teologia, sua importância exige que conheçamos argumentos e ponderações a esse respeito.

A defesa da fé cristã debatida por Agostinho estaria baseada em algumas palavras de Jesus, mencionadas no Evangelho de João. Os seguidores de Jesus estavam no mundo e poderiam continuar nele, mas eles não pertenciam mais a ele: "Não peço que os tires do mundo, mas que os livres do mal. Não são do mundo, como eu do mundo não sou" (Bíblia. João, 2018, 17: 15-16). As visões de mundo que existiram na Idade Média se basearam em ensinamentos bíblicos a respeito de como a fé cristã deveria ser exercida. Cabe citar o exemplo do apóstolo Paulo, que, em meio ao ambiente romano, escreveu em sua epístola aos cristãos, em Roma, sobre o fato de "não se amoldarem ao padrão do mundo da época, mas transformarem-se pela renovação da mente deles" (Bíblia. Romanos, 2018, 12: 2). Uma das questões debatidas nesse cenário estava voltada ao que se entendia por *mundo*.

Ainda nos referindo aos séculos XII e XIII, nas universidades, o estudo das artes era debatido e surgiram disciplinas que deram base aos cursos de Teologia, Direito e Medicina. Nesse período, o acesso ao discurso filosófico permitia uma afirmação coesa do discurso teológico que se fez imprescindível para o estabelecimento da teologia como ciência acadêmica (Silva, P. H. P., 2021).

Guilherme de Ockham (1280-1347)[1], frade franciscano e filósofo escolástico inglês do século XIV, pensando sobre os escritos de Aristóteles a respeito da liberdade humana para tomar decisões, entendia que, se a fé estivesse correta em sua compreensão do conhecimento divino, a pessoa estaria diante de um sério impasse (Estevão, 2014). Deus, em sua onisciência, sabia antecipadamente a decisão. Haveria alguma explicação que descartasse a separação entre o conhecimento divino e a liberdade humana? O impasse racional, nesse momento, seria decidir quanto à compatibilidade entre a onisciência divina e a liberdade humana.

No decorrer dos séculos, a partir do primeiro depois de Cristo, o cristianismo desenvolveu uma história com muitos conflitos e

---
1 Há divergências com relação às datas de seu nascimento e de sua morte. Possivelmente, seu nascimento deve ter sido em 1288 e seu falecimento em 1349.

confrontos, mas tem conseguido resistir e se manter como uma religião influente tanto no Oriente quanto no Ocidente. A filosofia cristã busca uma conciliação entre as exigências da razão humana e a revelação divina. Sua base era a Bíblia e a tradição da Igreja Católica, por meio de padres e seu sistema hierárquico. O interesse principal da filosofia medieval era, na maior parte de seu pensamento, a linha cristã e focava as possíveis provas da existência de Deus.

Quando estudamos os principais filósofos escolásticos, notamos que, segundo Etienne Gilson (1995), era possível pensar na filosofia e na teologia em uma perspectiva de se experimentar uma vida longa, sem deixar de considerar pontos falhos do passado não superados, mas passíveis de serem superados.

Terezinha Oliveira (2013) observa que, no período medieval, coube às escolas elaborar e formular a filosofia cristã. Ela argumenta que a escolástica é uma criação medieval que surgiu no interior das escolas, no seio das relações medievais. Entre os temas abordados nesse período, a revelação não teria a função de apresentar fisicamente a Deus e a existência dele. Além disso, não poderia ser considerada apenas um objeto da fé. A fé e a razão seriam mutuamente necessárias para se desenvolver uma filosofia cristã autêntica à luz da filosofia escolástica. Seus pensadores, em sua maior parte, eram teólogos, haja vista que, no período escolástico, os lugares com maior oportunidade de estudar eram os monastérios e as instalações da Igreja, ainda mais pela flexibilidade permitida pela vida monástica e sacerdotal em relação ao trabalho.

Os sacerdotes dispunham de tempo e, no âmbito da formação, havia a possibilidade de estudar clássicos da filosofia e da cultura em geral. No século XVI, a escola escolástica decaiu em meio a diferenças de concepções fundamentais entre fé e razão.

Preste atenção!

O movimento iluminista surgiu no final do século XVI e se fortaleceu nos séculos XVII e XVIII, dedicando-se à disseminação do conhecimento como forma de enaltecer a razão em detrimento do pensamento religioso.

No entanto, exatamente no período iluminista, grupos cristãos firmaram compromissos em se dedicar a orar (morávios) e evangelizar povos distantes (ingleses), o que redundou em um movimento missionário intenso, uma prática que avançou pelos séculos XVIII e XIX. A filosofia cristã, nesse período que ficou conhecido como *missões modernas*, agora incluía a prática em sair de seu país natal e enfrentar desafios religiosos, culturais e geográficos de outros povos (Timothy, 1997).

A discussão filosófica no continente europeu continuou, mas o cristianismo se espalhou pelos continentes e participou de muitas transformações sociorreligiosas. O Iluminismo, ao deslocar Deus do centro das questões humanas, teria levado a prática missionária protestante a colocar o ser humano, sua dignidade, suas necessidades e suas aspirações no centro da motivação missionária (Nascimento; Silva, 2011). A filosofia cristã estaria agora de volta ao trilho da filosofia de Jesus.

2.5 Teologia e Sagrada Escritura

Ao estudarmos a teologia como ciência, identificamos que ela está inserida nas ciências humanas, uma classificação que passa por certa resistência histórica, visto que não há como provar cientificamente suas teorias e teses a respeito do ser divino, nem a virtual relação entre o ser humano e a divindade.

Quando analisamos a Sagrada Escritura, aprendemos que ela é uma composição de livros, dividida basicamente em duas partes: Antigo Testamento e Novo Testamento. Em princípio, é um livro religioso, escrito por diversos autores, todos sendo submissos à inspiração divina. Sua composição, na versão católica, tem 73 livros; na versão protestante, 66 livros.

Em ambas as versões, destacamos dois textos do Novo Testamento que podem nos servir de base para entendermos quais motivos levariam o ser humano a estudá-la e lhe dar crédito. O primeiro deles, escrito por Paulo, informa que "Toda a Escritura é inspirada por Deus e útil para o ensino, para a repreensão, para a correção e para a instrução na justiça, para que o homem de Deus seja apto e plenamente preparado para toda boa obra" (Bíblia. 2 Timóteo, 2018, 3: 16-17). O segundo deles, escrito por João, afirma: "Examinais as Escrituras, porque vós cuidais ter nelas a vida eterna, e são elas que de mim testificam" (Bíblia. João, 2018, 5: 39).

No segmento evangélico, a Sagrada Escritura é chamada *Bíblia* e *Palavra de Deus*, considerada a base normativa para a doutrina e o funcionamento da Igreja quanto a aspectos eclesiásticos. Do ponto de vista administrativo, por vezes, aspectos jurídicos e sociais são adotados como referenciais para o funcionamento da Igreja.

Jochen Eber (2013), teólogo e professor, explica que "a relação entre Sagrada Escritura e tradição é uma das questões básicas da teologia". E qual seria a relação entre a teologia e a Sagrada Escritura? É assim que declara a Confissão de Westminster (1643-1646) a respeito da Sagrada Escritura:

> *Ainda que a luz da natureza e as obras da criação e da providência de tal modo manifestem a bondade, a sabedoria e o poder de Deus, que os homens ficam inescusáveis, contudo não são suficientes para dar aquele conhecimento de Deus e da sua vontade necessário para a salvação;*

por isso foi o Senhor servido, em diversos tempos e diferentes modos, revelar-se e declarar à sua Igreja aquela sua vontade; e depois, para melhor preservação e propagação da verdade, para o mais seguro estabelecimento e conforto da Igreja contra a corrupção da carne e malícia de Satanás e do mundo, foi igualmente servido fazê-la escrever toda. Isto torna indispensável a Escritura Sagrada, tendo cessado aqueles antigos modos de revelar Deus a sua vontade ao seu povo. (Confissão..., 2023)

A autoridade da Sagrada Escritura emana do ser de Deus, que, em seu aspecto espiritual transcendente, é o autor dela. Agora, com relação à composição literária e à organização de seu conteúdo, há um lastro razoável de questões a esclarecer, pois, nesse sentido, surge a importância da teologia, que tem como fonte de seus estudos a Sagrada Escritura. Embora a tradição da Igreja e sua história também tenham sua importância para identificarmos o reto sentido dos textos, as narrativas bíblicas são a fonte principal para averiguar as teologias inerentes aos textos.

O estudo contínuo e sistemático da Sagrada Escritura viria a se tornar algo como a alma da teologia quando a ocupação com o texto bíblico passou a ser uma constante. O profeta Oseias, em suapoca, em seu ambiente sociopolítico-religioso, refere-se à necessidade de se "conhecer a Deus e em prosseguir em conhecê-lo" (Bíblia. Oseias, 2018, 6: 3).

De acordo com Severa (1999, p. 56), na história da teologia, discute-se se é possível ou não conhecer a Deus. A justificativa, ao menos por uma parte dos cristãos, é a de que a busca incessante por conhecer o ser de Deus poderá abrir um horizonte por meio do texto bíblico, que dará ânimo ao estudo da teologia e ratificará sua importância para aqueles que se dedicarem a esse processo.

Há no segmento católico a perspectiva que envolve os pais eclesiásticos, que, na defesa das Escrituras Sagradas, estabeleceram três critérios para formarem o entendimento eclesiástico e católico que refutava interpretações heréticas: (1) a universalidade; (2) a antiguidade; e (3) a concordância das vozes dos pais eclesiásticos (Eber, 2013). O entendimento era de que, na Igreja católica, era preciso tomar o máximo cuidado por conservar aquilo que foi tido e crido, em todo lugar, em todo tempo e por todos os fiéis.

Ervino Schmidt (1979) entende que as ações de Martinho Lutero com relação à valorização da Bíblia na Reforma Protestante abriram um novo horizonte para o cristianismo. Com a invenção da prensa, na década de 1450, os textos impressos passaram a ser produzidos em maior número e menor tempo na Europa. Dessa forma, os leigos começaram a ter acesso à Sagrada Escritura e podiam lê-la livremente. Nesse contexto, o importante trabalho de Lutero na tradução de textos bíblicos foi também privilegiado pela invenção da prensa, pois, com a divulgação mais rápida, estudiosos da Bíblia na época tiveram acesso a esse material, o que favoreceu a interpretação dos textos sagrados, que passou a ser feita não apenas entre os sacerdotes, mas também entre as pessoas nas comunidades de fé que foram surgindo.

Curiosidade

Há mais de 500 anos, Johannes Gutenberg inventou a prensa de tipos metálicos móveis, a qual possibilitou a produção em massa de livros e modificou profundamente a maneira como acessamos e divulgamos o conhecimento. A produção em série foi iniciada com a impressão da Bíblia, cujas cópias foram vendidas antes mesmo da conclusão da impressão. Acredita-se que a escolha pela Bíblia tenha sido puramente comercial, porque abrangeria um público muito maior do que qualquer outra obra.

Atualmente, existem 48 cópias da Bíblia de Gutenberg, embora nem todas estejam completas – algumas são apenas fragmentos. O texto é a tradução latina conhecida como *Vulgata*, feita por São Jerônimo no século IV.

Fonte: Library of Congress, 2023, tradução nossa.

A forma de Lutero interpretar os textos sagrados gerou alguns conflitos com estudiosos da Bíblia de sua época (Schmidt, 1979). Pensando na liberdade de interpretação das Escrituras, Ervino afirma que o cristão ficou livre para acessar e interpretar porque o Espírito de Deus auxilia a pessoa que tem esse interesse (Schmidt, 1979). A discussão acerca da ação do Espírito também ganhou uma nova dimensão nos séculos XVIII e XIX, por meio da pneumatologia, um ramo da teologia que estuda, com bastante profundidade, os temas que envolvem o Espírito Santo e sua ação.

Segundo David Bosch (2002), estudioso da prática cristã missionária, partiu do movimento iluminista a iniciativa de entender a teologia como uma *ciência* na acepção iluminista do termo. Padre Beni dos Santos (1994, p. 9), escrevendo sobre o ensino da teologia, afirma que a "teologia é uma forma de conhecimento que procura a compreensão lógica e até mesmo dialética dos dados da fé". Vemos, portanto, que o estudo da teologia desperta tanto o interesse do cenário acadêmico e eclesiástico quanto dos que vão além deles.

Síntese

Neste capítulo, vimos que a teologia como ciência, embora ainda seja uma questão muito debatida, foi fortalecida em meio ao movimento iluminista. Sob as perspectivas religiosa, acadêmica e social, a teologia pode contribuir por meio de reflexões equilibradas e pertinentes em busca de respostas para muitas interrogações do ser humano, tanto sob o aspecto individual quanto sob o aspecto coletivo. Tratamos da relação da teologia com outros saberes científicos, considerando que é legítimo pensar em uma teologia contextual aberta ao diálogo com outras ciências. Também evidenciamos que as contribuições da psicologia e da sociologia são muito importantes para o bom desenvolvimento de teologias relevantes e pertinentes.

Apresentamos, ainda, alguns aspectos esclarecedores a respeito da filosofia como uma ciência necessária a ser acessada pelos estudiosos da teologia, como as discussões que se concentraram em questões filosófico-teológicas na Idade Média, sob o desejo de se conciliar a fé com a razão. Entre elas, destacamos a contribuição de dois personagens fundamentais nesse processo de interação, Santo Agostinho e São Tomás de Aquino, figuras marcantes na história do pensamento cristão.

Abordamos a principal característica da filosofia cristã com relação à sua racionalidade: a busca da explicação para a existência de Deus de modo científico. Apresentamos algumas opiniões de filósofos como Etienne Gilson.

Como fonte primária de consulta da teologia, a Sagrada Escritura nos fornece um espectro diversificado de informações úteis no que se refere a aspectos religiosos, espirituais e sociais. A Sagrada Escritura apresenta aspectos literais, emana mensagens espirituais diversas, relaciona conselhos e instruções para fins eclesiásticos, sociais e morais e narra histórias reais e figuradas. Todos esses elementos nos são proveitosos para produzirmos uma teologia coerente e aplicável na atualidade. Seja sob a perspectiva católica, seja sob a ótica protestante, as teologias concebidas com base na Sagrada Escritura precisam primar por uma interpretação imparcial e fiel aos textos em seus contextos originais.

Atividades de autoavaliação

1. Assinale a alternativa que apresenta corretamente os motivos pelos quais, no século XVIII, a teologia, que em parte já era reconhecida como ciência, passou a ter mais reconhecimento:

   a) Em virtude de uma reforma nos dogmas e nas doutrinas da Igreja Católica e por reivindicação dos sacerdotes em geral, houve a formalização oficial e foi concedido à teologia o *status* de ciência.

   b) Em princípio, a revolução científica no século XVIII parece ter influenciado o surgimento de um novo tempo. A teologia, em meio a muitos debates, conquistou espaço nas universidades apresentando temas pertinentes com relação a aspectos divinos e humanos, em uma sociedade plurirreligiosa, promovendo reflexões e reavaliações de dogmas e doutrinas.

   c) O movimento iluminista, no século XVIII, promoveu debates para que se discutissem temas ligados à religião e, em meio a opiniões distintas, decidiu-se por maioria que a teologia fosse elevada à condição de ciência humana.

   d) De certa forma, a Revolução Industrial do século XVIII fez com que a geração daquela época prosperasse economicamente, o que teria contribuído com a revolução científica, que, por sua vez, ampliou seus horizontes e passou a contemplar a ideia de que a teologia poderia ser concebida como ciência humana.

   e) A teologia, na verdade, a partir de Tomás de Aquino, já havia sido considerada ciência, mas, no século XVIII, em meio a uma revolução científica, com o surgimento de pensadores dispostos a entendê-la como ciência, passou a fazer parte do universo acadêmico de muitas universidades. A inclusão da teologia no universo acadêmico como ciência sempre sofreu resistência, mas, ao menos a partir desse período, ela encontrou mais liberdade para ser discutida.

2. Na perspectiva social, a teologia pode ajudar a construir um ambiente de reflexão contínua, em que não apenas se transmita conhecimento, mas também se participe ativamente da estruturação de uma sociedade que atenda às suas demandas. De que maneira isso pode ocorrer?

a) A teologia pode contribuir para que se estabeleça um ambiente no qual haja reflexão continuada e também participando ativamente, por exemplo, por meio de palestras, considerando-se que fazemos parte de uma sociedade plural, cujos conhecimentos podem ser compartilhados em busca do convívio humano saudável e harmônico.

b) Os ensinamentos relacionados à teologia não apresentam muita relevância para a pacificação da sociedade, pois ela se atém a aspectos doutrinários e espirituais. Cada vertente religiosa tem sua teologia, realidade que dificulta ações conjuntas para confirmar a importância da teologia e seu envolvimento com outros saberes.

c) Os temas que a teologia aborda são referentes apenas à religião e à espiritualidade. Ela não tem competência para opinar sobre temas de cunho social, como desigualdade social, violência doméstica e descriminalização do uso de drogas.

d) As carências sociais não têm nenhuma ligação com aspectos religiosos e podem ser abordadas pela sociologia, pela psicologia e pela pedagogia. A teologia não teria como contribuir porque sua função é apenas analisar aspectos transcendentais e espirituais.

e) No universo da teologia, o importante é estudar e dialogar a respeito de aspectos eclesiásticos, cuidando da administração das igrejas e do acompanhamento emocional dos clérigos, dos sacerdotes, dos pastores e dos fiéis mais vulneráveis.

3. No decorrer da Idade Média, muitas das discussões na Igreja Católica Apostólica Romana se concentraram em questões filosófico-teológicas, com a intenção de conciliar a fé e a razão. Qual foi a contribuição de São Tomás de Aquino e Santo Agostinho em meio a essas discussões?

   a) Eles sistematizaram algumas ideias sobre a Trindade e o Espírito Santo, participaram da Reforma Protestante e apoiaram o movimento iluminista.

   b) Eles trouxeram à luz reflexões fundamentais para a história do pensamento cristão. Agostinho foi um expoente representante do período da filosofia cristã conhecido como *patrística*, e Tomás de Aquino atuou decisivamente no período denominado *escolástica*.

   c) Tomás de Aquino e Agostinho foram dois sacerdotes que participaram de um processo envolvendo heresias e distorceram ensinamentos bíblicos, como os relativos à salvação da alma, a ponto de perseguirem alguns de seus contemporâneos por não concordarem com sua perspectiva.

   d) A contribuição deles se formou em torno das discussões acadêmicas sobre o tema da revelação e inspiração do Espírito Santo na composição do cânon das Sagradas Escrituras.

   e) Santo Agostinho contribuiu nas questões acadêmicas, sugerindo um sistema de interpretação bíblica que ficou conhecido como *método histórico-crítico*. Tomás de Aquino participou ativamente de reflexões a respeito da salvação eterna e do destino final dos ímpios.

4. No decorrer dos séculos, a partir do primeiro depois de Cristo, o cristianismo desenvolveu uma história com muitos conflitos e confrontos, mas tem conseguido resistir e se manter como uma

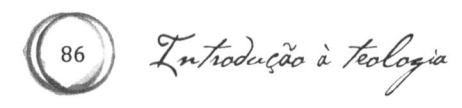

religião influente tanto no Oriente quanto no Ocidente. Como a filosofia cristã trabalhou para ajudar a superar esses conflitos?

a) A filosofia cristã buscou uma conciliação das exigências da razão humana e da revelação divina. Suas bases eram a Bíblia e a tradição da Igreja Católica, por meio de padres e de seu sistema hierárquico. O interesse principal da filosofia medieval era, na maior parte de seu pensamento, a perspectiva cristã e focava as possíveis provas da existência de Deus.

b) Por meio da filosofia cristã, foi adotada uma perspectiva liberal de interpretação bíblica que procurava entender os textos como ensinamentos flexíveis e adaptáveis, de acordo com o contexto cultural de cada povo.

c) O método adotado pela filosofia cristã para ajudar nos debates foi o de alegorizar os textos bíblicos, cuja interpretação era difícil. Por exemplo, o sonho de Nabucodonosor no Capítulo 2 do Livro de Daniel era o de uma estátua que representava reinos apenas até o período medo-persa. Não havia sentido escatológico nesse capítulo bíblico, segundo a filosofia cristã.

d) Ela buscou a conciliação das exigências da razão humana e da revelação divina. Sua base era a Torah e a tradição da Igreja Católica, por meio de rabinos e padres e de seu sistema hierárquico. O interesse principal da filosofia cristã foi, na maior parte de seu pensamento, a soteriologia (doutrina da salvação).

e) A filosofia cristã criou um sistema de interpretação bíblica que ficou conhecido como *escolástica*, por meio do qual os temas controvertidos eram sistematizados e apresentados para que se discutisse e avaliasse se a interpretação bíblica em voga era honesta com o texto e se era aplicável em meio à sociedade.

5. A teologia tem na Sagrada Escritura sua referência principal, sua fonte primária de investigação. O estudo contínuo e sistemático de temas bíblicos produz crescimento e amadurecimento e enriquece os argumentos em meio aos debates. Quais seriam os elementos que podem confirmar essa perspectiva positiva em relação à teologia?

a) O amadurecimento e o crescimento acontecem quando há busca pela opinião de teólogos, quando há disposição para ouvir estudiosos da mesma confissão de fé e, além disso, quando há pesquisa em diferentes fontes da mesma confissão de fé, sem se preocupar com os textos bíblicos originais e com a consulta a teses acadêmicas pertinentes aos temas abordados.

b) Quando há pesquisa acadêmica e consulta a teólogos e a sacerdotes (pastores, padres, monges, pais de santo etc.), o crescimento é notório. O amadurecimento acontece pelo fato de, nesse processo, abrir-se a perspectiva religiosa ecumênica de relacionamento.

c) Os elementos principais para que se experimentem o crescimento e o amadurecimento na teologia são a revelação espiritual recebida por meio divino e a dedicação à interpretação bíblica por meio das línguas originais (hebraico e grego).

d) O crescimento acontece quando há busca pelo conhecimento sobre o ser de Deus, pela consulta integral à Bíblia, pelo conhecimento dos textos bíblicos na língua original, para traduzi-los com o auxílio de instrumentos adequados. Além disso, é preciso dispor-se a ouvir argumentos distintos, pesquisar em diferentes fontes, tanto de confissões quanto de épocas, consultar teses acadêmicas pertinentes aos temas abordados e a opinião de teólogos.

e) O crescimento acontece quando se consultam a patrística, a escolástica e a opinião de teólogos reformadores. O amadurecimento acontece quando se procura desenvolver uma vida devocional por meio da oração e da leitura bíblica.

Atividades de aprendizagem

Questões para reflexão

1. Mencionamos, neste capítulo, a produção de um bolo para ilustrar uma perspectiva sobre o pensar filosófico. Do ponto de vista teológico, imaginemos que a sociedade em que vivemos aguarda pela entrega de um bolo. Pense em três necessidades da vida em sociedade que possam ser supridas com o auxílio do conhecimento teológico. Com base em sua reflexão, como seria uma breve teologia com três elementos teológicos imprescindíveis, em sua opinião, que poderiam participar nesse processo de interação com a sociedade?

2. Abordamos, neste capítulo, a contribuição de muitos pensadores para a filosofia e a teologia. Entre os principais está Agostinho de Hipona (354-430 d.C.), que tratou, no período patrístico, de temas como fé e graça, uma contribuição teológica muito valiosa para sua geração. Na atualidade, os temas *fé* e *graça* têm sido tratados com a mesma importância que tiveram na época de

Agostinho? Reflita sobre essa possibilidade e produza um texto escrito fundamentando sua reflexão com textos bíblicos e com a opinião de teólogos da atual geração. Compartilhe sua reflexão com seus colegas de estudo.

Atividade aplicada: prática

1. Com base nos estudos deste capítulo sobre a interioridade do ser humano, considere a vida em comunidade, pela perspectiva do respeito mútuo entre todas as pessoas. Como podemos argumentar que há salvação eterna apenas por meio da fé em Cristo e em sua obra? De acordo com João 14: 6, "Jesus é o caminho, a verdade e a vida". Quais aspectos científicos podem fazer parte de um processo de evangelização? (Bíblia. João, 2018, 14:6). A filosofia cristã tem elementos que podem ajudar as pessoas não cristãs a aceitar esse anúncio absoluto e imutável do ponto de vista teológico? Reflita sobre essas questões e, depois de respondê-las, registre suas considerações em um texto escrito e compartilhe-o com seus colegas de estudo.

capítulo três

Fundamentos da teologia

03

Ao ingressarmos na vida acadêmica, percebemos ideias e conceitos distintos em meio às diversas ciências. No caso da teologia, como já abordamos, não é diferente. Em um cenário real e histórico, observamos o campo das ideias, dos debates, no qual são consideradas questões religiosas, sociais, políticas, morais, objetivas, subjetivas, literais e figuradas que passam por frequentes reavaliações.

Avançaremos em nossa abordagem analisando o estudo da fé como elemento principal em comparação a determinado fator que a acompanha nas áreas acadêmica, eclesiástica e comunitária. Analisaremos as relações entre fé e razão, fé e palavra, fé e experiência, fé e prática, todas ancoradas em Jesus Cristo como raiz teológica de todas as nossas ponderações.

3.1 Fé e razão

O primeiro século depois de Cristo foi marcado por muitos acontecimentos que reverberam na humanidade até os nossos dias. A cidade de Atenas, que foi a capital da Grécia Antiga e mantinha uma rica tradição filosófica, herdada de Sócrates, Platão e Aristóteles, cedia espaços para a realização de debates (Stott, 2000). Na Acrópole de Atenas, considerada atualmente patrimônio histórico e cultural da humanidade, havia os areópagos, uma espécie de tribunal onde os intelectuais da época debatiam e expunham suas ideias. Em um desses espaços, houve uma explanação contundente do apóstolo Paulo (Bíblia. Atos, 2018, 17: 16-34) diante de filósofos epicureus e estoicos (Bíblia. Atos, 17: 18; Stott, 2000). Paulo foi levado ao areópago (Bíblia. Atos, 2018, 17: 19) e ali indagou os atenienses quanto a um altar erguido ao "deus desconhecido", que viu ao caminhar pela cidade (Bíblia. Atos, 2018, 17: 23). Notando que os gregos pareciam ser muito religiosos, ousou explicar-lhes quem seria esse "deus desconhecido". Davidson (1997, p. 1132) descreve que Paulo fez uso de uma citação de Epimênides, conhecida pelos atenienses. Há uma tradição do século III d.C., registrada como história por Diogenes Laertius (1909), que relata um episódio sobre o Deus desconhecido, envolvendo Epimênides.

Os atenienses criam em deuses, para os quais erigiam altares. Paulo teve a oportunidade de apresentar seus argumentos, e alguns creram em suas palavras (Bíblia. Atos, 2018, 17: 34). A ação de Paulo mostra seu conhecimento quanto a informações da história e da cultura grega e sua perspicácia na oratória ao prender a atenção de seus ouvintes por meio de um elemento histórico peculiar aos gregos. Severa (1999) comenta que a Bíblia nos apresenta um Deus que se revela em ação no mundo. A experiência de Paulo estava baseada em "saber" quem era Deus e qual era o plano dele que havia sido executado e em Atenas estava sendo anunciado (Bíblia. Atos, 2018, 17: 31). Bruce (2003) esclarece que o conhecimento da literatura e do pensamento grego que Paulo tinha fazia parte do conhecimento comum das pessoas instruídas no mundo helenista da época.

O fundamento utilizado por Paulo se baseava naquilo que seria anunciado por ele também na cidade de Corinto: "ninguém pode pôr outro fundamento além do que já está posto, o qual é Jesus Cristo" (Bíblia. 1 Coríntios, 2018, 3: 11). Atenas, que abrigava belas e monumentais construções, entre elas o próprio areópago, não tinha esse fundamento mencionado por Paulo.

Os atenienses interromperam o discurso de Paulo e não quiseram ouvi-lo sobre a ressurreição de mortos (Bíblia. Atos, 2018, 17: 32). Nesse ambiente de discussão filosófica, argumentos racionais foram expostos e aparentemente avaliados, e podemos dizer que transpuseram o limite da razão na vida de alguns ouvintes, sendo absorvidos por meio da fé; outros, no entanto, declinaram e mantiveram-se distantes da fé. Assim está descrito: "Houve, porém, alguns homens que se agregaram a ele e creram" (Bíblia. Atos, 2018, 17: 34).

Paul Tillich (2005, p. 21) afirma que "a teologia oscila entre dois polos: a verdade eterna de seu fundamento e a situação temporal em que esta verdade eterna deve ser recebida". O episódio envolvendo Paulo e os filósofos atenienses serve para ilustrar o anúncio da verdade em que Paulo acreditava e representava um tempo exato da história, o qual não se repetiria mais, ao menos com Paulo. A teologia de Paulo tinha Jesus Cristo como fundamento, e sua verdade absoluta dizia respeito à ressurreição dele.

Tillich (2005, p. 30) também observa que

> a teologia não pode e não deve emitir julgamentos sobre o valor estético de uma criação artística, sobre o valor científico de uma teoria física ou de uma interpretação histórica, sobre os melhores métodos de cura médica ou reconstrução social, sobre a solução dos conflitos políticos e internacionais.

Refletindo sobre o argumento de Tillich a respeito do fato de a teologia oscilar entre dois polos, notamos que ela está limitada em sua ação. A razão humana parece ter gerado uma barreira impedindo o grupo de atenienses de receber entendimento por meio da fé e crer. Vejamos o que eles disseram a respeito da ressurreição: "Acerca disso te ouviremos outra vez" (Bíblia. Atos, 2018, 17: 32). Eles confessam que precisariam ouvir novamente, pois Paulo introduziu o tema *ressurreição* na explanação. Segundo Stott (2000), essa apresentação paulina recebeu críticas de alguns estudiosos, como Martin Dibelius e Hans Conzelmann.

Em termos literários, essa palestra teria passado por algum arranjo executado por Lucas, autor de Atos (Bíblia. Atos, 2018, 1: 1). De acordo com Stott (2000, p. 324), tratava-se de "uma palestra 'helenística' sobre o conhecimento de Deus". Se considerarmos a virtual teologia transmitida pelo texto, o objetivo seria deixar claro que Jesus foi homem "por meio do homem que destinou" (Bíblia. Atos, 2018, 17: 31) e o primeiro a ressuscitar para viver a eternidade com Deus.

Lucas, como autor, escreve, e Paulo, como apóstolo, anuncia o que estava escrito no Salmo: "porque vem a julgar a terra; julgará o mundo com justiça e os povos com a sua verdade" (Bíblia. Salmos, 96: 13). No episódio de Atos 17, o apóstolo Paulo pôde expressar sua fé procurando explicar aos gregos para que eles tivessem um testemunho a respeito de Jesus e, diante dele, pudessem reagir positivamente à sua explanação. A experiência vivida por Paulo teria uma semelhança com a experiência que o apóstolo Pedro teve no templo, conforme relatado em Atos 2. Pedro, diante de um grande público, também se põe a testemunhar, entre outras questões, as obras realizadas por Jesus em vida. Na história do cristianismo, em muitos ambientes, surgiram situações em que a fé foi comunicada por meio de mensagens que teriam como objetivo principal levar pessoas a passar pela experiência da conversão a Jesus e aos ensinamentos.

Quando estudamos o comportamento do ser humano, descobrimos que suas percepções acerca da vida humana mudam, quase sempre, com base na orientação religiosa e na formação acadêmica. Não se trata de um dado absoluto, mas é possível encontrarmos alguém que considere fé e razão como incompatíveis. Para esclarecer melhor esse tema, apresentaremos algumas definições teológicas e filosóficas.

No cenário do mundo anterior a Cristo, em termos de literatura, as narrativas do Antigo Testamento foram sendo comunicadas de modo oral e escrito, transformando-se em uma história de um povo escolhido pela divindade e que foi desafiado em sua razão a seguir instruções e a obedecer a leis e decretos de forma consciente. A inteligência desse povo foi desafiada diante de diferentes credos e práticas.

Em meio à influência da cultura helênica, nas diferentes perspectivas teóricas, práticas, filosóficas, estéticas, esportivas e artísticas que constituíam a civilização da época, foi produzida uma literatura sagrada, a Septuaginta, a Bíblia dos LXX (setenta), com base na Bíblia hebraica, que já existia. A tradução dos textos hebraicos para a língua grega comportou linguagem e acréscimos em narrativas "que acentuam a sua dimensão de sabedoria, ostentando-a como o maior dos escritos da sabedoria" até então (Carlos Josaphat, 2013, p. 74).

De acordo com o Frei Carlos Josaphat (2013), é nesse contexto espiritual e cultural que teria ocorrido uma espécie de redefinição da fé, realizada na Septuaginta. Uma narrativa destacada por ele refere-se a um momento em que o povo bíblico "oscila entre a vida e a morte" (Carlos Josaphat, 2013, p. 75). Nesse ambiente surgiu uma mensagem proclamando que a força de subsistir está na livre convicção da fé. O ato de pensar sobre essa livre convicção da fé vai passar a fazer parte das discussões entre filósofos e teólogos desde os primórdios da Era Cristã. Na Bíblia hebraica, o texto que ilustraria essa percepção seria "Se não tiverdes fé, não subsistireis" (Bíblia. Isaías, 2018, 7: 9). Carlos Josaphat (2013, p. 75) afirma que a tradução grega teria atendido ao novo contexto cultural do judaísmo da diáspora, propondo a seguinte versão: "Se não tiverdes fé, não tereis inteligência".

Nos escritos do Novo Testamento encontramos uma das definições mais expressivas por parte do autor de Hebreus: "Ora a fé é o firme fundamento das coisas que se esperam, e a prova das coisas que se não veem" (Bíblia. Hebreus, 2018, 11: 1). Alan Kardec (2016, p. 232), em um de seus escritos, comenta que a "fé inabalável é somente a que pode encarar a razão face a face, em todas as épocas da humanidade". Por parte de Rubens Molinari (2018, p. 13), temos a seguinte definição: "A fé é uma construção racional e lenta sobre o conhecimento".

Quanto à questão teológica, Tomás de Aquino (354-430 d.C.), que, pela visão aristotélica, trata a teologia como ciência, entendia que a fé e a razão se relacionam como graça e natureza (Gomes, 2020). Se a graça for observada como uma dádiva oferecida ao ser humano, ela se manifesta quando ainda a natureza humana está sob o domínio do pecado (Hägglund, 2003). O apóstolo Paulo escreve aos romanos que onde abundou o pecado superabundou a graça (Bíblia. Romanos, 2018, 5: 20-21). Aos efésios, por sua vez, Paulo escreve que esse favor surgiu quando o ser humano (a natureza humana) ainda está "morto(a)" (desconectado espiritualmente de Deus) em seus pecados e delitos (Bíblia. Efésios, 2018, 2: 1).

Frei Carlos Josaphat (2013, p. 74) relata que um dos primeiros debates formais

> sobre a dupla experiência humana e religiosa, a Fé e a Razão, aconteceu em duas etapas do confronto da religião bíblica com a filosofia e o conjunto da cultura grega. Primeiro o judaísmo da diáspora, depois as comunidades cristãs implantadas nos grandes centros culturais helênicos ou helenistas, redefiniram a fé de modo a poder confrontá-la com a sabedoria que os gregos tanto prezavam.

Quando investigamos a relação entre fé e razão, descobrimos que teria sido na Idade Média que, de maneira sistemática, houve uma aproximação entre fé (religião) e razão (filosofia). Segundo Zilles (2005, p. 458), "a fé também não deve fugir das objeções da razão científica, mas deve estar disposta a argumentar".

A fé parece ser o ponto de partida para toda a teologia, inclusive a fé na pessoa de Jesus Cristo, pois ele seria um elemento pré-teológico. A fé, portanto, pode ser considerada um elemento metodológico, que igualmente pode definir o conteúdo da teologia. Ambos, método e conteúdo, estão intrinsecamente ligados e não podem ser dissociados (Westphal, 2010). Paul Tillich (2005, p. 29) comenta que "forma e conteúdo não funcionam como base de um sistema dedutivo, mas são os guardiães metodológicos na linha divisória da teologia".

Por exemplo, quando se pensa em ofertar algo à divindade, será que há alguma expectativa de se receber uma recompensa? Presta-se a reverência, é oferecido o holocausto, mas qual será o resultado disso? Até que ponto o ser humano oferece alguma coisa sem esperar por algum tipo de recompensa? Aquele que faz o exercício da fé parece ser estimulado não apenas a ofertar, mas também a esperar por algo em troca. Conforme o relato de hebreus, "sem fé é impossível agradar a Deus [...] o Senhor é recompensador daqueles que o buscam" (Bíblia. Hebreus, 2018, 11: 6).

Em meio às culturas ocidentais, em termos históricos, identificamos um embate entre fé (crença religiosa) e razão. A mente humana procura encontrar respostas para todos os fenômenos que acontecem, mas, uma vez não encontradas, os relatos apontados como miraculosos ganham a conotação literária de mitos. Podemos citar como exemplo as narrativas dos Capítulos 3 e 6 do Livro de Daniel. O primeiro relata que três homens foram lançados em uma fornalha e nem sequer seus cabelos queimaram (Ryrie, 1994); o segundo conta sobre um homem sentenciado a ser engolido por leões, algo que não aconteceu, pois na cova apareceu um ser celestial e livrou a vida do tal homem (Carson, 2009).

Esses dois relatos pertencentes ao período do exílio babilônico estão inseridos em um contexto em que o narrador dos eventos indica que o Deus dos judeus interveio em favor de seu povo diante de deuses e autoridades não judaicas. O objetivo seria fazer com que o leitor/receptor do texto observasse que, embora o poder político e bélico da época estivesse sob o domínio de não judeus, o poder espiritual, sobrenatural e cósmico pertencia ao Deus dos judeus. Nesses eventos envolvendo judeus, foram tomadas decisões. Escolhas foram feitas tanto por autoridades políticas quanto pelos judeus, que eram civis e estrangeiros. Os judeus, fazendo uso de sua razão, decidiram obedecer ao que lhes fora ensinado sobre o fato de se manterem fiéis ao seu Deus e aos seus mandamentos, mesmo em uma circunstância radicalmente adversa.

Em termos filosóficos, há de se pensar no termo *razão* como algo relacionado ao raciocínio discursivo que analisa um ente natural, um elemento palpável e finito. No Capítulo 3 de Daniel, os judeus dizem o seguinte ao rei: "Se o nosso Deus, a quem servimos, quer livrar-nos, ele nos livrará da fornalha de fogo ardente e das tuas mãos, ó rei. Se não, fica sabendo, ó rei, que não serviremos a teus deuses, nem adoraremos a imagem de ouro que levantaste" (Bíblia. Daniel, 2018, 3: 17-18). Os judeus deixaram claro que não obedeceriam à ordem do rei. A sequência da narrativa mostra que houve uma resposta divina e transcendental com base em uma decisão racional.

Um parâmetro bíblico que pode ser analisado para pensar nessa descrição sobre a fé e a razão é a afirmação que Paulo faz em sua primeira carta aos coríntios: "o homem natural não compreende as coisas do Espírito de Deus, porque lhe parecem loucura; e não pode entendê-las, porque elas se discernem espiritualmente" (Bíblia. Coríntios, 2018, 2: 14).

O termo *natural*, no original grego *psiqhikos*, com tradução "da alma", "não regenerado", refere-se a alguém que entende as palavras literais que lhe são ditas, mas rejeita os conceitos compreendidos apenas por meio de uma revelação subjetiva no universo da transcendência (Shedd, 1997).

Sob a perspectiva teológica, concentrar a reflexão sobre o cristianismo não significaria uma opção restritiva ou confessional. Quanto ao essencial, nas chamadas *religiões monoteístas* – cristianismo, judaísmo e islamismo –, o processo que se verifica sobre a relação entre a fé e a razão é muito acessível (Carlos Josaphat, 2013). Notamos algumas características que são comuns nesses três segmentos religiosos. Os três fazem uso de literatura escrita, há tradições orais e há personagens que viveram em meio a uma sociedade real e complexa com perspectivas e interpretações diversas que levaram seus seguidores a tomar decisões utilizando a fé e a razão.

Para Carlos Josaphat (2013), sob a perspectiva bíblica, a fé é baseada na vida de personagens investidos de autoridade e influentes em suas gerações em meio a toda a comunidade. A fé é vista por meio de atitudes que estabelecem um estilo de vida que demonstra conhecimento a respeito da divindade e do que almeja para aqueles que são considerados seus seguidores. A fé é tida como uma forma de conhecimento que resulta em uma conduta de vida. Ela se configura como uma adesão convicta por meio da razão, que aceita instruções e orientações por meio do exercício da fé junto à divindade e à sociedade (Carlos Josaphat, 2013).

Sob a perspectiva do cristianismo, o exercício sacerdotal sempre esteve diante de situações que o desafiavam no que se referia à conciliação entre a fé e a razão. Dos Pais da Igreja aos que viveram reclusos nos monastérios durante a Idade Média (século IV ao XV), o exercício da fé parecia sobrepujar ao uso da razão. Porém, no fim desse período e em meio ao início do Renascimento no século XV, surgiram pensadores que questionaram algumas práticas de fé enraizadas na história da Igreja.

Um dos questionadores da época, Martinho Lutero, no exercício de seu sacerdócio, teria feito uso da razão e da fé para tomar as decisões que o levaram a apresentar argumentos para que se pensasse em uma reforma e houvesse ações e práticas envolvendo aspectos voltados ao uso da fé e da razão dentro da Igreja Católica. No entendimento de Lutero, muitos ensinamentos e práticas estavam equivocados, mas, até então, não haviam sido questionados racionalmente da forma que parecia ser necessária.

Como sacerdote católico, as atitudes de Lutero geraram conflitos religiosos, a ponto de a partir dele se intensificarem debates sobre a salvação e a fé que redundaram em um movimento teológico maior, posteriormente conhecido como *Reforma Protestante*, o que provocou uma Contrarreforma no ambiente católico. Esses eventos foram marcantes em termos teológicos e tiveram reverberações contundentes nos decênios posteriores a Lutero.

Agostinho, por sua vez, em lugares e situações diferentes, teria analisado as relações entre a fé e razão com base em sua experiência pessoal. Trata-se de um tema vital para um entendimento coerente de todo o pensamento filosófico e teológico. A relação entre fé e razão seria o núcleo essencial do método agostiniano na busca incessante da felicidade ou da sabedoria (Freitas, 1999). Essa perspectiva pode ser tomada como base para analisarmos quando e por quais razões a palavra *fé* é mencionada em toda a Bíblia.

A palavra *fé* quase não aparece no universo do Antigo Testamento. Dependendo da versão consultada, pode haver alguma variação, mas, a princípio, é encontrada em Habacuque (2: 4), em Juízes (9: 16, 19) e em 1 Samuel (21: 5). Para efeito de comparação, vamos pensar sobre a palavra *misericórdia*, a qual, dependendo da tradução, é adotada cerca de 250 vezes no Antigo Testamento. Quando lemos e tentamos entender o universo do Antigo Testamento, é importante nos lembrarmos desse contraste entre as palavras *fé* e *misericórdia*.

Em contrapartida, a palavra *fé* é mencionada mais de 120 vezes nos escritos do Novo Testamento e, interessantemente, a palavra *misericórdia* também apareceria na mesma proporção, cerca de 120 vezes. Se somássemos a quantidade de vezes que a palavra *misericórdia* é mencionada, teríamos um número próximo a 365 vezes, o que significaria que ela estaria presente na vida humana todos os dias do ano. Essa perspectiva que se baseia nessas duas palavras pode nos levar, de modo genérico, a pensamentos que representariam um resumo teológico dos dois testamentos.

No Antigo Testamento, a misericórdia vem na direção do ser humano em virtude de ele ter sido vencido pelo pecado. No Novo Testamento, a misericórdia continua sendo importante, mas é necessário exercer a fé, elemento que, no Antigo Testamento, ao menos de acordo com a literalidade dos textos, não foi enfatizado por seus autores. Pelo fato de Cristo ter vindo ao mundo e mostrado o que deveria ser feito por seus seguidores, a mente humana, ao receber a informação, terá de decidir se crerá, ou não, naquilo que lhe for ensinado sobre Cristo e seus ensinamentos.

Os estudos e debates acerca da relação entre fé e razão permeiam o universo histórico da filosofia e da teologia. Fé e razão caminham juntas e são interdependentes ou elas são independentes e se complementam para encontrar respostas sobre o divino e suas manifestações? Quando um relato histórico nos é contado, temos a opção de acreditar ou não.

E quando passamos por algum tipo de experiência pessoal em que os fenômenos se manifestam, a que tipo de conclusão chegamos? À conclusão de que tal fato ocorreu por uma intervenção divina? Como explicar?

Diante dessas últimas indagações, lembramos que, na história religiosa e acadêmica, há quem rejeite a ação da razão no processo de exercer a fé, mas encontramos posicionamentos favoráveis ao processo de pensarmos e aceitarmos pela fé acontecimentos sobrenaturais. Como ilustração, recorremos ao relato bíblico em que quatro homens carregam um amigo enfermo em uma maca (Bíblia. Lucas, 2018, 5: 18-20). Diante de uma multidão, sem encontrar espaço para levarem seu amigo diretamente a Jesus, eles tiveram a ideia de subir ao telhado, tirar as telhas e baixar por uma corda seu amigo naquela maca. Vendo a fé deles, Jesus disse: "Homem os teus pecados estão perdoados" (Bíblia. Lucas, 2018, 5: 20). Aquele homem foi perdoado e curado. Há algumas considerações que podemos fazer sobre esse relato.

Inicialmente, a mente humana pode não entender como esse milagre aconteceu, mas nos parece saudável pensar que o autor do texto tem uma intenção teológica e social nesse relato a respeito do paralítico na maca. Lucas era médico (Bíblia. Colossenses, 2018, 4: 14) e narrou um episódio sobre um caso incurável para a medicina: um homem impedido de se locomover e, consequentemente, de trabalhar. A solidariedade que se manifesta por meio de quatro amigos proporciona ao homem um vislumbre de que, por intermédio de alguma palavra ou ação de Jesus, a história da vida dele poderia mudar. Quando pensamos nesse evento sob as perspectivas filosófica e teológica, inferimos que Jesus diz ao homem que seus pecados estão perdoados.

Para refletir

O tema *pecado*, historicamente estudado e debatido tanto pela teologia quanto pela filosofia, entra em voga. Os escribas, homens que ensinavam a religião judaica, e os fariseus, religiosos ortodoxos, ouviram as palavras de Jesus sobre o perdão dos pecados e mostraram-se indignados, pois apenas Deus teria essa atribuição. Na sequência dos fatos, Jesus disse ao paralítico: levanta-te, toma teu leito e vai para casa. Diante do milagre, muitos ficaram atônitos e glorificaram a Deus. Os fariseus e os escribas murmuraram. O que teria impedido esses dois grupos religiosos de aceitarem as palavras de Jesus e se alegrarem com o milagre experimentado pelo paralítico?

Sugerimos que a pesquisa sobre esse evento continue, pois a mente humana parece necessitar de exercícios contínuos de reflexão sobre a fé e manifestações como a vivenciada pelo paralítico e seus quatro amigos.

Caio Colares e Flávio Gonçalves (2019) comentam que a fé, por um lado, pode ser um dispositivo inerente ao ser humano, independentemente da cultura em que esteja inserido; por outro, a razão é o pensamento crítico que o indivíduo desenvolve no intuito de desvendar a verdade em sua essência.

3.2 Fé-palavra

No mundo antigo, antes de existir a escrita, o ser humano verbalizava suas ideias e as pronunciava ao seu ouvinte por meio da oralidade. Assim aconteceu geração após geração, em um processo que desenvolveu uma tradição oral de comunicação até que surgisse a escrita e ela se popularizasse.

Após o advento da escrita, os registros das ideias se tornaram concretos e, assim, tornou-se possível apresentar à geração seguinte uma prova física de uma mensagem que algum antepassado havia registrado. A arqueologia é a ciência mais indicada para fornecer informações sobre a história da escrita em cada povo (Horsley, 2000).

Na cultura grega, a palavra *logos* tem significado amplo, e a filosofia é uma ciência que tem se apropriado bastante dela (Gingrich; Danker, 2003). Quando lemos o Evangelho de João na língua portuguesa e consultamos a versão na língua grega, notamos que, no início do Capítulo 1, o termo *logos* é utilizado três vezes: "Λόγος [...] Λόγος [...] Λόγος" (Scholz, 2004, p. 340). A edição da Bíblia intitulada *Nova tradução na linguagem de hoje* traduz da seguinte forma: "Antes de ser criado o mundo, aquele que é a Palavra (logos) já existia. Ele estava com Deus e era Deus" (Bíblia. João, 2018, 1: 1). O Λόγος grego, nesse caso, tem o sentido de Verbo ou Palavra de Deus personificada em Cristo (Gingrich; Danker, 2003).

Sob a perspectiva bíblica, podemos recorrer a alguns textos para pensarmos sobre o termo *palavra*. No Livro de Isaías encontramos a seguinte expressão: "Assim será a minha palavra, que sair da minha boca; ela não voltará para mim vazia, antes fará o que me apraz, e prosperará naquilo para que a enviei" (Bíblia. Isaías, 2018, 55: 11). Nesse cenário, a palavra sairá da boca de Deus.

Pensando sobre os escritos do Novo Testamento, destacamos o encontro, em Cafarnaum, entre Jesus e um oficial romano que tinha um de seus servos enfermo. O oficial declara a Jesus: "dize, porém, uma palavra, e o meu criado sarará" (Bíblia. Lucas, 2018, 7: 7). Jesus fica maravilhado e diz: "Digo-vos que nem ainda em Israel tenho achado tanta fé" (Bíblia. Lucas, 2018, 7: 9).

Há também uma declaração feita pelo apóstolo Pedro no Evangelho escrito pelo médico Lucas, em um cenário de frustração, quando os pescadores não tinham conseguido pescar nada em uma noite inteira. Jesus, à beira da praia, disse a Pedro para voltar a pescar e lançar a rede em um lugar mais fundo, e Pedro lhe respondeu que assim o faria, mas somente pelo fato de Jesus ter dito a ele o que era para ser feito (Bíblia. Lucas, 2018, 5: 1-5).

Diante das experiências e dos relatos envolvendo o apóstolo Paulo, identificamos que ele escreve aos cristãos em Roma que "a fé vem pela pregação, e a pregação, pela palavra de Cristo" (Bíblia. Romanos, 2018, 10: 17).

Com base nessas observações, notamos que a fé parece ser verbalizada e encontra na palavra dita seu cumprimento. No caso de Pedro e Jesus, desenvolve-se um diálogo em prol da resolução de um problema. A dificuldade encontrada por Pedro poderia ser superada, e aparentemente ele não sabia como. O relato não informa o que Pedro estava pensando, mas, em seu íntimo, poderia ter surgido algum tipo de indagação como: "E agora, o que iremos fazer?".

Em sua existência, o ser humano passará por uma série de situações que o desafiarão tanto em seu intelecto quanto em suas emoções. Um horizonte que surge seria pensar que cada pessoa fala conforme aquilo que ela armazena em seus sentimentos: "a boca fala do que o coração está cheio" (Bíblia. Mateus, 2018, 12: 34). Os pensamentos da pessoa processam as sentenças, e ela as verbaliza no cenário em que está inserida. A palavra será proferida após uma decisão da mente.

Nesse sentido, lembramos o relato bíblico em que o profeta Jeremias é questionado sobre o que ele está vendo: "Que vês tu Jeremias?" (Bíblia. Jeremias, 2018, 1: 11). Ele responderá de acordo com o que está enxergando à sua frente. Podemos recorrer a outro texto que aborda o tema *fé*, conforme a carta escrita aos hebreus: "a fé é a certeza de coisas que se esperam, a convicção de fatos que se não veem" (Bíblia. Hebreus, 2018 ,11: 1). Esses fatos que não se veem são gerados de uma maneira oculta para a mente humana e acontecerão em um tempo futuro, mas teriam sua origem em alguma palavra proferida anteriormente para que aquilo se cumpra. Como já mencionado anteriormente em Isaías, "assim será a palavra que sair da minha boca: não voltará para mim vazia" (Bíblia. Isaías, 2018, 55: 11).

No Evangelho de Mateus, há um relato no qual Jesus pergunta aos discípulos: "Quem diz o povo ser o Filho do Homem? (Bíblia. Mateus, 2018, 16: 13). Nesse ambiente em que se desenvolve um diálogo entre Jesus e os discípulos, parece haver a necessidade de esclarecer o que os discípulos estavam pensando a respeito de Jesus. A iniciativa de Jesus, nesse relato, parece estar motivada a gerar em Pedro uma resposta não apenas movida pela razão, mas também pela fé. Jesus pergunta: "E vocês, quem dizem que eu sou?" (Bíblia. Mateus, 2018, 16: 15).

Sua composição e sua forma final apontam para a possibilidade de que toda pessoa, ao ler o texto, medite nele e chegue à sua conclusão sobre a importância desse diálogo. Na sequência da leitura do Evangelho de Mateus, mais algumas experiências são relatadas, e Jesus conclui dizendo aos discípulos que a fé deles era pequena: "a fé que vocês têm é pequena. Eu asseguro que, se vocês tiverem fé do tamanho de um grão de mostarda, poderão dizer a este monte:

'Vá daqui para lá', e ele irá. Nada será impossível para vocês" (Bíblia. Mateus, 2018, 17: 20). Novamente, há de se destacar a importância da palavra, daquilo que se fala diante de uma situação. De modo simplista, a fé estaria presente nas palavras proferidas.

No ambiente do Apocalipse, o autor do texto faz uso de uma linguagem figurada em boa parte de sua escrita. Em meio a tantas simbologias encontramos uma expressão que faz pensarmos sobre ela: "pela palavra do seu testemunho" (Bíblia. Apocalipse, 2018, 12: 11). No cenário de perseguição no século I d.C., os cristãos foram questionados sobre sua fé em Cristo chamando-o de Senhor. No Evangelho de Marcos, a palavra *senhor* é mencionada em referência, inicialmente, a Jesus (Bíblia. Marcos, 2018, 1: 3), que viria a se manifestar e colocar em prática sua missão. Contudo, no Império Romano, o termo *senhor* deveria ser atribuído apenas a César (Bíblia. Mateus, 2018, 22: 21), e é diante do Imperador que o testemunho dos cristãos deveria ser mantido. A palavra proferida pelos seguidores de Cristo lhes serviria como testemunho público de sua fé. Nesse sentido, o autor do Apocalipse estava registrando que assim aconteceu. A fé-palavra se manifestou em meio à grande tribulação.

Conforme as palavras vão sendo proferidas, estaria sendo formado o evento que acontecerá no futuro e confirmará, ou não, aquilo que foi pronunciado. Essa perspectiva tem sido adotada em alguns segmentos cristãos como uma espécie de determinação de algo que acontecerá conforme a palavra dita. Na atualidade, existem até mesmo entendimentos de que é dessa forma que exercemos a fé, determinando aquilo que esperamos que aconteça. O que surge como alerta, no entanto, é que, para ser verbalizada ou aceita por aquele que a ouve, a palavra deve pertencer a um contexto. Em termos teológicos, ela precisaria ser dita com base em uma razão de ser.

3.3 Fé-experiência

Para Paul Tillich (1959, p. 320, tradução nossa), a "religião é a essência de todos os atos espirituais que estão direcionados a captar o conteúdo incondicional do sentido através da plenificação da unidade de sentido". Esse autor argumenta que é na religião que o ser humano experimenta o incondicionado, é em seu interior que a fé se apresenta como o estado em que é possuído por algo que o toca incondicionalmente (Tillich, 2001).

Observando as palavras de Tillich (1959), notamos que o termo *religião* lhe é muito útil como referência. Se pensarmos que cada religião dispõe de situações em que as pessoas precisarão exercer a fé diante de adversidades, podemos dizer que cada pessoa terá sua experiência. Em um episódio bíblico, os discípulos de Jesus, em alto mar, ficaram assustados quando uma tormenta marítima gerou pânico neles (Bíblia. Mateus, 2018, 8). Ao final do evento, Jesus lhes fez uma pergunta: "Por que sois tímidos, homens de pequena fé?" (Bíblia. Mateus, 2018, 8: 26). Eles tiveram uma oportunidade, mas não conseguiram reagir positivamente.

José Croatto (2001) afirma que a experiência humana é uma vivência relacional com o mundo, com outra pessoa e com um grupo de pessoas. No que diz respeito à experiência religiosa, de certa forma, seria semelhante à humana, porém na dimensão transcendental se vive a experiência; contudo, a descrição dela não poderia ser selada como se fosse um decreto em tempos medievais.

De acordo com o relato pelo apóstolo Paulo aos coríntios, em sua segunda carta, a experiência que é mencionada apresenta uma limitação na forma como é comunicada: "se no corpo, se fora do corpo, não sei: Deus o sabe" (Bíblia. 2 Coríntios, 2018, 12: 3). Talvez seja possível dizer que se tratou de uma experiência mística, e ela faria parte da narrativa para, aparentemente, atestar que esse homem teve uma experiência especial com a divindade.

O autor do Livro de Atos, Lucas, relata que Paulo teve uma visão espiritual na qual um homem pede a ele que vá até a Macedônia para ajudar pessoas que lá estavam (Bíblia. Atos, 2018, 16: 9). A forma como esses dois textos são narrados nos faz vislumbrar a existência de um cenário geográfico-histórico natural e a ideia de que há um mundo cósmico sobrenatural, no qual há movimento e se manifestam vontades. O apóstolo Paulo escreve que há uma luta que se desenvolve por meio de orações entre seres celestiais no mundo cósmico (invisível): "contra os principados e potestades, contra os dominadores deste mundo tenebroso, contra as forças espirituais do mal, nas regiões celestes" (Bíblia. Efésios, 2018, 6: 12).

Como podemos identificar na carta aos hebreus, há uma classe angelical que luta em defesa daqueles que creem em Deus e que hão de ser salvos por ele: "quanto aos anjos, diz: Aquele que a seus anjos faz ventos, e a seus ministros, labareda de fogo" (Bíblia. Hebreus, 2018, 1: 7); os anjos são "espíritos ministradores, enviados para serviço a favor dos que hão de herdar a salvação" (Bíblia. Hebreus, 2018, 1: 14). O exercício da fé pode fazer uma pessoa passar por esse tipo de experiência, um fenômeno místico com base nas Escrituras Sagradas, que, vez por outra, mencionam eventos semelhantes.

Do ponto de vista físico, visível à luz do sol, os fenômenos religiosos relatados nas Sagradas Escrituras, em ambos os testamentos, parecem ser mencionados para que as gerações posteriores aos apóstolos tenham referências de fatos que ocorreram e que tiveram seu propósito na história de Israel e da Igreja, mas que, em tempos modernos, se necessários, podem voltar a acontecer com o atual povo de Deus.

No Antigo Testamento, há menção a sonhos que algumas pessoas tiveram e houve interpretação e aplicação. Por exemplo, no Livro de Gênesis, os sonhos do rei do Egito se cumpriram na nação egípcia (Bíblia. Gênesis, 2018, 41).

O historiador Ciro Flamarion Cardoso (1991) afirma que esse episódio não tem comprovação paralela em documentos egípcios e que seria impossível datá-lo. No entanto, as interpretações que no texto bíblico são apresentadas por José são semelhantes às contidas na "chave dos sonhos" egípcia.

Ainda segundo Cardoso (1991, p. 56),

> *Um documento egípcio muito posterior, da época ptolomaica, a inscrição da ilha de Sahel, em Elefantine (extremo sul do Egito), atribui a Djeser, da 111ª dinastia (2630-2611 a.C.), um episódio de oniromancia*[1] *que, como nos sonhos do faraó da história de José, refere-se a sete anos de penúria e fome, em que o Nilo não inundou os campos.*

Posterior à época de José, há todo o relato do Êxodo que teria como evento principal a travessia dos hebreus pelo Mar Vermelho emparedado por águas. Suzana Chwartz (2017, p. 178) comenta que, em relação a essa passagem bíblica, "o foco dos tradutores era caracterizar o mar da travessia épica dos israelitas como um empecilho implacável: o mar a ser enfrentado, fendido e atravessado a

---

1 Segundo Cardoso (1991, p. 54), "O exemplo mais célebre de oniromancia [...] é o do faraó Djehutimés (Thotmés) IV, da XVIIIª dinastia (1401-1391 a.C.). Numa estela de granito datada do primeiro ano de seu reinado, achada entre as patas da grande esfinge de Gizeh, conta o rei que, sendo ainda um príncipe, caçava no deserto, na região de Mênfis, tendo adormecido ao meio-dia à sombra da estátua gigantesca. O deus solar que a esfinge representa apareceu-lhe então num sonho, prometendo-lhe a realeza e solicitando que, uma vez rei, livrasse sua imagem da areia do deserto que a recobria em grande parte".

pé enxuto, tinha que ser um símbolo flagrante e inequívoco do caos [...] o texto original foi corrompido em favor da grandeza do mar". Na tradição religiosa judaica, o Deus dos hebreus agiu e salvou seu povo da ameaça do faraó conforme o salmista escreve: "Tu divididiste o mar com o teu poder" (Bíblia. Salmos, 2018, 74: 12-13). A experiência obtida nessa ocasião foi narrada geração após geração em meio ao povo de Israel. Gustavo Fernandez (2018) esclarece que esse é o episódio que deu origem ao povo de Deus e no qual a água que poderia matar se tornou em salvação.

Ainda no cenário do Antigo Testamento, a experiência envolvendo Elias e Eliseu resultou em um traslado sobrenatural (Bíblia. 2 Livro de Reis, 2018, 2: 1-11). Não se tratou de uma experiência inédita, pois o mesmo acontecera com Enoque (Bíblia. Gênesis, 2018, 5: 24). Esse traslado fez com que tanto Enoque quanto Elias não passassem pela experiência da morte. A questão da fé no evento entre Elias e Eliseu se daria em relação à insistência de Eliseu em seguir a Elias e ao pedido que é feito por ele: "Disse Eliseu: Peço-te que me toque por herança porção dobrada do teu espírito" (Bíblia. 2 Livro de Reis, 2018, 2: 9).

Elias não teria pedido para ser levado ao céu, tampouco comentou como a ascensão do fogo afetara seu corpo, mas mostrou que o profeta estava ciente de que sua carreira na terra estava prestes a terminar. Segundo o historiador Nathan Ausubel (citado por Silva, 2013), o profeta Elias foi identificado como um herói na Bíblia, visto que, em todas as histórias envolvendo Elias, por mais ingênuas que possam ser, sua personalidade foi retratada de modo altamente individualizado, em parte humana, em parte divina. De acordo com algumas lendas, a maior missão dele teria sido aconselhar e proteger o povo israelita em momentos difíceis. Ele seria uma espécie de amigo invisível (Ausubel, citado por Silva, 2013). Na literatura árabe, o Alcorão, embora apresente trechos com relatos sobre a vida de Elias, não menciona sua ascensão aos céus.

Há quem entenda que boa parte das narrativas do Antigo Testamento constitui lendas e mitos influenciados por literatura religiosa de povos vizinhos e de outras regiões. Por exemplo, há escritos religiosos hindus que relatam histórias parecidas com a descrita sobre Elias, de como homens santos foram levados para o Céu pelos deuses, e impressões em rocha são apresentadas como se fossem pegadas que teriam sido feitas quando eles ascenderam aos céus (Doane, 1884).

Em termos teológicos, ao estudarmos essas narrativas do Antigo Testamento, notamos que algumas interpretações sobre elas não as recebem como literais. Por meio das críticas textual e literária, não as identificam como eventos ocorridos, mas como arranjos literários que alguém teria composto. No caso do Livro de Reis, por exemplo, a autoria é incerta e não há clareza sobre como a composição dos Livros 1 e 2 teria sido feita.

Diante desses posicionamentos teológicos e literários, o leitor do texto sagrado é desafiado a analisar e decidir se tais eventos foram literais ou não. Cabe também pensarmos sobre quais seriam os objetivos do texto, como eles poderiam ser aplicados no ambiente do Antigo Testamento e como, durante a história de Israel e da Igreja cristã, esses eventos foram e têm sido entendidos.

No ambiente do Novo Testamento, os evangelhos relatam muitos milagres realizados por Jesus. Em tese, os apresentados no Evangelho de João são os mais contundentes em relação à fé, pois eles, basicamente, retratam a divindade de Jesus e seu poder. Jesus foi identificado como milagreiro no cenário da Judeia sob o domínio romano (Machado, 2016). No universo da interpretação bíblica, muitos dos eventos envolvendo Jesus e os discípulos têm sido estudados e interpretados de modo não literal, assim como alguns do Antigo Testamento. No Evangelho de Mateus, no episódio em que Pedro anda sobre as águas encontramos uma referência bíblica para a experiência vivenciada por Pedro: "Pedro saiu do barco, andou sobre as águas e foi na direção de Jesus" (Bíblia. Mateus, 2018, 14: 29). Na história do Egito, há conceitos teológicos sobre deuses que controlavam as águas, e o episódio envolvendo Pedro e Jesus teria tido influência literária egípcia por meio das divindades Osíris e Hórus (Santos, 2003). A narrativa bíblica de Mateus, quase que em sua totalidade, acontece no cenário da Galileia, lugar onde são descritas as experiências vividas por Jesus e seus discípulos. Como a literatura egípcia teria influenciado os escritos de Mateus?

Em princípio, a teologia trata de temas que surgiram de experiências religiosas. Há uma realidade objetiva em si mesma, mas também subjetiva, uma vez que o ser humano, em sua liberdade e consciência, expressa e comunica conforme a percepção que tem naquele momento. A tematização pode ser compreendida e expressa correta ou incorretamente, ainda que seja uma tentativa de expor uma verdadeira experiência com o ser divino. Como afirma Machado (2012, p. 96), "é na experiência que a elaboração teológica surge, se desenvolve e recebe sua validação".

Podemos citar como exemplo o relato envolvendo Ananias e Safira, no Capítulo 5 do Livro de Atos. Segundo o autor de Atos, Lucas, Ananias e Safira morreram depois de mentirem (Bíblia. Atos, 2018, 5: 5, 10). A teologia que pode brotar nesse cenário é a de que eles sofreram um juízo sem misericórdia em meio a uma comunidade cristã, na qual, segundo o Capítulo 4, havia harmonia e solidariedade: "E era um o coração e a alma da multidão dos que criam, e ninguém dizia que coisa alguma do que possuía era sua própria, mas todas as coisas lhes eram comuns" (Bíblia. Atos, 2018, 4: 32).

De acordo com Machado (2012, p. 90), "a dimensão da subjetividade, muitas vezes, foi deixada de lado pela teologia", adotando-se a racionalidade e o pragmatismo, o que tem obscurecido a dimensão subjetiva da fé e da religião.

Renato Machado (2012) afirma que a experiência principal que o ser humano tem em relação a Deus é a da salvação. Na perspectiva dele, trata-se de um "encontro com um Deus amoroso e misericordioso e que não é fruto de nossa subjetividade", mas de algo marcado pela autonomia humana para entender a importância dessa experiência (Machado, 2012, p. 94). Dessa forma, a salvação mencionada é trazida à vida humana e, basicamente, fica sem poder de reação, algo semelhante ao que encontramos nos relatos do Livro de Atos quando Saulo, na estrada a caminho de Damasco, é interpelado por uma voz: "Saulo, Saulo, por que me persegues?... Quem és tu Senhor?... Eu sou Jesus, a quem tu persegues" (Bíblia. Atos, 2018, 9: 5-6). Saulo passa por uma experiência inesperada que lhe causa um impacto a ponto de, a partir dali, sua vida ganhar um novo sentido.

Sob a perspectiva de Machado (2012), estudando Karl Rahner, a experiência com o divino pode ser entendida como uma autocomunicação de Deus. A iniciativa seria divina em uma demonstração de compaixão para com o ser humano. O teólogo Rahner entende que Deus não se dirige ao ser humano "como se fosse uma revelação na qual falasse algo de si"; trata-se de um mistério ligado ao amor divino que se manifesta na vida humana a partir de uma perspectiva transcendental, que não se daria por uma percepção humana, mas por uma ação divina voluntária (Rahner, citado por Machado, 2012, p. 94).

Na literatura apocalíptica, tão cheia de símbolos e códigos, também há narrativas de experiências inesperadas quando o divino se aproxima do frágil ser humano e lhe comunica uma mensagem a ser compartilhada com a comunidade e, até mesmo, com a sociedade como um todo. Por vezes enigmática (figurada) e pertencente a um contexto histórico e um cenário cultural peculiar, a mensagem será registrada e ficará disponível a todos.

No Antigo Testamento, seria o caso de alguns capítulos do Livro de Daniel, quando Daniel tem visões e sonhos (Capítulos 7 ao 12). No Novo Testamento, boa parte do Livro do Apocalipse é um exemplo, quando João também tem uma visão a respeito do que aconteceria no futuro próximo e no futuro distante, que tem sido chamado de *escatológico*: "Sobe aqui, e mostrar-te-ei as coisas que depois destas devem acontecer" (Bíblia. Apocalipse, 2018, 4: 1).

As experiências relatadas em ambos os testamentos são importantes por diversos motivos, mas, com relação ao ser humano, o motivo primeiro seria o de gerar fé na palavra e no poder divino.

3.4 Fé-prática

As questões que envolvem a fé e sua prática podem ser estudadas sob prismas distintos, mas que podem nos ser úteis para tentarmos compreender a importância de desenvolvermos uma fé prática.

Pensar sobre uma definição absoluta para *fé* pode ser um tanto complexo, mas podemos trilhar um caminho que esclareça quão importante ela é para que desenvolvamos a comunhão com o divino e com nosso semelhante em comunidade. Como dom, a fé é liberada juntamente à graça para produzir salvação (Bíblia. Efésios, 2018, 2: 8). Como fruto, ela se integra a outras virtudes (Bíblia. Gálatas, 2018, 5: 22). Como decisão adotada, ela auxilia em uma prática de vida piedosa (Bíblia. Hebreus, 2018, 10: 38).

No ambiente do Antigo Testamento, em meio a um cenário de escassez, na cidade de Sarepta, na costa mediterrânea (atual Líbano), morava uma viúva com um filho e sem esperança de vida (Bíblia, 1 Reis, 2018, 17: 12). Sarepta foi o limite assinalado aos israelitas pelo profeta Obadias: "possuirão os cananeus, até Sarepta" (Bíblia. Obadias, 2018, 20). Surgiu ali o profeta Elias e desafiou a mulher a fazer, sim, o bolo pretendido por ela, mas pediu que antes desse um pequeno bolo a ele. Ela fez conforme a palavra de Elias (Bíblia. 1 Reis, 2018, 17: 15). O que teria motivado a viúva a obedecer à palavra que lhe foi dita? Há algumas possibilidades de interpretação desse texto, mas, seguindo sua literalidade, observamos que ela fez o bolo e que essa atitude lhe trouxe recompensa.

Em meio à escassez e à desesperança, o relato bíblico afirma, na sequência, que aquela mulher teve comida em sua casa por muitos dias (Bíblia. 1 Reis, 2018, 17: 15). Nesse episódio, foi transmitida uma palavra, realizada uma ação e alcançada uma graça. Há também um simbolismo referente à importância de partilhar o pão ainda que o momento seja de extrema dificuldade. O óleo e o grão na casa da viúva continuaram a suprir suas necessidades, como havia sido prometido, até que o período de seca terminasse (Bíblia. 1 Reis, 2018, 17: 14).

A narrativa também parece ter a intenção de mostrar que o Deus de Elias foi benevolente e gracioso com aquela viúva empobrecida, mas solícita.

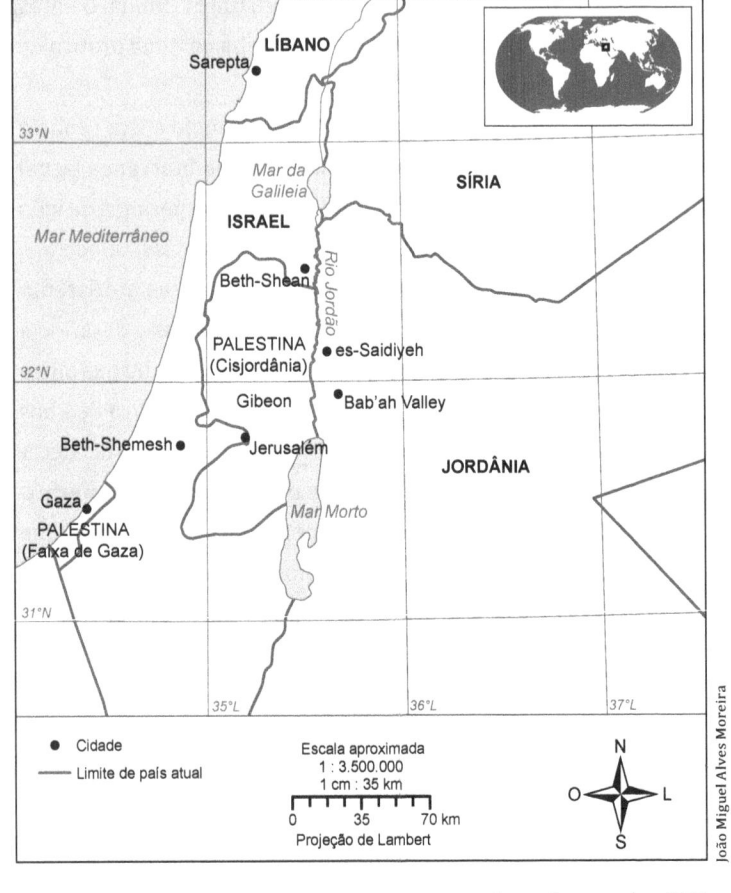

Mapa 3.1 – Mapa ilustrativo com a cidade de Sarepta na época do profeta Elias

Fonte: Encontrada..., 2013.

Os episódios acontecidos com Elias podem ter sido consultados por Malaquias. O profeta Elias é citado por Malaquias: "vos enviarei o profeta Elias, antes que venha o grande e terrível dia do Senhor" (Bíblia. Malaquias, 2018, 4: 5) (Ryrie, 1994). Após Malaquias, dentro do período intertestamentário (aproximadamente do ano 400 a.C. ao início do primeiro século cristão), surgiu o Império Romano, que, avançando em suas conquistas, dedicava-se a construções de estradas e obras portentosas. Os romanos se destacavam no uso do concreto e da argamassa, que lhes possibilitaram criar espaços amplos em forma de arco, abóbadas e cúpulas, de grandes dimensões (Bastos, 2006).

Paulo Sérgio dos Santos Bastos (2006) explica que, por meio de uma combinação de materiais básicos em uma construção, como tijolos de argila, pedra e outros materiais naturais, foi possível executar obras grandiosas. Dois grandes exemplos dessas construções romanas foram o Panteão, construído em 27 a.C., e o Coliseu, construído entre 69 e 79 d.C., sendo este último considerado a maior obra edificada pelos romanos (Bastos, 2006). Sua construção teve início no governo do Imperador Vespasiano e foi concluída quando Tito, seu filho, estava no poder. No total, foram cerca de dez anos para erigir um dos mais emblemáticos símbolos do Império Romano.

Em estudo sobre o Coliseu, Reilly (2005, p. 22) descreve: "erguido com a pompa e a arrogância tão próprias de Roma, abriu os frontões para que o populacho, sequioso por pão e circo, se divertisse com o sangue de nossos irmãos. Executados de maneira cruel, os discípulos de Cristo encharcavam com o seu sangue, aquela arena".

A fé cristã foi desafiada dentro do Coliseu diante de plateias em meio às feras. A fé-prática foi encarnada por homens e mulheres em público sem perspectivas naturais de salvação. Do ano 67 d.C. ao ano 303 d.C., os cristãos passaram por cerca de dez perseguições severas (Fox, 2004). Filipe foi crucificado no ano 54 d.C., Mateus assassinado no ano 60 d.C. e Judas, escritor da epístola, crucificado em 72 d.C. (Fox, 2004). Esses são apenas três exemplos de mártires em meio a centenas e possivelmente milhares no primeiro século da Era Cristã.

Nesse contexto, "a teologia é vista por muitos hoje com suspeita por ter se cristalizado por um bom período, numa objetividade clássica que a tornou 'estranha ao seu próprio tempo, não incisiva para a vida nem relevante para a história'" (Forte, citado por Machado, 2012, p. 91). Aprender a respeito da fé por meio de histórias narradas em literatura sagrada pode soar como informação obsoleta, sem perspectiva prática. Carlos Palácio (1997) entende que a fé cristã só pode existir encarnada: na linguagem em que se expressa, nas práticas que suscita, nas instituições que a tornam visível. A principal instituição propagadora da fé é a Igreja cristã, que, nas palavras de Cristo, é edificada por ele (Bíblia. Mateus, 2018, 16: 18).

O exercício da fé é oportunizado a cada pessoa e se confirmará em situações práticas. Talvez o ponto fundamental para esse exercício seja o fato de uma pessoa crer que Jesus Cristo morreu, mas, ao terceiro dia, ressuscitou (Bíblia. Marcos, 2018, 16: 12), passou um período de quarenta dias (Bíblia. Atos, 2018, 1: 3) ensinando aos seus discípulos após sua ressurreição e, por fim, foi elevado aos céus à vista de todos os seus contemporâneos (Bíblia. Atos, 2018, 1: 11).

A fé cristã é prática no sentido de anunciar ao mundo esse evento principal, aliado à convicção de que a promessa feita por Jesus aos discípulos após ressurreto também é válida para todos os cristãos de todas as épocas: "estarei convosco todos os dias até a consumação dos séculos" (Bíblia. Mateus, 2018, 28: 20).

Na perspectiva de Machado (2012, p. 91), a teologia, em muitas situações,

foi tematizada de modo a-histórico, ou seja, desprovida de significado para os homens e mulheres, restringindo-se a um corpo de doutrinas desconexas com a vida concreta, um conjunto de fórmulas elaboradas por um grupo seleto de cristãos, a teologia se reduziu a uma mera repetição de fórmulas desconexas da vida concreta das pessoas e culturas.

Ainda de acordo com Machado (2012), são fórmulas que tiveram seu alcance em determinados momentos históricos, mas que, com o passar dos tempos, poderiam ter sido revistas para que continuassem a transmitir a vivacidade da experiência.

Para pensarmos sobre os desafios enfrentados pela cristandade na questão prática da fé no decorrer dos séculos e das posições divergentes por ela assumidas, tomamos como referência o que aconteceu no IV Concílio de Latrão (1215 d.C.). Esse concílio foi celebrado sob a liderança do Papa Inocêncio III e teria sido o maior dos concílios ecumênicos da Idade Média. Fabiana Arruda (2011) argumenta que esse concílio foi um importante instrumento para a manutenção da unidade da Igreja Católica diante da crise espiritual que ela enfrentava.

Nesse período importante na história da Igreja, o perigo de que a interpretação errada das Escrituras desse ênfase ao surgimento de diversas doutrinas era iminente. A possibilidade de que textos bíblicos sejam entendidos e interpretados de modo equivocados (consciente ou inconscientemente) é inerente à história cristã desde os seus primórdios. Há de se ter especial cuidado quando nos propomos a estudar e a interpretar os textos sagrados.

A reunião conciliar de Latrão fez com que surgissem algumas decisões e nela foram gerados 70 cânones. Tratava-se de orientações e normas que tinham o objetivo de refutar/combater heresias, prevendo-se punições, exclusões e modificações na organização eclesial (Arruda, 2011). O Papa Inocêncio III convocou a assembleia levado pela convicção de que todo o mundo havia se convertido à *cristandade* (termo que ele adotou e difundiu) (Rust, 2007). Sem dúvida, fora da cristandade havia pessoas a converter e, sobretudo, no seio da cristandade persistiam homens e mulheres que – segundo ele – se recusavam a crer e, por sua infidelidade obstinada, ameaçavam a segurança e a paz da Igreja e da sociedade (Arruda, 2011).

O papa, auxiliado por conselheiros, entre eles Francisco de Assis e Domingos de Gusmão, tomou a decisão de enfrentar o desafio pelo caminho certo da pregação, da formação dos fiéis e do diálogo com os infiéis. Na sequência dos eventos, esse chefe da cristandade e seus sucessores imediatos optaram por diversas formas de repressão aos desobedientes (hereges) e deram urgência à constituição da Inquisição (estruturada definitivamente no ano de 1234). Com relação aos hereges, a interpretação foi sistematizada por Tomás de Aquino da seguinte forma: "o homem é livre para aceitar a fé; não o é, porém, para conservá-la" (Tomás de Aquino, citado por Besen, 1996, p. 78). Quem recebia a fé tinha o dever de conservá-la; se não o fizesse livremente, deveria ser coagido a isso, sob pena de excomunhão e morte (Besen, 1996).

A visão desse processo histórico de polêmicas e controvérsias se completa com a consideração de uma etapa de sabedoria bastante compreensiva, levando a acolher posições diferentes com relação às grandes questões humanas especialmente no que toca à fé e à razão. Assim, a evocação da cristandade, o incentivo da pregação e o estudo nas universidades nascentes, em contraste com o recurso à repressão, à violência, à tortura, à Inquisição, têm seu lugar oportuno (Arruda, 2011). Essa realidade demarcaria o ponto de partida dos conflitos entre fé e razão que se acirrariam na metade do segundo milênio depois de Cristo.

Nesse ambiente, chegou-se a reconhecer os aspectos positivos da pluralidade de atitudes, compreendendo-se que a fé terá sentido se ela for recebida e praticada de forma espontânea e se a nenhuma autoridade for atribuída competência para apreciar a consciência de quem crê ou não crê. No universo do catolicismo, os dogmas foram formados por teólogos, por pensadores e pelo magistério da Igreja, que definiram, baseados na Bíblia e na tradição, doutrinas como a fé. Os dogmas teriam sido criados para ajudar os fiéis a se manterem no rumo do santuário vivo, a referência única que é Jesus Cristo (Barcelos, 2019).

O apóstolo Tiago escreve a seus leitores que "a fé sem obras é morta" (Bíblia. Tiago, 2018, 2: 26). Ele cita o exemplo de Abraão, que creu e isso lhe foi imputado por justiça, como se a fé de Abraão fosse sua obra. O ato de crer o leva a partir para um lugar desconhecido sob a convicção de que seu Deus estaria à frente de tudo (Bíblia. Tiago, 2018, 2: 23). Na perspectiva cristã, temos muitas maneiras de colocarmos a fé em prática – na partilha do pão: "Dai-lhes vós de comer" (Bíblia. Marcos, 2018, 6: 37); na compaixão para com a aflição: "recebi de Epafrodito o que da vossa parte me foi enviado" (Bíblia. Filipenses, 2018, 4: 18); e na conservação do amor: "Conservai-vos a vós mesmos no amor de Deus" (Bíblia. Judas, 2018, 1: 21).

A solidariedade, a compaixão e a misericórdia são três aspectos essenciais à prática da fé cristã. A divulgação do evangelho ensinado e tipificado por Jesus Cristo em prol de uma salvação eterna para toda a humanidade poderá ter mais credibilidade e eficácia se a humildade e a simplicidade forem identificadas pela sociedade. Essa perspectiva também é válida para todas as práticas religiosas. Se a teoria e a ação demonstrarem coerência pública quanto ao valor que cada ser humano tem, não haverá adversidade/inimigo que impedirá que se alcance êxito na missão praticada. A tolerância igualitária exercitada em sociedade permitirá que cada pessoa chegue à sua própria conclusão quanto àquilo que será melhor para ela, tanto nas questões particulares quanto nas coletivas.

3.5 Jesus Cristo como raiz teológica

Ao percorrermos nosso caminho de estudos pensando sobre a fé e seus desdobramentos e reverberações, notamos que, no segmento cristão, ela não é somente o relato de uma história que personagens do passado experimentaram e cujas informações chegaram a nós apenas a título de conhecimento. As experiências de cada pessoa que professa a fé cristã são fundamentais para ratificar convicções, tradições e anúncios futuros de que crer em Cristo é uma atitude viva, dinâmica e recompensadora, natural, dentro de um tempo de vida restrito, mas que é acompanhada de uma perspectiva eterna, pois nem a própria morte pode limitar essa pessoa quando ela espera pela vida eterna de seu Criador.

A teologia pode ser estudada sob perspectivas distintas, observando-se as peculiaridades de cada religião. Sob a perspectiva cristã, a premissa fundamental é estudar a pessoa de Deus, seus atributos, ordenanças e ensinamentos por meio da revelação geral e da revelação específica que se dá em Jesus Cristo. A revelação geral é dada à humanidade por meio do que se vê na natureza criada (céus, no Salmo 19: 1-2; terra, no Salmo 24: 1; mar, no Salmo 146: 6 etc.), a criação visível.

A revelação específica é dada em Jesus Cristo prometido no Gênesis: "Porei inimizade entre ti e a mulher, entre a tua descendência e o seu descendente. Este te ferirá a cabeça, e tu lhe ferirás o calcanhar" (Bíblia. Gênesis, 2018, 3: 15); profetizado como o Messias: "o principado está sobre os seus ombros, e se chamará o seu nome: Maravilhoso, Conselheiro, Deus Forte, Pai da Eternidade, Príncipe da Paz" (Bíblia. Isaías, 2018, 9 :6); manifestado em carne: "E o Verbo se fez carne, e habitou entre nós, e vimos a sua glória, como a glória do unigênito do Pai, cheio de graça e de verdade" (Bíblia. João, 2018, 1: 14); "nascido de mulher na plenitude dos tempos" (Bíblia. Gálatas, 2018, 4: 4); e imprescindível na criação de tudo: "Todas as coisas foram feitas por ele, e sem ele nada do que foi feito se fez" (Bíblia. João, 2018, 1: 3).

Em Cristo, há a tipificação da plenitude do ser divino, mas que se revela ao mundo na forma humana. O autor da carta aos hebreus apresenta ao seu leitor a eternidade de Jesus Cristo, identificando-o como alguém imutável: "Jesus Cristo é o mesmo, ontem, e hoje, e eternamente" (Bíblia. Hebreus, 2018, 13: 8).

No âmbito do Antigo Testamento, o Deus Criador comunica a pessoas específicas para que estas registrem suas palavras para todas as gerações vindouras. Há duas referências bíblicas a Cristo no Antigo Testamento que dão base para debates teológicos. A primeira delas diz respeito a um sacrifício de fé e obediência a Deus envolvendo um pai e um filho. A pergunta que surge nesse episódio é: "onde está o cordeiro para o holocausto?" (Bíblia. Gênesis, 2018, 22: 7). A outras anuncia que "O povo que andava em trevas viu uma grande luz" (Bíblia. Isaías, 2018, 9: 2).

No que se refere ao Novo Testamento, temos o desfecho relativo ao cordeiro e à luz. João, o batista, declara com seus lábios publicamente: "Eis o Cordeio de Deus que tira o pecado do mundo" (Bíblia. João, 2018, 1: 29). Encontrando a afirmação a respeito da luz, notamos que o próprio Jesus afirma "Eu sou a luz do mundo" (João, 2018, 8: 12). A comunicação literal/escrita, em termos teológicos, estaria tipificada em textos do Antigo Testamento até que a encarnação do próprio Cristo, na ocasião do Novo Testamento, acontecesse não apenas por meio de palavras, mas de modo corpóreo. A comunicação absoluta, Cristo, apresenta-se ao ser humano com o intuito de lhe fornecer uma imagem concreta do ser divino palpável.

Anúncios celestiais são feitos de modo miraculoso tanto para a mulher (Maria) – "E, entrando o anjo onde ela estava, disse: Salve, agraciada; o Senhor é contigo; bendita és tu entre as mulheres" (Bíblia. Lucas, 2018, 1: 28) – quanto para o homem – "José, filho de Davi, não temas receber a Maria, tua mulher, porque o que nela está gerado é do Espírito Santo" (Bíblia. Mateus, 2018, 20).

Todos esses eventos já seriam suficientes para identificar Jesus Cristo como raiz de um plano divino que se cumpriria na história do povo de Israel, raiz que se espalharia na direção de todos os povos "e os seus não o receberam. Mas, a todos quantos o receberam, deu-lhes o poder de serem feitos filhos de Deus, aos que creem no seu nome" (Bíblia. João, 2018, 1: 11-12). A rejeição de parte dos judeus pode ser vista como uma base para a abertura de um horizonte de anúncio dos ensinamentos de Jesus que se tornasse conhecido em meio a todas as nações/povos/etnias/gentios: "Portanto ide, fazei discípulos de todas as nações" (Mateus, 2018, 28: 19a).

A compreensão da fé se inicia no acontecimento da encarnação de Deus em Jesus Cristo. Na pessoa de Cristo, temos a autorrevelação de Deus. Jesus, como Deus, renuncia à sua divindade e assume a forma humana: "esvaziou-se a si mesmo, tomando a forma de servo, fazendo-se semelhante aos homens" (Bíblia. Filipenses, 2018, 2: 7). Jesus como ser humano experimenta limitações, dores e sofrimentos: "Cansado da viagem, assentara-se Jesus junto à fonte" (Bíblia. João, 2018, 4: 6).

Em termos teológicos, todo o peso carregado pela humanidade por causa de seus pecados estava destinado a ser lançado sobre Jesus Cristo: "ele tomou sobre si... foi traspassado... oprimido, afligido... moído" (Bíblia. Isaías, 2018, 53: 2-12). O ser humano Jesus, que pede água a uma mulher – "dá-me de beber" (Bíblia. João, 2018, 4: 7) –, que apresenta gotas de sangue em seu suor (Bíblia. Lucas, 2018, 22: 44) e que é ajudado por um homem ao carregar a cruz

(Bíblia. Mateus, 2018, 27: 32) é o mesmo que três dias após seu sepultamento não é encontrado mais no sepulcro pois havia ressuscitado: "Por que buscais o vivente entre os mortos? Não está aqui, mas ressuscitou (Bíblia. Lucas, 2018, 24: 5-6).

O Cristo, Messias Ungido, na concepção dos judeus, precisaria ser alguém que, em algum momento, assumisse o controle de tudo e colocasse em sua cabeça uma coroa. Esse ápice seria a consumação final da salvação para os judeus em sua história. Um descendente de Davi (Bíblia. Isaías, 2018, 9: 7) finalmente restabeleceria um trono físico para que o judeu, na sequência de sua história, contasse com um governo de um rei justo e temente ao Deus dos judeus. Lucas escreve que "ele reinará para sempre sobre a casa de Jacó, e o seu reinado não terá fim" (Bíblia. Lucas, 2018, 1: 33). João escreve: "o que estava escrito era: Jesus Nazareno: o Rei dos judeus" (Bíblia. João, 2018, 19: 19). Pilatos assim escreveu no alto da cruz a respeito de Cristo.

A teologia parece ter a função de tematizar a realidade da revelação do amor de Deus em Jesus Cristo e seu significado para a realidade da humanidade (Westphal, 2010). No universo greco-romano do século I d.C., havia liberdade para que se cultuasse o Imperador ou as divindades gregas inerentes às tradições religiosas anteriores a Jesus terreno; as raízes mitológicas já estavam arraigadas na cultura da época em mentes e corações no contexto do Império Romano.

A nova perspectiva anunciada e tipificada por Jesus requeria de seus contemporâneos e compatriotas um despojamento triplo/pleno (intelectual, moral e religioso). O que havia sido aprendido e praticado até então precisava passar por uma revisão completa, algo reivindicado não apenas por Jesus, mas pelos apóstolos também: "Necessário vos é nascer de novo" (Bíblia. João, 2018, 3: 7) e passar a viver para Cristo "a vida que agora vivo na carne, vivo-a pela fé do Filho de Deus" (Bíblia. Gálatas, 2: 20). A tradição religiosa baseada na lei mosaica em Israel é confrontada pelas palavras e atitudes de Jesus. Jesus disse aos discípulos: "todo aquele que ouve estas minhas palavras e as pratica será comparado a um homem sábio" (Bíblia. Mateus, 2018, 7: 26). A vida e a obra de Jesus passam a ser as referências principais para a história de Israel.

Há uma diversidade de pesquisas acerca da vida de Jesus, sua existência histórica, seus ensinamentos e seus feitos. Em termos teológicos, por exemplo, Zacarias Severa (1999), um pesquisador contumaz, escreve sobre os estados e os ofícios de Cristo: o nascimento de um ser divino que assume a forma humana por meio de uma gestação miraculosa, que passa por humilhação em vida, quando desprezado, questionado, maltratado por pessoas invejosas (Bíblia. Marcos, 2018, 15: 10).

Ryrie (1994), outro exemplo, explica que, depois de passar pela realidade natural, vida e morte, ao ressuscitar, Jesus é exaltado em glória. Quanto à *kenosis* de Cristo ("esvaziamento", conforme Felipenses, 2: 6), Gingrich e Danker (2003) escrevem que ela envolve, entre outras coisas, o encobrimento de sua glória pré-encarnada.

Jesus é Deus, ao lado do Pai na criação (Bíblia. Gênesis, 2018, 1: 26, 27) e em todos os momentos: "Eu e o Pai somos um (João 10: 30), quem vê a mim vê o Pai" (Bíblia. João, 2018, 14: 9). Essas afirmações bíblicas nos fornecem princípios e valores teológicos.

Severa (1999) também apresenta teorias de interpretação sobre a morte de Cristo, mas destacaremos apenas três. A primeira é a de que Jesus teria morrido por acidente; a segunda por ter se envolvido em intrigas políticas; e a terceira como mártir em defesa de uma causa, tendo sido punido exemplarmente para que a lei divina fosse cumprida nele.

Douglas (1995, p. 818), por sua vez, comenta que há algumas tradições, como a islâmica, que reconhecem a existência de um Jesus histórico, mas apenas como um "profeta completamente humano". Ferreira e Myatt (2007) entendem que, na perspectiva do espiritismo, Jesus é visto como um exemplo de vida moral necessária para se receber a salvação. O apóstolo Paulo, por seu turno, escrevendo aos colossenses, afirma que, em Cristo, "foram criadas todas as coisas" (Bíblia. Colossenses, 2018, 1: 16).

Diante disso, podemos concluir que a vida de Jesus se tornou motivo de estudo, debate e reflexões para estudiosos de segmentos teológicos distintos.

Cristo é o elemento central da fé cristã (Bíblia. 1 Coríntios, 2018, 3: 11), ele é o Filho de Deus (Bíblia. Marcos, 2018, 1: 1), Salvador (Bíblia. Lucas, 2018, 19: 10) e Senhor (Bíblia. Marcos, 2018, 1: 3). Ferreira e Myatt (2007) apontam que, no século XIX, muitos teólogos atacaram a concepção a respeito de Cristo conhecida como *doutrina ortodoxa*. Trata-se da ortodoxia no sentido de que um seguidor de Cristo exerce a fé para crer em uma definição imutável com base em narrativas bíblicas. Cristo é "o autor e consumador da fé" (Bíblia. Hebreus, 2018, 12: 2). De acordo com Ferreira e Myatt (2007), Heinrich E. G. Paulus, um desses teólogos, tentou explicar os milagres de Cristo sem referência a aspectos sobrenaturais.

As explicações que fizerem uso de alguma teoria para esclarecer a ressurreição de Lázaro (Bíblia. João, 2018, 11: 44), por exemplo, terão dificuldades em alcançar relevância, pois o evento narrado por João é sem precedentes e não há comprovações científicas. Temos outros relatos bíblicos do Antigo e do Novo Testamento que trazem outras pessoas sendo ressuscitadas. A ressurreição eterna é uma promessa dada a todo aquele que crê nas palavras de Jesus (Bíblia. João, 2018, 11: 25).

Com relação às questões teológicas envolvendo o povo judeu, esperava-se por um χριστὸς (Cristo), um Ungido (Gingrich; Danker, 2003) também sob a perspectiva terrena. Segundo os escritos de Daniel, um Messias salvador era aguardado: "eis que vinha com as nuvens do céu um como o Filho do Homem... Foi-lhe dado domínio, e glória, e o reino, para que os povos, nações e homens de todas as línguas o servissem" (Bíblia. Daniel, 2018, 7: 13,14). Em meio ao domínio político romano, essa aparição miraculosa nos céus não parecia gerar expectativas no povo judeu por um reino que fosse eterno. Pela reação de muitos judeus contemporâneos a Jesus, não se esperava por um Cristo ressurreto, com corpo glorificado que se tornasse um rei.

O Evangelho de João relata que havia judeus que "Murmuravam, pois, dele os judeus, porque dissera: Eu sou o pão que desceu do céu" (Bíblia. João, 2018, 6: 41). Há um Oráculo Sibilino (Livro III), surgido em torno do ano 150 a.C., que alude a um julgamento, a um Messias e à inauguração de um reino. Esse oráculo parece ter sido uma referência literária que gerou uma expectativa de envio de um rei que, por meio de ação militar, traria um tempo de salvação aos judeus (Voigt, 2007).

Em termos escatológicos, há muito a se pesquisar e debater, mas a promessa narrada no Livro de Atos (1: 11) – "Varões galileus, por que estais olhando para as alturas? Esse Jesus que dentre vós foi assunto ao céu virá do modo como o vistes subir" – parece estar interligada ao relatado por Mateus (24: 30) – "aparecerá no céu o sinal do Filho do Homem; todos os povos da terra se lamentarão e verão o Filho do Homem vindo sobre as nuvens do céu, com poder e muita glória" (Bíblia, 2018). Sob essa perspectiva narrada por Mateus e reafirmada por Lucas, autor do Livro de Atos, Jesus é a raiz do início ao fim do cumprimento escatológico daquilo que está escrito em toda a Bíblia, mas, principalmente, nos escritos do Novo

Testamento. Conforme o apóstolo Paulo escreve aos romanos, "Virá de Sião o Libertador e ele apartará de Jacó as impiedades" (Bíblia. Romanos, 2018, 11: 26).

Em seu evangelho, Lucas afirma: "assim como o relâmpago, fuzilando, brilha de uma à outra extremidade do céu, assim será, no seu dia, o Filho do Homem" (Bíblia. Lucas, 2018, 17: 24). Essa esperança escatológica é uma posição teológica que advém do primeiro século cristão e tem acompanhado a história da Igreja cristã.

Síntese

Neste capítulo, abordamos a relação entre a fé e a razão, a palavra, a experiência e a prática. Apresentamos, também, a pessoa de Jesus Cristo como a raiz teológica para as reflexões de teólogos em momentos distintos da história humana.

Analisamos um referencial de estudo a respeito de fé e razão, com base no que Tomás de Aquino observou em seus estudos sobre Aristóteles. Aquino entendia a teologia como ciência e considerava que a fé e a razão se relacionam como graça e natureza. Dessa forma, não haveria conflito entre ambas. A fé seria como uma dádiva recebida, mas exercitada. A razão teria sido criada pelo ser divino, mas dotada de liberdade para receber e processar informações a respeito do que vemos e entendemos no mundo natural/real e do que vislumbramos sobre o mundo transcendental.

Analisando algumas composições do Antigo Testamento e outras do Novo Testamento, constatamos até aqui que a composição de um texto é permeada de detalhes, como as peculiaridades da forma de expressar e o que se expressa a um ouvinte/leitor. Citamos o exemplo de Pedro, que aceitou lançar a rede novamente ao mar depois de uma palavra dita por Jesus. A base para que a fé se materialize é a palavra. O *logos* mencionado (João, 1: 1) é a palavra que produz resultado conforme o sentido com que ela é proferida (Isaías, 55: 11).

Destacamos perspectivas sobre a fé e a palavra e adotamos como referência a compreensão teológica de Paul Tillich e José Croatto sobre a relação entre fé e experiência. Tillich afirma que é no interior humano que a fé se apresenta em uma forma que pode ser recebida. Croatto defende que a experiência humana é uma vivência relacional.

Estudamos questões envolvendo a fé e sua prática. Evidenciamos que, a partir do momento que recebemos a fé para salvação, com ela passamos a cultivar virtudes. Integrada à fé para ingressar na dimensão eterna da vida está a fé para ser praticada junto à humanidade, ainda nesta vida, sendo esta uma decisão que resultará em uma prática piedosa de vida. Assim, os três aspectos essenciais a serem praticados na fé cristã seriam a solidariedade, a compaixão e a misericórdia. Podemos considerar que a fé é o firme fundamento em relação à eternidade e consiste em ter a certeza de que o exemplo de Cristo em sua demonstração de amor é referência única de prática de fé a ser seguida, pois ela se desenvolveu independentemente da circunstância e do cenário em que Cristo estivesse.

Com base em textos bíblicos e em opiniões de teólogos, apresentamos Jesus Cristo como raiz teológica para todos os que se dedicam a analisar a teologia – o Cristo humilhado (Bíblia. Filipenses, 2018, 2: 5-8) e o exaltado (Filipenses, 2018, 2: 9-11), sua humanidade (João, 2018, 1: 14) e sua divindade (Apocalipse, 2018, 1: 18), o Cristo que advoga (1 Epístola de João, 2018, 2: 1), mas também julga (Atos, 2018, 17: 31), aquele que salva (Lucas, 2018, 19: 10) e o que se ira (Mateus, 2018, 21: 12); o que perdoa (Lucas, 2018, 5:20) é o mesmo que condena (Marcos, 2018, 11:14).

Entre outras características, as mencionadas aqui seriam suficientes para ilustrar sua importância para a investigação de assuntos teológicos. Jesus participa da criação, da redenção, da restauração e da condenação do mundo e do ser humano.

Atividades de autoavaliação

1. Em Atenas, muitos dos ouvintes de Paulo negaram-se a ouvi-lo a respeito do tema da ressurreição. Sobre o que Paulo discursou aos atenienses?

   a) Em seu discurso, Paulo trouxe à memória dos atenienses relatos de Platão e de Aristóteles acerca da importância da religiosidade na vida dos gregos desde as conquistas de Alexandre, o Grande.

   b) Paulo, ao andar pela cidade de Atenas, contemplou templos e praças nos quais estavam erguidos altares a Zeus, Júpiter e Diana. Junto aos filósofos e teólogos da época, Paulo discursou sobre a mitologia grega e a complexidade para se entender o que os gregos pensavam sobre religião.

   c) Diante dos atenienses, Paulo foi levado ao areópago e relatou que, ao andar pela cidade, deparou-se com muitos altares, um deles erigido ao Deus desconhecido. Entre outras considerações, sobre esse Deus Paulo disse a seus ouvintes que os tempos da ignorância não haviam sido considerados, mas, dali em diante, era para todos os homens se arrependerem.

d) Em sua explanação, Paulo exaltou a dedicação religiosa dos atenienses, pois, ao andar pela cidade de Atenas, notou que, em meio a muitos altares erguidos, destacava-se um altar para uma divindade judaica, o "deus desconhecido", que também pode ser considerada universal, pois ela é aceita por todas as nações do mundo.

e) Os atenienses ouviram atentamente o discurso de Paulo sobre a importância de podermos recorrer a diversos deuses, pois suas tribulações eram constantes e, afinal, a fé dedicada a esses deuses sempre era recompensada.

2. As palavras que comunicamos uns aos outros podem ser entendidas como pensamentos verbalizados. Nossa mente pensa e decidimos comunicar o que estamos pensando. No segmento cristão, considera-se que a fé cresce quando a nós são comunicadas palavras advindas da Bíblia. Como isso aconteceria?

a) Em termos teológicos, quando a palavra é verbalizada, ela faz parte de um contexto. O essencial é que tenhamos uma revelação espiritual para ser possível entendermos o significado da palavra. Os instrumentos hermenêuticos são importantes, mas não fundamentais. Auxiliada por uma vida devocional espiritual, toda pessoa que assim o fizer verá sua fé crescer e se fortalecer.

b) No universo acadêmico, a literalidade do texto não é fundamental para entendermos seu sentido. O principal a ser feito após a leitura do texto é investigar os contextos social e o religioso em que ele foi produzido e a quem foi dirigido. Quando nos dispomos a entender o cenário em que a palavra foi proferida, como resultado contínuo, nossa fé cresce e se fortalece.

c) À medida que uma pessoa vai lendo e conhecendo mais sobre o que está na Bíblia, ela cresce e amadurece na fé, que diz respeito à salvação eterna. Para fins terrenos e passageiros, a fé de uma pessoa não teria muita relevância, pois sua finalidade seria preparar todas as pessoas para, após a morte, irem para o lar eterno.

d) Assim como aconteceu em meio aos discípulos, Jesus pronunciava as palavras basicamente ensinando-os, sempre em contextos específicos e de modo pertinente ao ambiente em que se encontravam. Toda palavra pertence a um contexto. Em termos teológicos, ela precisa ser estudada literalmente e interpretada por meio de todos os instrumentos hermenêuticos de que dispomos. Nesse processo, a fé pessoal é fortalecida e cresce à medida que esse caminho vai sendo seguido.

e) As palavras declaradas têm sua relevância, mas elas por si sós não produzem muito fruto se não estiverem acompanhadas de atitudes. Há um ditado popular com um viés teológico e bíblico que diz: "a fé move montanhas". O que faz as situações mudarem é a fé exercitada, com ou sem palavras.

3. Em ambos os testamentos bíblicos, há relatos a respeito de experiências sobrenaturais que algumas pessoas tiveram, como a travessia do Mar Vermelho, o traslado de Elias, Pedro andando sobre as águas e a aparição de Jesus a Saulo a caminho de Damasco. Essas histórias têm tido algumas interpretações. Por quais razões seria importante passar por experiências como essas ou semelhantes a elas?

a) A fé está diretamente ligada às experiências místicas que uma pessoa pode, e precisa, ter para que sua religiosidade/espiritualidade seja autenticada diante da sociedade. Sem esse tipo de experiências, não haveria como comprovar que, realmente, uma pessoa tem fé.

b) Seria importante porque a caminhada da fé requer, entre outras coisas, que tenhamos experiências como sonhos, visões, falar a língua dos anjos e que façamos profecias a respeito do futuro para que tenhamos uma vida tranquila e sossegada no lugar em que estivermos.

c) Em todas as religiões, há relatos de experiências místicas que fizeram a fé de seus seguidores crescer e amadurecer. No budismo, a prática da meditação é entendida como um ato de fé que pode levar a pessoa a uma dimensão especial do cosmos. No judaísmo, o Muro das Lamentações é tido como um lugar sagrado, pois ali todas as orações feitas são respondidas por Jeová. No espiritismo, a mediunidade pode ser desenvolvida por todos os seguidores que a desejarem. No pentecostalismo (um ramo do protestantismo), ver manifestações de anjos e demônios é comum, pois se trata de uma experiência disponível e necessária a todos os que têm fé.

d) A experiência advinda da fé tem uma realidade objetiva e subjetiva em si mesma. O ser humano precisa, em sua devoção religiosa, passar por experiências sobrenaturais, pois a fé só pode ser entendida e testemunhada se houver como provar ao ouvinte que realmente tal fato ocorreu. Por exemplo, em meio a uma chuva copiosa, alguém faz uma oração recorrendo à divindade, e a chuva, em pouco tempo, cessa.

e) A experiência religiosa, em qualquer religião, pode acontecer e faz parte de uma realidade objetiva em si mesma e também subjetiva. O ser humano, em sua liberdade de compreender e expressar sua devoção e crença, comunica sua mensagem conforme sua percepção sobre os fenômenos. Se essa experiência não for imposta a fim de se fazer dela referência absoluta para se comprovar que a pessoa tem fé, ela poderá ser compartilhada sob a perspectiva de uma experiência pessoal que auxiliou no crescimento e fortalecimento de sua fé.

4. No universo das religiões, a fé e a prática normalmente caminham juntas e produzem um resultado visível na comunidade. De modo objetivo, é possível perceber que há algumas práticas comuns entre as religiões. Quais são elas?

a) Ao menos em discurso, a tolerância é advogada por todas as religiões. Há também a busca pelo ecumenismo quando as religiões continuam com suas peculiaridades, mas compreendem e respeitam práticas divergentes das suas. Na vida em sociedade, a solidariedade é uma prática comum a todas as religiões.

b) A solidariedade, a compaixão e a misericórdia são aspectos essenciais à prática da fé cristã, mas há também outras religiões que se dedicam a essas obras. Além destas, de modo genérico, encontramos ensinamentos que estimulam o despojamento das riquezas e a prática do altruísmo.

c) A fé é ratificada de acordo com a obra que se pratica. No caso das religiões monoteístas, o culto à divindade é indispensável para que se transmita uma fé pública e prática. No caso das religiões politeístas, a mensagem principal a ser transmitida à sociedade é a da pacificação, isto é, desenvolver uma cultura de paz e amor contrária a toda manifestação de violência.

d) De modo geral, o comum entre as religiões é a prática da caridade, da generosidade, da humildade e da tolerância. Há também muita semelhança entre as religiões em relação ao que se pensa sobre a morte. Percebemos que todas as religiões são adeptas do universalismo, que advoga que todo ser humano terá o céu como morada final na eternidade.

e) Entre as práticas comuns, destacam-se o assistencialismo social, a tolerância para com as religiões, a defesa pela formação de famílias sob todas as formas e o ensinamento de que o maior exemplo de todos os tempos a ser seguido é o de Jesus Cristo.

5. Há muitas questões a considerar sobre a vida de Jesus: encarnação, missão, humilhação, milagres, promessas, crucificação, ressurreição e exaltação. Jesus, como raiz teológica, é o fundamento principal do Evangelho – o Jesus bíblico e o histórico. Quais seriam as funções da teologia ao refletirmos sobre a vida de Jesus?

   a) Em princípio, cabe à teologia tematizar a realidade da revelação do amor de Deus em Jesus Cristo, como revelação especial, e seu significado para a realidade da humanidade. Ela busca pesquisar o que há a respeito de sua existência histórica, de seus ensinamentos e feitos e, também, de todos os seus ofícios, principalmente as figuras de rei, servo sofredor e salvador.

   b) As funções da teologia consistem em organizar e sistematizar todas as falas de Jesus nos quatro evangelhos, bem como analisá-las por meio da língua grega para procurar saber o que realmente foi literal e o que foi inserido pelos editores dos textos do Novo Testamento.

   c) As questões teológicas a respeito de Jesus são fundamentais para o desenvolvimento da fé cristã. Cabe à teologia descobrir informações sobre os autores dos textos bíblicos, sobre todas as considerações a respeito de Jesus, mas, principalmente, sobre sua função como juiz que separará ovelhas de bodes, lançando todos os bodes no lago de fogo que arde com enxofre.

   d) Além de tematizar e organizar todos os assuntos a respeito de Jesus, também é função da teologia estabelecer dogmas e doutrinas para o bom funcionamento tanto da Igreja Católica Apostólica Romana quanto da Igreja Protestante, em todas as suas ramificações.

   e) Do ponto de vista teológico, as funções principais seriam organizar, sistematizar e replicar todos os ensinamentos de Jesus, desde as promessas messiânicas do Antigo Testamento até suas três vindas, sendo a primeira a da encarnação; a segunda como juiz; e a terceira como rei, a se assentar no templo que será reconstruído em Jerusalém, em seu governo milenar.

Atividades de aprendizagem

Questões para reflexão

1. Em nossas ponderações sobre os fundamentos da teologia e a relação da fé com alguns elementos, mencionamos a experiência do apóstolo Paulo ao dizer que foi ao terceiro céu (Bíblia. 2 Coríntios, 2018, 12: 2). Essa narrativa teria sofrido alguma influência helenística, judaica ou babilônica? Como pode ser entendido o uso da expressão *terceiro céu* nesse relato? Consulte alguns teólogos para poder refletir sobre essa experiência vivida por Paulo. Em seguida, elabore um texto escrito com suas considerações e compartilhe-o com seus colegas de estudo.

2. A compreensão da fé tem seu início na encarnação de Cristo, conforme lemos no Evangelho de João 1: 1-14 e em Filipenses 2: 5-11. Descreva, sob o ponto de vista teológico, como essa manifestação divina em Cristo foi anunciada no Antigo Testamento e como foi explicada pelo apóstolo Paulo em sua carta aos romanos no Capítulo 5.

Atividade aplicada: prática

1. O Messias, na concepção dos judeus, precisaria ser alguém que se levantasse como defensor do povo judeu diante de um império que, entre outras coisas, oprimia economicamente seus territórios conquistados. A Judeia era um desses territórios. Do ponto de vista social, é possível pensar que, atualmente, há grupos de pessoas que esperam dos segmentos religiosos algum tipo de salvação diante de regimes políticos opressores? O que um evangelista ou missionário pode apresentar como mensagem principal aos seus ouvintes? A mensagem cristã também tem a finalidade de atender às pessoas quanto a aspectos sociais, ou se trata apenas de uma mensagem salvífica que visa à eternidade no paraíso, sem dores? Quais seriam seus objetivos principais ao evangelizar alguém? Com base nesses questionamentos, estabeleça um roteiro de evangelização, registre-o em um texto escrito e, depois, discuta-o com os colegas de estudo.

capítulo quatro

Humanidade e divindade de Jesus

04

Eduardo Joiner (2004, p. 83) escreve que, na unidade das duas naturezas, "Cristo permanece uma só pessoa para sempre", ele é divino e humano. Hägglund (2003, p. 17), por sua vez, afirma que "a divindade de Cristo é salientada enfaticamente pelos pais apostólicos". Já Severa (1999, p. 225) explica que, no Concílio de Calcedônia, houve a definição de que "Jesus Cristo é verdadeiramente Deus e verdadeiramente homem".

Com base nessas afirmações, nossa intenção é avançar em nosso aprendizado lembrando que Jesus Cristo é nossa raiz teológica, uma posição que contempla os passos percorridos pela fé para que cresçamos em nossos conhecimentos teológicos e amadureçamos nossa compreensão diante de posições distintas e, às vezes, até mesmo contrárias àquelas que assumimos como ideais.

No desenvolvimento de nossas ponderações, entendemos que a teologia é uma ciência que pode ser praticada tanto na academia quanto no campo eclesiástico. Sabemos que há uma virtual teologia popular, que tem sido praticada no decorrer da história humana e envolve tradições, superstições e crendices.

Neste capítulo, demonstraremos que a teologia também sido estudada de modo sistematizado, por meio de estudos temáticos. Embora consideremos que teologia se manifesta pela prática, seu estudo também é relevante para avaliarmos como pode ser importante nos âmbitos acadêmico, eclesiástico e social. Abordaremos, ainda, a relação existente entre a teologia e a espiritualidade e algumas teologias importantes tanto para a academia quanto para a sociedade.

4.1 Considerações sobre a dupla natureza de Jesus

Estudar teologia é um exercício que nos leva a ler, a buscar entendimento, a pesquisar opiniões de autores que já abordaram o tema e a analisar respostas. Quando se trata de pesquisar sobre a dupla natureza de Jesus Cristo – o que vem acontecendo há dois milênios –, há percepções básicas que fizeram surgir concordâncias e divergências entre estudiosos e teólogos, bem como conclusões não muito bem-vistas entre os estudiosos.

A respeito da dupla natureza de Cristo, Zacarias Severa (1999) argumenta que não basta considerar que Cristo é humano e divino. Para ele, é preciso pensar sobre como essas duas naturezas se relacionavam em seu interior. A encarnação teria sido o evento em que as duas naturezas se unem.

A dupla natureza de Jesus, divina e humana, pode ser avaliada com base em alguns episódios relatados pela Bíblia, em realidades diferentes, transcendente e imanente, mas interligadas e interdependentes. Transcendente quando o evento parece acontecer em um mundo invisível, além do estado material, em um ambiente não perceptível à visão física humana. A descrição do Evangelho de Mateus na ocasião em que Jesus é levado ao deserto pelo Espírito e tentado por Satanás pode nos servir como ilustração (Bíblia. Mateus, 2018, 4: 1-11), algo que ocorre em um mundo espiritual. Em João 17: 14, Jesus menciona que esse mundo visível que os olhos humanos contemplam parece sofrer com certa restrição quanto ao recebimento do Espírito Santo. Seria apenas com a ajuda do Espírito Santo, em termos bíblicos e teológicos, que uma pessoa passaria a ter condições de entender o que acontece nesse mundo invisível.

Ruy César do Espírito Santo (2019, p. 3), estudando sobre transcendência e imanência, argumenta que "a imanência é a uma visão vinculada estritamente ao plano material, sendo, portanto, uma vivência que se completa num plano físico. Já transcendência ultrapassa o plano físico, nos remetendo a uma dimensão que poderíamos denominar de 'espiritual'".

A imanência acontece em uma realidade material, ou seja, a realidade corpórea e sentimental que conhecemos e que podemos experimentar e explicar com a utilização de nossos sentidos. Podemos citar como exemplo as experiências sentimentais vividas por Marta, Maria e Jesus na ocasião em que Lázaro morre. Jesus ouve Maria chorar: "Jesus, pois, quando a viu chorar, e também chorando os judeus que com ela vinham, moveu-se muito em espírito, e perturbou-se [...] Jesus chorou" (Bíblia. João, 2018, 11: 33-35). Essa história nos remete à dor, ao luto, ao poder da morte e ao fim do ser humano em termos físicos, naturais. Nesse cenário natural, no entanto, acontece algo sobrenatural, transcendente: a ressurreição de Lázaro.

Considerando-se a vida de Cristo, na teoria da comunhão das propriedades, cada uma das duas naturezas reteve suas propriedades essenciais e, ao mesmo tempo, houve uma comunhão genuína entre as duas naturezas, de modo que as propriedades se comunicavam verdadeiramente (Severa, 1999). A ressurreição de Lázaro não fez dele um ser divino, ele voltou a ter vida física por meio de um milagre realizado por Jesus homem, mas com poder divino.

Um evento que pode nos fazer pensar sobre essa realidade parece ter sido descrito por Lucas quando Jesus diz "Eu via Satanás caindo do céu como um relâmpago" (Bíblia. Lucas, 2018, 10: 18). Como teria sido essa visão de Jesus? Ele teria enxergado algo no mundo cósmico e agora estava comunicando essa visão aos discípulos? Apenas Jesus teve essa visão. Não há afirmação de quando ela teria ocorrido, mas os discípulos não tiveram essa experiência.

No século XVI, em meio aos reformadores, havia a perspectiva de que Jesus, como Verbo, jamais renunciou a suas funções e a seus atributos, mesmo em sua encarnação. Segundo Severa (1999), essa teoria ficou conhecida como *extracalvinista*. Em sua peregrinação com os discípulos, parece ter havido um momento em que o cenário se mostrou favorável para que se manifestasse o poder do sobrenatural em/de Jesus e se resolvesse um problema que parecia incomodar alguns discípulos: "Tiago e João, vendo isto [...]: Senhor, queres que digamos que desça fogo do céu e os consuma, como Elias também fez? (Bíblia. Lucas, 2018, 9: 54). O fogo denotaria uma intervenção divina de juízo contra uma aldeia de samaritanos não hospitaleira (Bíblia. Lucas, 2018, 9: 52). Jesus os repreendeu: "Vós não sabeis de que espírito sois" (Bíblia. Lucas, 2018, 9: 55). Nesse evento, Jesus não teria renunciado a seus atributos divinos, eles apenas não precisavam ser usados.

Franklin Ferreira e Alan Myatt (2007) explicam que há uma busca pelo Jesus histórico que pode ser dividida em três fases. Na primeira delas, Hermann Samuel Reimarus (1694-1768) se destaca com sua obra *Das intenções de Jesus e seus discípulos*. Na segunda, no século XIX, a doutrina ortodoxa a respeito de Cristo foi atacada pelo teólogo alemão Heinrich Eberhard Gottlob Paulus (1761-1851)[1]. Na terceira, no final do século XIX, Adolf von Harnack defendeu em relação a Jesus apenas "uma visão essencialmente humanística" (Ferreira; Myatt, 2007, p. 549).

O anseio por estudar a vida de Jesus e as interpretações e teorias têm feito surgir a uma série de produções literárias, cuja base principal tem sido a Bíblia. No entanto, de tempos em tempos, surgiram indagações que foram sendo discutidas nos concílios eclesiásticos para se tentar chegar a conclusões plausíveis e coerentes a fim de se conseguir uma mínima harmonia e unidade. Entre os pontos mais discutidos, figuram a humanidade e a divindade de Jesus: Como encontrar uma explicação esclarecedora? Na sequência de nosso estudo, procuraremos fornecer um panorama de doutrinas e pensamentos que foram surgindo e como eles foram discutidos, desde os primeiros séculos cristãos até o século XX.

---

1   Teólogo alemão e crítico da Bíblia, Heinrich Eberhard Gottlob Paulus é conhecido como um racionalista que ofereceu explicações naturais para os milagres bíblicos de Jesus. Ele distinguia entre o ensinamento original de Jesus e aquele falsificado pelo ensinamento da Igreja e queria demonstrar o "evangelho puro" do "sábio regente didático" como o núcleo popular condicionado de uma "fé do pensamento" racional. Ele via o Reino de Deus como um certo estado de perfeição moral e Jesus como um mestre da Igreja, com uma relação especial com Deus, tendo como pano de fundo a imagem judaica do Messias como um Messias espiritual, o chamado *Teaching Regent (Lehrregenten)*, e a fé como prática de vida. Seus artigos e polêmicos escritos políticos e eclesiásticos tiveram uma forte influência nas primeiras visões liberais (Penkala, 2023).

Humano e divino

Em seu escopo, a teologia trata de diversos temas complexos e controversos e, considerando-se os debates teológicos épicos da academia científica, há dois temas que se destacam: a Trindade e a dupla natureza de Jesus. Em Gênesis (1: 26), o "façamos" e, em Gênesis (11: 7), o "desçamos e confundamos" apontam para uma ação conjunta realizada pelo Pai, pelo Filho e pelo Espírito, tendo em vista que eles são inseparáveis e interdependentes (Bíblia, 2018).

As manifestações mais integrantes no ambiente do Novo Testamento são as narradas no Evangelho de Lucas quando Maria recebe a visita do anjo e lhe é dito que o que seria gerado nela seria "gerado pelo Espírito Santo" (Bíblia. Lucas, 2018, 1: 35), bem como a aparição do Jesus ressurreto aos discípulos quando estavam a portas fechadas dizendo-lhes "Não me toques" (Bíblia. João, 2018, 20: 17). Jesus não podia ser tocado por estar em um corpo glorificado?

Além desses textos, há outros em debate, como os que nos apresentam as teofanias[2]. A maior parte delas aconteceu no cenário do Antigo Testamento sem que houvesse um aviso prévio por parte da divindade anunciando que apareceria. No ambiente do Novo Testamento, o Jesus ressurreto também apareceu para Saulo (Bíblia. Atos, 2018, 9: 3-5) e para João (Bíblia. Apocalipse, 2018, 1: 17-18).

As breves considerações a respeito do Jesus humano e divino têm o objetivo de nos informar sobre a dinâmica de sua atividade pré e pós-encarnada. Na primeira ocasião (Antigo Testamento), é mencionado sem se identificar plenamente; na segunda (Novo

---

2 "Uma teofania se entende tanto da criatura quanto do Criador um movimento descendente em direção à natureza humana e uma exaltação ascendente até a Palavra, isto é, a *théosis*, a deificação da criatura. Este movimento de descenso e ascenso da Palavra divina e da natureza humana respectivamente, expressa o modo do encontro entre Deus e o homem" (Bauchwitz, 2002, p. 12).

Testamento), sim, quando ressurreto, ele diz "Eu sou Jesus" (Bíblia. Atos, 9:5). A expressão *Eu sou*, que é mencionada no cenário desértico em que Moisés está – "Eu sou o que sou" (Bíblia. Êxodo, 2018, 3:14) –, faz parte do vocabulário e da teologia do Evangelho de João – "Eu sou o pão vivo que desceu do céu" (Bíblia. João, 2018, 6: 51) –, referindo-se ao maná no deserto na ocasião do Êxodo (Bíblia. Êxodo, 2018, 16: 4; João, 2018, 6: 31-32). Também se faz presente no início da revelação apocalíptica – "Eu sou o primeiro e o último. E o que vivo e fui morto" (Bíblia. Apocalipse, 2018,1: 17-18).

Quando pensamos nas duas naturezas de Jesus, precisamos nos dispor a investigar como isso aconteceu. Ele se esvaziou de sua divindade – "esvaziou-se a si mesmo" (Bíblia. Filipenses, 2018, 2: 7) – e nasceu a partir do ventre de uma mulher – "nascido de mulher" (Bíblia. Gálatas, 2018, 4: 4) –, confirmando e mantendo sua humanidade até o fim – "como havia amado os seus, que estavam no mundo, amou-os até o fim" (Bíblia. João, 2018, 13: 1). Ambas as naturezas são importantes para o estudo teológico. Uma perspectiva que nos advém é que, em virtude do pecado cometido no Éden (Bíblia. Gênesis, 2018, 3: 6), passou a existir um abismo espiritual e moral entre a divindade e o ser humano (Gênesis, 3: 23). Essa realidade fez surgir a necessidade de uma mediação (Bíblia. Isaías, 2018, 59: 2).

Para que a comunhão entre o ser divino e o ser humano voltasse a acontecer, essa mediação ocorre, primeiramente, por meio do Jesus encarnado – "quem me vê a mim vê o Pai" (Bíblia. João, 2018, 14: 9) - e, depois, por meio do Jesus homem ressurreto – "um só Mediador entre Deus e os homens, Jesus Cristo homem" (Bíblia. 1 Timóteo, 2018, 2: 5).

Millard J. Erickson (2015) explica que a divindade e a humanidade de Jesus são intrínsecas para que a comunhão do ser humano com o divino voltasse a existir.

De certo modo, a humanidade de Jesus forçaria o ser humano a buscar a Deus não por meio de uma verticalidade abstrata, mas por meio de uma realidade horizontal transformada e contemplada pela presença divina a partir de Jesus: "E o verbo se fez carne e habitou entre nós" (Bíblia. João, 2018, 1: 14). Embora tenha sido uma vivência corpórea e visível, sua imagem e sua essência na esfera divina evidenciam sua plenitude divina (Bíblia. Colossenses, 2018, 2: 9).

A crença de que Jesus é uma pessoa com duas naturezas permite que todas as pessoas se reconciliem com o ser divino. A ação de Cristo consumada na crucificação é o sacrifício perfeito para a expiação pelo pecado, o que faz dele, como homem, um sumo sacerdote empático. O apóstolo Paulo, escrevendo aos colossenses, esclarece que "aprouve a Deus que em Cristo, residisse toda a plenitude e que [...] pelo sangue da sua cruz [...] reconciliasse consigo mesmo todas as coisas" (Bíblia. Colossenses, 2018, 1: 19-20). Esse sangue a ser derramado havia sido predito aos hebreus ainda no deserto (Bíblia. Levítico, 2018 ,17: 11).

O conceito da humanidade de Jesus, coexistindo com sua divindade, é um desafio para a razão humana. Essa concepção favorece que a fé encontre caminho na mente para entrar sob a perspectiva transcendental, com o argumento de que se trata de uma necessidade humana a ser suprida: "pôs no coração do homem o anseio pela eternidade" (Bíblia. Eclesiastes, 2018, 3: 11). De acordo com o autor de Eclesiastes, há no coração de todo ser humano um anseio pela eternidade.

Como ser humano, Jesus passou por todas as experiências necessárias e inerentes aos humanos (fome, sede, dor, angústia, tristeza): "pois ele mesmo foi provado em tudo, à nossa semelhança, sem, todavia, pecar" (Bíblia. Hebreus, 2018, 4: 15). O autor da carta aos hebreus também menciona que convinha que, "em todas as coisas, Cristo se tornasse semelhante aos irmãos [...] para fazer propiciação pelos pecados do povo" (Bíblia. Hebreus, 2018, 2: 17). A respeito da origem natural de Jesus, ele é apresentado em meio a uma genealogia (Bíblia. Mateus, 2018, 1: 1-16; Lucas, 2018, 3: 23-38). Sua história humana começa em Nazaré, o que seria questionado em sua idade adulta por Natanael: "Pode vir alguma coisa boa de Nazaré?" (Bíblia. João, 2018, 1: 46). Ele cresce naturalmente como uma criança: "Jesus ia crescendo em sabedoria, estatura e graça diante de Deus e dos homens" (Bíblia. Lucas, 2018, 2: 52). Ele se envolve com questões religiosas desde criança (Bíblia. Lucas, 2018, 2: 42). Segundo Severa (1999), a vida religiosa de Jesus confirma sua humanidade.

Além dessas características peculiares à sua humanidade, há as tentações sofridas por ele, conforme o autor de Hebreus escreve: "como nós, passou por todo tipo de tentação" (Bíblia. Hebreus, 2018, 4: 15).

A natureza humana de Jesus lhe permite relacionar-se com a humanidade de uma forma que os seres celestiais (anjos) não podem. Apenas um ser humano poderia resgatar os outros seres humanos nascidos sob a mesma lei (lei do pecado): "todos pecaram e destituídos da glória de Deus" (Bíblia. Romanos, 2018, 3: 23). Nascidos sob a lei de Deus, todos os seres humanos são culpados de transgredir essa lei. Somente um homem perfeito – Jesus Cristo – poderia plenamente observar e cumprir a lei. Essa substituição proporciona ao ser humano o perdão e a redenção de seus pecados por meio da fé (Bíblia. 2 Coríntios, 2018, 5: 21).

A partir do século I d.C., surgiram muitas opiniões a respeito da humanidade e da divindade de Cristo. Em meio aos debates, algumas teorias começaram a ser divulgadas e se transformaram em doutrinas. Do século II ao Concílio de Calcedônia (451 d.C.), as controvérsias se intensificaram, e essas doutrinas foram espalhadas por seus defensores.

O ebionismo, que surgiu no início do século II d.C., negava a natureza divina de Jesus. Essa forma de pensar teria sido uma influência do judaísmo nas Igrejas. Os adeptos desse pensamento ensinavam que Jesus era um profeta, que se identificava com os pobres e que era apenas filho de José e Maria (Ferreira; Myatt, 2007). Em tempos modernos, há segmentos na teologia que defendem ideias semelhantes, como o unitarismo (Severa, 1999). Há também teólogos liberais, adeptos do modo de pensar da teologia da libertação (Ferreira; Myatt, 2007).

O docetismo, ao contrário do ebionismo, era uma doutrina que negava a natureza humana de Cristo. Seus seguidores entendiam que a matéria (corpo físico) do ser humano era má (Severa, 1999). O corpo e o sofrimento de Jesus seriam apenas aparentes, o que, na atualidade, poderia ser identificado como um corpo virtual, uma espécie de holografia.

O arianismo tinha uma teoria a respeito da divindade de Jesus que o considerava Deus, mas não como o Deus Pai, pois este era absoluto. Nessa percepção, negava-se a integralidade da natureza divina de Cristo. Cristo teria sido criado pelo Deus Pai. Essa doutrina recebeu censuras e foi condenada no ano 325 d.C., no Concílio de Niceia (Severa, 1999).

O apolinarianismo entendia que Jesus não teria mente humana. O corpo seria humano, e sua alma, irracional. O Verbo teria ocupado o lugar da mente racional de Jesus. Sua constituição seria um tanto quanto intrigante. Tratar-se-ia de corpo, alma e verbo. Essa doutrina sofreu objeções e recebeu a condenação no Concílio de Constantinopla, em 381 d.C. (Severa, 1999).

O nestorianismo defendia um pensamento diferente em relação às doutrinas anteriores. Ele negava a união entre as duas naturezas de Cristo. Elas estariam separadas, entendendo-se que Jesus teria duas personalidades. Por parte de Jesus haveria uma alternância de uso de suas naturezas, talvez uma espécie de bipolaridade em tempos modernos (Severa, 1999).

O eutiquianismo confundia as duas naturezas de Cristo e considerava que, por meio delas, surgia uma terceira natureza, uma entidade nova. A humana teria sido engolida pela divina. Posteriormente, passou a ser identificado como *monofisismo* (Ferreira; Myatt, 2007). No Concílio de Calcedônia, em 451 d.C., essa doutrina foi confrontada e condenada (Severa, 1999).

O adocionismo, por vezes identificado como *modalismo*, defendia que Jesus era submisso ao Pai a tal ponto que o Deus Pai o teria adotado como seu Cristo e Salvador da humanidade (Ferreira; Myatt, 2007).

O miafisismo compreendia que em Jesus Cristo existe uma única natureza unida, divina e humana. Ele difere do monofisismo, segundo o qual a natureza divina de Jesus absorve a humana. *Miafisismo* é um termo que passou a ser adotado no universo teológico a partir do começo do século XXI, mas teria o mesmo significado que *monofisismo* (Ferreira; Myatt, 2007).

A cristologia ortodoxa foi questionada por muitas vezes. O Cristo, como verdadeiro Deus e verdadeiro homem (união hipostática) em suas duas naturezas, sem distinção, indivisíveis e inseparáveis, foi alvo constante. As duas naturezas de Cristo vêm sendo debatidas praticamente desde o primeiro século da Era Cristã. Severa (1999, p. 233) explica que "cada uma das duas naturezas reteve suas propriedades essenciais e, ao mesmo tempo, houve uma comunhão genuína entre as duas naturezas, de modo que as propriedades de um eram verdadeiramente comunicadas a outra".

De Calcedônia até hoje

As diferentes maneiras de interpretarmos a união das duas naturezas na pessoa de Jesus representam que há diferentes enfoques da mesma realidade. Embora não se possa explicar exatamente como essa união acontece, podemos recorrer ao Concílio de Calcedônia (451 d.C.) Com base nesse concílio, J. Scott Horrell (citado por Myatt; Ferreira, 2002) resume a cristologia na história da seguinte maneira:

....

a) Até 500 d.C. – Ela foi estabelecida com posições extremas entre a humanidade e a divindade de Jesus.

b) De 500 a 1800 d.C. – Ela foi preservada. Embora tenha sido preservada, nesse período sofreu certo desequilíbrio, enfatizando-se mais a divindade do que a humanidade. No período da Reforma, todos seguiram a cristologia ortodoxa.

c) De 1800 até hoje – Ela foi desmontada. Desde então tem havido uma variedade de opiniões, como o Iluminismo, o surgimento de novas filosofias (Kant, Hegel, Kierkegaard etc.) e o criticismo bíblico. No entanto, também o liberalismo levou a uma neo-ortodoxia. Assim, a objetividade histórica da cristologia foi cedendo espaço para uma cristologia subjetiva.

....

Myatt e Ferreira (2002), analisando os escritos de Anselmo de Cantuária (1033-1109 d.C.) em sua obra seminal *Por que Deus se tornou homem*, observam que Anselmo apresenta uma síntese da importância das duas naturezas de Cristo para sua obra expiatória. Na perspectiva de Anselmo, é necessário que a própria pessoa realize uma obra que expie e satisfaça a Deus remindo os pecados da humanidade. Apenas Jesus, por ser perfeito em suas naturezas divina e humana, pôde fazê-lo.

As propriedades de cada uma permanecem ainda mais firmes quando unidas em uma só pessoa. A respeito das duas naturezas, cabe destacar:

> *Quaisquer que sejam as tradições teológicas, historicamente, a Cristologia de Calcedônia tem sido o divisor de águas entre o verdadeiro e o falso cristianismo. Conforme elaborada e discutida em profundidade por Anselmo de Cantuária, Martinho Lutero, João Calvino, Karl Barth e centenas de outros, a Definição de Calcedônia – embora vista como obsoleta por muitos – continua sendo o modelo clássico para a Cristologia, porque procura ser fiel às Escrituras.* (Horrel, citado por Myatt; Ferreira, 2002, p. 150)

Essa coabitação íntima, absoluta e eternamente inseparável do Verbo criador de todos os seres com uma pura criatura humana, com o intuito em instruir publicamente, sofrer e morrer nela, é um ato do amor do Deus Pai para com toda a humanidade (Willermoz, 2016). O Filho Unigênito de Deus prestes a expirar bradou: "Pai nas tuas mãos entrego o meu espírito" (Bíblia. Lucas, 2018, 23: 46). Três dias depois, questionou-se: "Por que buscais entre os mortos aquele que está vivo?" (Bíblia. Lucas, 2018, 24: 5). Dias depois, foi declarado: "Este mesmo Jesus, que dentre vocês foi elevado ao céu, voltará da mesma forma como o viram subir" (Bíblia. Atos, 2018, 1: 11).

4.2 Níveis da teologia: profissional, pastoral e popular

O universo acadêmico no século XXI pode fazer uso de diversos recursos para realizar suas pesquisas e descobertas. No âmbito das ciências humanas, é possível projetar e construir espaços/laboratórios para cada vez mais proporcionar aos alunos o avanço no aprendizado por meio de exames cada vez mais minuciosos a respeito da saúde humana, por exemplo. Na teologia, se classificada como ciência, é possível pensar nela sob algumas perspectivas para continuarmos a analisar este universo, que abrange o mundo real e o sobrenatural.

Sobre a formalidade que pode envolver o estudo da teologia, lembramos que o debate acerca dela e seus desdobramentos já ultrapassa ao menos dois milênios. Estudá-la não consiste apenas em ouvir explicações a respeito de textos bíblicos que produzem pontos de vista semelhantes ou diferentes. Dedicar-se ao estudo dela pode nos levar à perspectiva científica, buscando-se analisar e organizar dados para emitir um parecer.

Contudo, pode também levar ao aprofundamento de convicções religiosas a serem vivenciadas e defendidas de modo eclesiástico e confessional. Se observada no âmbito acadêmico, pode abrir horizontes com relação a vários temas e assuntos, com conteúdo programático diferente a ser seguido para que as teologias produzidas nesse espectro sejam reconhecidas como profissionais (Silva; Junqueira, 2014).

A diversidade religiosa que experimentamos no século presente parece não estar contemplada de modo amplo em boa parte dos cursos acadêmicos reconhecidos de teologia. O processo de reconhecimento público da teologia poderia ter maior relevância se, na sociedade como um todo, não fossem identificados casos de escândalos e violências em meio a personagens públicos no mundo da prática religiosa (Pauly, 2006).

A teologia pode, às vezes, parecer vestida com paramentos religiosos antigos e produzir mais risco do que interesse. Trajar roupa do momento histórico sem trair sua vocação de fidelidade à tradição é uma perspectiva que ainda nos desafia.

O aluno de Teologia é chamado, desde o momento em que ingressa no universo acadêmico, a uma tarefa exigente e ingente no sentido de continuamente ser preciso refazer esquemas mentais e linguagens supostamente defasadas para falar com maior contemporaneidade a quem se dedica a analisá-la e a seus coetâneos (Libanio; Murad, 2007). Sob essas observações, para fins didáticos, propomos uma abordagem nesta seção que considere a teologia sob três perspectivas: a profissional, a pastoral e a popular.

Pensando na teologia sob a perspectiva profissional, a atuação de teólogos pode ser semelhante à desenvolvida por clérigos, sacerdotes, padres, pastores, mestres espirituais etc. Por exemplo, em instituições de saúde e corporações militares, teólogos podem celebrar cultos ecumênicos e prestar apoio espiritual a pacientes e a funcionários/membros. Além do serviço assistencial, pode ser exercida a docência formal ou informal. Na área de ciências humanas, como sociologia, antropologia e psicologia, os teólogos podem contribuir com seus conhecimentos, percepções e experiências.

Na docência e na própria assistência social, o teólogo pode dedicar-se ao aprofundamento do conhecimento relacionado a grupos específicos da sociedade, como os grupos indígenas. Ele pode, com a ajuda da antropologia, procurar compreender as razões que levam à prática de rituais e tradições e buscar descobrir como se estabeleceram dogmas específicos em meio à cultura. O teólogo profissional pode se especializar em algum curso voltado à aprendizagem de idiomas para dedicar-se à interpretação e à tradução de textos sagrados para idiomas que ainda não tenham versões escritas em suas línguas nativas.

O diálogo da teologia com o universo acadêmico precisa ser nutrido por todas as ciências, e ela, por sua vez, deve estar disposta a passar por questionamentos e confrontos com debatedores, por mais ríspidos que possam ser. Na esfera intelectual, sob uma conduta ética e diplomática, pode haver crescimento e amadurecimento de todos os envolvidos nesse processo. Trata-se de uma tarefa de ordem epistemológica e pedagógica, mas tal relação pode ser vista também em uma espécie de paralelismo teórico e metodológico (Passos, 2006).

Sob a perspectiva teológica pastoral, uma realidade voltada mais ao segmento cristão, o teólogo pode atuar cuidando da aplicação prática dos ensinamentos teológicos junto à comunidade eclesiástica sob o cunho pastoral (seja no ambiente católico, seja no protestante, seja em outras confissões cristãs). A ação pastoral sob diretrizes teológicas coerentes pode contribuir em acompanhamentos em questões familiares por meio de aconselhamentos. A vida cotidiana da comunidade, principalmente com relação às instruções eclesiásticas e sociais dos fiéis (leigos ou clérigos), pode tornar-se relevante e salutar para que sejam evitadas práticas impróprias e insalubres no convívio familiar e comunitário.

As práticas impróprias mencionadas, que, em muitos casos, são identificadas como problemas sociais, seriam, entre outras, consumo de drogas e entorpecentes, alcoolismo, violência doméstica, suicidas em potencial, envolvimentos com segmentos do crime organizado, racismos e xenofobia. Trata-se da descrição de uma realidade social conflituosa que, em parte, pode ter ligação com a relação de atitudes que muitas pessoas teriam, conforme o apóstolo Paulo escreve a Timóteo:

> *Nos últimos dias, sobrevirão tempos terríveis. Os seres humanos serão egoístas, avarentos, presunçosos, arrogantes, blasfemos, desobedientes aos pais, ingratos, ímpios, sem amor pela família, irreconciliáveis, caluniadores, sem domínio próprio, cruéis, inimigos do bem, traidores, precipitados, soberbos, mais amantes dos prazeres do que amigos de Deus, tendo aparência de piedade, mas negando o seu poder.* (Bíblia. 2 Timóteo, 2018, 3: 1-5)

No âmbito social, a atuação pastoral de um teólogo profissional pode dedicar-se a obter bons resultados tanto na esfera acadêmica, contribuindo com pesquisas e práticas em segmentos específicos da sociedade, quanto no desenvolvimento da espiritualidade em meio aos jovens e adolescentes, por exemplo. Uma pessoa com formação teológica acadêmica e com respaldo de seu segmento religioso quanto à veracidade de sua vocação eclesiástica pode contribuir com a harmonização de lares e do convívio comunitário. Em termos pastorais, o teólogo pode recorrer a mais um esclarecimento que Paulo faz a Timóteo por meio de sua segunda carta sobre a importância da Escritura Sagrada: "ela é inspirada por Deus e útil para o ensino, para a repreensão, para a correção e para a instrução na justiça" (Bíblia. 2 Timóteo, 2018, 3: 16).

Quando pensamos em como poderia ser definida a expressão *teologia popular*, temos em mente algumas lembranças de frases utilizadas no convívio em sociedade que remetem a algum tipo de crença e fé, mas que, por vezes, são consideradas ditos verbalizados sem que haja uma expressão de vida religiosa formal ("graças a Deus", "vai com Deus", "castigo de Deus" etc.). Nesse sentido, surgiram, e podem surgir, teologias baseadas em crendices que se transformam em tradições, como benzimento anual de um veículo ou simpatias para gerar ou desfazer um relacionamento amoroso. Dessas práticas despontam teologias que podem ser identificadas como *populares*.

A teologia das doutrinas seria a teologia dos sábios; a teologia dos relatos seria a popular. Há quem entenda que a teologia adotada por Jesus Cristo foi a popular. Com base na geografia, nas condições climáticas e na agricultura, Jesus procurava ensinar seus seguidores:

Quando vocês veem uma nuvem se levantando no ocidente, logo dizem: "Vai chover", e assim acontece. E quando sopra o vento sul, vocês dizem: "Vai fazer calor", e assim ocorre. Hipócritas! Vocês sabem interpretar o aspecto da terra e do céu. Como não sabem interpretar o tempo presente? Por que vocês não julgam por si mesmos o que é justo? (Bíblia. Lucas, 2018, 12: 54-57). Vocês não dizem: "Daqui a quatro meses haverá a colheita"? Eu lhes digo: Abram os olhos e vejam os campos! Eles estão maduros para a colheita. Aquele que colhe já recebe o seu salário e colhe fruto para a vida eterna, de forma que se alegram juntos o que semeia e o que colhe. Assim é verdadeiro o ditado: "Um semeia, e outro colhe".
(Bíblia. João, 2018, 4: 35-37)

A forma didática de Jesus incluía eventos e épocas reais que poderiam ser compreendidos por seus ouvintes. Jesus é descrito pelos quatro evangelistas (Mateus, Marcos, Lucas e João) como alguém que ensinou com seu exemplo e sua simplicidade, por meio de seu modo de viver e, principalmente, de seu relacionamento com os homens da religião e com muitas pessoas a quem a religião (a daquele tempo e a de agora) ignorava, maltratava e até condenava.

Há uma perspectiva de interpretação que entende que Jesus teria mostrado à humanidade o que é ser um homem obediente a Deus e o que é ser Deus. Tanto no que diz respeito a aspectos sociorreligiosos como no que se refere a aspectos sociocomunitários, Jesus teria sido o precursor em comunicar sua teologia de modo popular a seus seguidores.

Há ainda outra perspectiva a ser ponderada quanto ao estabelecimento de alguma teologia. Podemos pensar em uma teologia especulativa e outra narrativa. Elas também fariam parte do cenário do Novo Testamento. Talvez o exemplo ideal a ser analisado seja a maneira especulativa como o apóstolo Paulo expressa suas considerações em algumas de suas cartas, e o exemplo mais destacado de uma teologia narrativa seria encontrado nos evangelhos. Elas não excluem uma à outra, podendo até mesmo, em certo sentido, ser complementares.

4.3 Teologia fundamental e teologia bíblica

O apóstolo Tomé se lançou em um desafio narrado pelo Evangelho de João que pode parecer uma manifestação de falta de fé, mas é com base na declaração atribuída a ele que vamos pensar sobre o que vem a ser teologia fundamental. Tomé disse: "Se eu não vir as marcas dos pregos em suas mãos, não colocar o meu dedo onde estavam os pregos e não puser a minha mão no seu lado, não crerei" (Bíblia. João, 2018, 20: 25).

O elemento básico nessa perspectiva teológica seria pensar por quais razões uma pessoa precisa crer em Deus e em Jesus Cristo como Filho de Deus e Salvador do mundo. No segmento cristão católico apostólico romano, seriam questionadas, ainda, as razões que haveria para uma pessoa dar crédito aos ensinamentos da Igreja Católica.

Tomé mencionou o que seus olhos precisariam ver e o que seu dedo precisaria tocar. Se a fé tiver de ser construída sobre algum fundamento visível, ela poderá ser questionada, pois estará em contradição com a narrativa de Hebreus (11: 1): "a fé é o firme fundamento das coisas que se esperam, e a prova das coisas que se não veem" (Bíblia, 2018). A questão seria considerar que a razão precisa exercer sua função. Tomé precisava que suas dúvidas fossem esclarecidas, além do fato de ele expressar o desejo de tocar em Jesus.

A teologia se utiliza de elementos diversos para estudar a fenomenologia pertencente ao universo da religiosidade. De certa maneira, podemos pensar que a fé é construída. Ela, por sua vez, teria de estar fundamentada em critérios objetivos, que deem credibilidade às suas proposições. O seguidor da fé cristã pode ser alimentado por meio de exemplos de terceiros ou de experiências próprias sem que em primeira instância haja uma justificativa para tal. Nessa perspectiva, é possível identificar a formação de uma teologia básica e comum a todos.

Quando pensamos em uma teologia básica, verificamos que se estabeleceu no segmento cristão uma teologia fundamental como ramificação da teologia católica. Ela buscava sustentar o fato de que Deus concedeu uma revelação sobrenatural e estabeleceu a Igreja Católica como seu custodiante e intérprete divinamente autorizado. Esse fenômeno acontece da mesma forma em outras religiões que também produziram suas teologias fundamentais para dar base às suas doutrinas e práticas.

Temos alguns exemplos a analisar quanto às teologias fundamentais das religiões. Pensando sobre os judeus, lembramos que Moisés recebeu duas tábuas que formaram os dez mandamentos, que ainda hoje servem de referência principal para o exercício da devoção da fé judaica. No caso do islamismo, Maomé (570-632 d.C.) teria recebido revelações subsequentes e, depois delas, sistematizou a crença islâmica, que também tem seu fundamento nesse episódio.

Há o exemplo do adventismo, segmento religioso cuja fundação contou com a participação da profetiza Ellen White (1827-1915 d.C.), com seus talentos espirituais e intelectuais. Ela se tornou um personagem proeminente da teologia fundamental do adventismo, que tem como um dos fundamentos principais "a guarda" do sábado (White, 2019).

Em tese, a teologia fundamental olha para um simples fiel ou para um iniciante de um curso de Teologia e lança a seguinte pergunta: O que leva uma pessoa a crer em Deus/deuses em meio ao ceticismo e ateísmo da época em que vivemos? No cenário religioso e na condição sociocultural em que vivemos atualmente, quais desafios o cristão enfrenta para crer ou manter sua crença com lucidez e honestidade?

Na essência da teologia latino-americana, a teologia fundamental lança primeiro o olhar para a situação real e concreta. Descobre nela positividades e negatividades que possam interferir na compreensão/assimilação da fé e sobre ela reflete à luz do grande projeto salvador de Deus. Assim teria nascido a teologia fundamental sob a perspectiva cristã católica (Libanio, 2014).

A dimensão religiosa em uma vida em comunidade influencia e também é influenciada por aspectos culturais em meio à sociedade. No caso específico da cultura urbana moderna, parece haver um embate contra o imaginário religioso tradicional. A teologia fundamental está inserida nesse universo cultural. Ao conhecê-lo, pelo menos de modo sumário, brotam perguntas à fé com que a teologia fundamental trabalha (Libanio, 2014).

Na teologia, reportamo-nos à ideia de que, por alguma razão, o ser humano, em algum momento de sua vida, terá à sua frente um exemplar das Escrituras Sagradas. Diante delas, ele terá a oportunidade de acessá-las e analisá-las. As Escrituras também são um elemento teológico fundamental para os cristãos.

Historicamente, desde os tempos antigos, há sempre alguém se dedicando a traduzi-las e a levá-las a pessoas e povos que ainda não as conhecem. As respostas que o ser humano procura poderão ser encontradas nelas, ainda que não por completo, mas o suficiente para conduzi-lo a um encontro com o Criador. Podemos nos basear no princípio de que esse processo terá início na esfera racional e, em seguida, entrará no universo místico.

Recorremos às experiências que Jacó teve e ao que ele confessou: "o Senhor Deus está neste lugar, e eu não sabia disso" (Bíblia. Gênesis, 2018, 28: 16). Em seguida, declarou: "Não te deixarei ir, a não ser que me abençoes" (Bíblia. Gênesis, 2018, 32: 26).

Essa é uma perspectiva teológica que esboçamos para termos uma noção de que a teologia bíblica, em princípio, é dependente do que está escrito em algum lugar da Sagrada Escritura, que, por fim, nos levará a agir e a tomar decisões. A base para nossa perspectiva pode ser o texto escrito pelo apóstolo Paulo ao seu companheiro de fé Timóteo: "Toda a Escritura é inspirada por Deus e útil para o ensino, para a repreensão, para a correção e para a instrução na justiça" (Bíblia. 2 Timóteo, 2018, 3: 16).

A teologia bíblica envolve muitos aspectos, mas, em termos introdutórios, ela procura estudar os textos sagrados analisando aspectos relativos a texto, gênero literário, autoria, data, contextos histórico, geográfico, social e cultural, destinatário e mensagem teológica. Ela procura organizar todos os elementos do texto usando técnicas exegéticas para interpretar o texto com vistas a aplicá-lo na época em que ele for lido. Ademais, ela codifica e classifica os fatos da revelação vistos em seu contexto histórico até o fim do período apostólico (Brunelli, 1999).

Em termos históricos, a Bíblia é uma composição de livros que precisam ser estudados observando-se que houve uma evolução progressiva na produção dos textos até que se chegasse ao formato que conhecemos atualmente, tanto na versão católica apostólica romana quanto na versão protestante. Há diferença com relação à quantidade de livros, e alguns textos apresentam divergências em sua forma. Com relação ao conteúdo, é possível que haja a mesma intenção, mas, quanto à forma, há versões que têm apresentado diferenças consideráveis em seus textos. A título de pesquisa, convém ler o Livro de Daniel nas versões protestante e católica e buscar identificar quais são as diferenças e quais seriam as razões de elas serem diferentes. Por exemplo, no Capítulo 3, há uma diferença em relação à quantidade de versículos entre as versões.

Embora possa estudar/analisar textos de modo temático e/ou sistemático, a teologia bíblica é diferente da teologia sistemática, porque pode ser entendida como indutiva, fazendo-se uma análise acurada para que se chegue a conclusões e aplicações honestas e equilibradas, tanto no convívio eclesiástico quanto no sociocomunitário. De modo geral, a teologia bíblica realiza a exegese de textos bíblicos como afirmação primeira, elaborando daí em diante afirmações decorrentes.

Há algumas maneiras de se dedicar a essa forma de analisar a Bíblia. Basicamente, estudamos o Antigo Testamento e procuramos, de modo panorâmico, entender qual seria a mensagem geral transmitida e quais seriam as mensagens peculiares a cada época: a gênese do mundo, o período dos patriarcas, a história do povo de Israel, a figura e as mensagens dos juízes, profetas e reis etc. Estudamos também o Novo Testamento, com o diferencial em relação à vida e à obra de Jesus Cristo, o Messias, por meio dos Evangelhos, divididos em sinóticos e quarto evangelho, do Livro de Atos, das epístolas apostólicas e do livro das revelações, denominado *Apocalipse*, o livro do fim de todas as coisas.

No caso do Novo Testamento, consideramos que cada um dos livros apresenta uma mensagem peculiar ao livro e aspectos genéricos interligados a outros textos de outros autores e em datas distintas, com relação ao período (ano ou anos) em que o livro foi composto. Aqui, surge espaço para refletir sobre arranjos literários que podem ter sido feitos para que os livros bíblicos chegassem ao formato que são conhecidos atualmente.

Há uma perspectiva de interpretação que considera que não há uma teologia bíblica unificada. Haveria, sim, teologias que, durante a história, tornaram-se tradições bíblicas e vêm sendo adotadas como forma de conduta por cristãos e por simpatizantes ao cristianismo. Mesmo no Antigo Testamento, encontram-se as teologias dos livros históricos, e estas ainda se subdividem em outras teologias de acordo com o método de pesquisa empregado, além das teologias dos escritos proféticos e dos escritos sapienciais.

A teologia bíblica se dedica a extrair uma hermenêutica com base nos textos bíblicos, sendo necessário um estudo responsável para tentar compreender o sentido do texto em seu contexto, o caráter original e o valor da mensagem transmitida pelo autor original. Além disso, quando o texto é estudado, é possível extrair o máximo dele com base em seu sentido original para transmitir ao leitor/ouvinte uma interpretação relevante, equilibrada e coerente. Isso inclui aspectos transcendentes (espirituais), intelectuais, históricos, sentimentais, sociais e morais.

Como exemplo da produção de uma teologia nesses moldes, podemos pensar na liberdade dada ao ser humano com relação à tomada de decisões a respeito de sua vida: "Eis que, hoje, eu ponho diante de vós a bênção e a maldição" (Bíblia. Deuteronômio, 2018, 11: 26). Essa perspectiva tem como princípio o exercício do livre arbítrio. Na história cristã, têm surgido pensadores com teologias distintas a partir de um mesmo texto.

Por exemplo, um dos ladrões da cruz pediu a Jesus que se lembrasse dele quando entrasse em seu Reino (Bíblia. Lucas, 2018, 23: 42-43). Como seria esse Reino? Qual foi a resposta de Jesus? Jesus respondeu: "Em verdade te digo que hoje estarás comigo no Paraíso" (Bíblia. Lucas, 2018, 23: 43). Como podemos entender esse *hoje* e o que podemos pensar sobre esse *Paraíso*? Trata-se apenas de dois versículos, mas há uma diversidade de opiniões teológicas a respeito do *Reino*, do *hoje* e do *Paraíso*.

Evaldo Pauly (2006) afirma que ainda há um embate na teologia contemporânea sobre a liberdade do ser humano com relação ao que pensa sobre desfrutar de sua vida. Essa liberdade tem sido analisada para verificar se ela é real ou se é um mito. Com relação a esse assunto, foi desenvolvida uma teologia para investigar se ela é um servo-arbítrio ou uma liberdade determinada (Pauly, 2006).

Em meio a essas considerações a respeito da teologia fundamental e da bíblica, percebemos que elas são interdependentes e podem gerar amadurecimento acadêmico e experiências de fé.

4.4 Teologia sistemática

No século XXI, temos presenciado um avanço tecnológico que, de algum modo, tem influenciado boa parte da humanidade em seu modo de viver. Nas grandes cidades, os fios se cruzam a partir dos postes e vão conduzindo energia a lugares longínquos, impossíveis de se imaginar em séculos anteriores. Os satélites são lançados no cosmos, com a função de transmitir mensagens o mais rápido possível. Em meio a esse universo tecnológico que interliga praticamente todos os cantos do planeta, emergem situações inesperadas e, em razão dos imprevistos nas redes de comunicação, passou-se a dizer "o sistema está fora do ar". Por vezes, em tempos modernos, essas falhas de comunicação ou transmissão de dados têm causado alguns desconfortos para as pessoas tanto das pequenas quanto das grandes cidades.

As Escrituras Sagradas têm sido estudadas a ponto de alguns pesquisadores tentarem decodificá-las como se fossem um sistema de códigos a ser decifrado. Quando pensamos em estudar os textos bíblicos, podemos fazê-lo sob algumas motivações. Considerando cada um de nós como alguém que está em formação, nossa primeira referência sobre aspectos religiosos normalmente é o ambiente familiar. A seguir, no convívio social, deparamo-nos com pessoas que podem apresentar convicções e percepções religiosas diferentes das nossas. Esse processo de aprendizado, por vezes, parece gerar em nós uma espécie de sistematização. Se, por acaso, não aprendermos nada a respeito de religião, seremos identificados como analfabetos com relação ao conhecimento religioso. Se, porventura, formos ensinados a seguir e obedecer a alguma religião, teremos uma noção básica, que poderá ser superficial ou mais aprofundada, dependendo da relevância que os textos sagrados, bíblicos ou não (no caso, de outras religiões), tiverem em nossa vida.

Quando mencionamos a palavra *sistema* e a frase "o sistema está fora do ar", inclinamo-nos a pensar que muitos assuntos não nos são ensinados ou explicados de modo mais claro e compreensível. Acreditamos que isso pode nos levar a estudar escritos bíblicos e temas teológicos sob uma perspectiva mais literal, por meio de textos bíblicos, ou mais acadêmica, verificando aspectos literários variados, como a produção do texto, a forma como poderia ser relacionado a outros textos e o tipo de interpretação e interação que poderia haver entre eles. É nesse sentido, portanto, que muitos assuntos e temas bíblicos passaram a ser estudados, ou seja, houve uma sistematização na coleta de informações e na forma de estudar, interpretar e aplicar os textos.

O estudo das religiões e do que acontece nelas pode se valer de uma perspectiva que contemple temas diversos, os quais possam ser investigados por meio de uma referência (teologia) fundamental e formar uma estrutura literária temática, que também poderá ser identificada como sistemática. Nesse cenário, surge a teologia sistemática, que se esforça para, de modo organizado, informar sobre os principais temas da fé cristã, seguindo, com frequência, o padrão do credo dos apóstolos. Esse credo tem como base a doutrina a respeito de Deus e passeia por doutrinas como cristologia, pneumatologia, soteriologia e hamartiologia, alcançando até mesmo a escatologia, assuntos apocalípticos do Apocalipse (Matos, 2018).

Entre os muitos concílios cristãos que aconteceram desde os primeiros séculos da Era Cristã, destacamos alguns no Quadro 4.1. Nesses concílios, foram feitas reuniões para debater acerca da formação do cânon bíblico e de outros assuntos pertinentes à fé cristã. Foram eventos com intensa argumentação até que se chegasse a conclusões que perduram até a presente época (Ryrie, 1994).

Quadro 4.1 – Principais concílios

Cidade	Ano	Tema	Região
Jerusalém	51 d.C.	Recomendações aos gentios.	Israel
Niceia	325 d.C.	Relação Deus Filho e Deus Pai.	Ásia Menor
Constantinopla	381 d.C.	Condenou o apolinarismo.	Ásia Menor
Hipona	393 d.C.	Definição do cânon bíblico.	Argélia
Éfeso	431 d.C.	Duas pessoas distintas no Cristo encarnado.	Ásia Menor
Calcedônia	451 d.C.	Repudiou a doutrina de Eutiques.	Ásia Menor
Constantinopla	553 d.C.	Controvérsia dos Três Capítulos.	Ásia Menor
Constantinopla	680 d.C.	Repudiou o monotelismo.	Ásia Menor
Niceia	787 d.C.	Restaurou a veneração e condenou a iconoclastia.	Ásia Menor
Trento	1546 d.C.	Aprovação do cânone da moderna Bíblia católica, que inclui os livros deuterocanônicos.	Itália

Fonte: Elaborado com base em Douglas, 1995; Ferreira; Myatt, 2007; Costa; Martins, 2010.

Sob a perspectiva bíblica, temos o encontro realizado em Jerusalém relatado no Livro de Atos, no Capítulo 15, quando os apóstolos reunidos debateram alguns temas para decidirem que tipo de orientação seria dada aos gentios quando eles se tornassem seguidores de Cristo. Esse teria sido o primeiro concílio/assembleia oficial da Era Cristã (ano 51 d.C.).

Alguns temas como a humanidade e a divindade de Cristo, a relação entre o Pai, o Filho e o Espírito Santo, a relevância dos textos considerados apocalípticos, entre outros, tornaram-se centrais nas discussões temáticas entre os participantes nesses concílios. Foi a partir dessas discussões no segmento cristão que surgiram perspectivas formais de estudo dos aspectos doutrinários relativos à Igreja.

Zacarias Severa (1999), analisando o universo doutrinário da Igreja, defende que o ser humano poderia refletir sobre a revelação que Deus dá de si mesmo e, com base nisso, seria possível elaborarmos uma explicação racional sobre os fatos pertencentes a esse universo. Nessa perspectiva é que surgiu o entendimento de que a teologia "é o estudo e a declaração cuidadosa e sistemática da doutrina cristã" (Severa, 1999, p. 2).

Augustus Nicodemus Lopes (citado por Ferreira; Myatt, 2007) comenta que a teologia sistemática se preocupa em analisar os textos bíblicos dentro de categorias temáticas, encaixando-os a cada passagem bíblica correspondente. A função da teologia sistemática na teologia cristã seria a de formular descrições ordenadas, racionais e equilibradas acerca da fé cristã e de suas crenças.

Wayne Grudem (2020, p. 1) explica que teologia sistemática diz respeito a qualquer estudo que responda à pergunta "O que a Bíblia como um todo nos ensina hoje?", com relação a qualquer tópico. Segundo o autor, é necessário estudá-la compilando e entendendo todas as passagens bíblicas relevantes em qualquer assunto

(Grudem, 2020). Langston (2019) comenta que não há na Bíblia uma teologia sistemática já feita e ordenada, mas há os fatos com os quais ela pode ser organizada e sistematizada.

Há temas com o *status* de disciplinas específicas estudadas pela teologia sistemática, como a pneumatologia, que estuda a pessoa do Espírito Santo de Deus como a terceira pessoa da Trindade, abordando sua relação com Jesus Cristo, o Filho, e Deus, o Pai, ao mesmo tempo que se dedica a esclarecer sua relação com o ser humano (Ryrie, 1994), sob a perspectiva da criação, da redenção e da transformação da humanidade pelo exercício da fé.

O modo de análise que se adota na teologia sistemática não permite que temas ou doutrinas das Escrituras sejam interpretados sob perspectivas particulares (pessoais). Ela, mesmo que sistematizada, observa a integralidade das Escrituras. O trabalho realizado por meio dela considera todos os conceitos que tenham alguma ligação com ela para que seja realizado um estudo organizado e imparcial.

Por exemplo, quando estudamos o tema *morte*, deparamo-nos com diversos textos e pareceres teológicos distintos a respeito do significado de *morte*. Como podemos entender a passagem "ainda que morra, viverá" (Bíblia. João, 2018, 11: 25) e também outra, dita por Jesus: "se alguém guardar a minha palavra, jamais verá a morte" (Bíblia. João, 2018, 8: 51)? Afinal, passar pela morte física faz parte da existência física do ser humano. O que pensar quando lemos "E o pó volte à terra, como o era, e o espírito volte a Deus, que o deu" (Bíblia. Eclesiastes, 2018, 12: 7)?

Podemos pensar que a teologia sistemática é um instrumento teológico muito importante para a história cristã e para todos aqueles que querem investigar temas diversos. Há de se atentar ao contexto original em cada texto, mas o tema em si é o alvo do estudo. Podemos citar como exemplo a angelologia e a demonologia, o estudo sobre anjos e demônios, respectivamente. Quantas vezes, em quais ocasiões e por quais razões anjos e demônios são mencionados nas Escrituras Sagradas?

Cada um de nós pode adotar uma metodologia. Primeiramente, podemos, por exemplo, pesquisar na Torá, depois nos livros históricos, em seguida na literatura sapiencial, nos profetas maiores e, por fim, nos menores. Analisando dessa forma, cobriremos todo o Antigo Testamento. Podemos anotar em qual dessas seções bíblicas eles aparecem mais vezes, com quem eles se comunicam. Com relação ao Novo Testamento, temos a opção de pesquisar sobre quantas vezes eles aparecem diante de Jesus, em que contexto e o que fazem.

A dinâmica da teologia sistemática é adotada pelo intérprete. No caso de Paul Tillich, por exemplo, ele faz uso de um método de correlação, isto é, correlaciona perguntas existenciais e respostas teológicas simbólicas de modo que uma participa da outra e mantém uma relação de dependência (Emílio, 2010). Entendemos que essa é uma perspectiva que pode servir de base para analisarmos temas mais complexos e que as respostas não são apresentadas sem que seja realizada uma reflexão mais acurada.

Por exemplo, no Livro de 1 Samuel, no Capítulo 28, há uma perícope que tem tido interpretações diferenciadas. Saul, rei de Israel, consulta uma feiticeira: "E Saul se disfarçou, e vestiu outras roupas, e foi ele com dois homens, e de noite chegaram à mulher; e disse: Peço-te que me adivinhes pelo espírito de feiticeira, e me faças subir a quem eu te disser" (Bíblia. 1 Samuel, 2018, 28: 18). Na história de Israel e em suas leis, esse tipo de consulta era abominável. O que teria levado Saul como rei a agir assim?

Teríamos, ainda, outras considerações a fazer quanto à importância de estudarmos a teologia sistemática. Mas, daqui em diante, vamos tratar do que viria a ser a teologia prática. É um ramo de estudo da teologia que diz respeito à vida acadêmica, eclesiástica ou comunitária? Será que há definições que nos esclareçam o que seria uma teologia prática? Esse é nosso próximo desafio.

4.5 Teologia prática

Quando nos propomos a pensar sobre teologia, precisamos estar atentos que não é incomum encontrar objetivos diferentes entre as pessoas que a estudam. Em princípio, o conteúdo a ser abordado é elaborado conforme a cosmovisão da pessoa/instituição. Quanto a aspectos acadêmicos, de acordo com os órgãos públicos reguladores, como o Ministério da Educação, as disciplinas básicas a serem estudadas na grade horária são oferecidas por praticamente todas as instituições que ofertam o curso de Teologia. Embora haja um conteúdo formal comum no ambiente acadêmico, os objetivos podem ser diferentes.

Estudar a teologia prática é uma tarefa que requer certa sensibilidade e cientificidade. A questão sensível é o fato de que há segmentos religiosos diversos, com práticas diversas para exercer sua fé e devoção ao seu Deus/deuses. Do ponto de vista da ciência, cabe analisar os argumentos de todos e ponderar sobre possíveis concordâncias e discordâncias. Por exemplo, o exercício da caridade é um elemento teológico, mas também social e humanitário. O apóstolo Tiago escreve em sua carta que "a fé sem obras é morta" (Bíblia. Tiago, 2018, 2: 26).

Paulo Alves (2014) comenta que a caridade parte da iniciativa de cada um e está dependente de uma dinâmica pessoal de constante esforço. Para corporizar essa noção, vale observar a descrição que o Livro de Atos nos fornece a respeito da comunidade de Jerusalém, em que não havia pobres e necessitados em virtude da comunhão de bens entre todos (Bíblia. Atos, 2018, 4).

Lothar Carlos Hoch (citado por Schneider-Harpprecht; Zwetsch, 2011) esclarece que, segundo Tillich, a teologia prática fornece um instrumental técnico para que os conhecimentos extraídos das demais disciplinas teológicas possam ser aplicados de modo eficaz à realidade eclesiástica e paroquial.

James R. Farris (2010, p. 58) afirma que, na cultura moderna ou pós-moderna, a teologia prática é compreendida como "superstição sistematicamente articulada". Ele entende que essa perspectiva teológica, como disciplina formal, é quase desconhecida ao nível da igreja (paróquia) local (Farris, 2010).

De acordo com Schneider-Harpprecht e Zwetsch (2011), a teologia prática surgiu na Europa em meio à ascensão da burguesia, ao desenvolvimento industrial e aos movimentos iluminista e romântico. Modelos teológicos passaram a ser influenciados por experiências e ações concretas. Um modelo que poderia ser analisado é aquele que desenvolvia nas pessoas atitudes éticas e habilidades intelectuais, acessando e interpretando diferentes informações e conhecimentos.

Em termos históricos, na teologia há uma perspectiva segundo a qual, na base do ateísmo moderno, o Deus imutável e onipotente esteve presente como um motor imóvel. Mas esse Deus teria se revelado em Cristo, assumindo a história do mundo. Nesse *assumir a história* estaria a prática do Deus Salvador, que deixa de ser espectador e, a partir de então, torna-se o personagem central da história humana.

A impossibilidade de pensar em Deus pela cultura moderna e a negação de sua existência estariam vinculadas à imagem dele que se oferece à nossa reflexão. Conforme Arnaldo de Pinho (2012), o homem contemporâneo seria especialmente alérgico a um Deus que só é pensável como absolutista, o que o distinguiria de seus antepassados medievais. Devemos considerar que essa é uma perspectiva de alguém que está envolvido por um contexto específico e faz parte de um cenário religioso também específico. É interessante pensar que a teologia prática pode ter percepções diferentes dependendo do ambiente em que o teólogo/estudioso de teologia esteja inserido.

Como estudo de caso, podemos observar a teologia prática sob a realidade católica portuguesa. A teologia prática estuda a catequese, o governo e as ações de santificação ou de outra natureza da Igreja Católica no mundo. Analisa também o modo como a Igreja comunica sua fé e suas verdades. Ela pode ser abordada por partes.

Com relação à liturgia, a teologia prática estuda os múltiplos ritos ou atos de adoração e o culto da Igreja em suas mais diferentes expressões – sacramentos (sendo tratados pela teologia sacramental), orações, missa etc. –, incluindo, no caso católico, os de piedade popular, como devoções e dias santos.

Quanto ao direito canônico, a teologia prática se refere aos mandamentos dados por Jesus Cristo à Igreja, como sociedade hierarquizada, e ao poder da Igreja de legislar (direito canônico).

Em termos espirituais, a teologia prática estuda a trajetória do espírito humano para atingir a perfeição e a santidade. Essa perspectiva teológica engloba o ascetismo, cujo objeto é a teoria e a prática da perfeição cristã até os umbrais da contemplação infusa. Além disso, estuda também a questão mística, cujo objeto é a teoria e a prática da vida contemplativa.

Em sua ação pastoral, a teologia prática cuida da aplicação dos ensinamentos teológicos à ação da Igreja e à vida cotidiana de cada crente, incluindo sua formação.

Hoch (1992) afirma que a investigação a respeito da relação entre a teologia prática e outras disciplinas no universo teológico tem despertado interesse em estudiosos como o teólogo Karl Rahner. Segundo Rahner (citado por Hoch, 1992), essa perspectiva precisa ser pastoral e teológica. Hoch (1992) também observa a percepção de Norbert Greinacher, que vê a teologia prática como intermediadora do diálogo com a reflexão da teoria teológica.

A teologia prática pode auxiliar no desenvolvimento de competências como administração eclesiástica, aconselhamento, ensino, entre outras, com o intuito de cooperar de modo diverso no aprendizado com as teologias nas diferentes culturas, sendo capaz de analisá-las à luz dos diferentes momentos históricos e contextos em que se desenvolvem. Essa perspectiva pode levar à formação de teólogos críticos e reflexivos, capazes de entender a dinâmica do fato religioso que perpassa a vida humana em suas várias dimensões e, também, de intervir no cenário comunitário com ações práticas.

De acordo com Friedrich D. Schleiermacher (citado por Schneider-Harpprecht; Zwetsch, 2011), a teologia se refere à consciência religiosa como dimensão fundamental do ser humano, que, de modo histórico e concreto, via-se em crenças e práticas em igrejas de sua época.

Sobre a contextualização da teologia na atualidade, Rubem Alves (citado por Sanches, 2009, p. 6) afirma:

a educação teológica deveria se abrir para considerar as exigências da realidade secular a fim de relacionar-se com ela e gerar uma consciência que só poderia ser criada no contexto de profundo envolvimento no mundo secular, com suas dores e esperanças. Nesse contexto a educação teológica poderia se tornar uma "prática de liberdade".

A teologia da libertação, como um dos ramos da teologia prática, aparentemente surge sob a influência dessa perspectiva e, ainda, de outras.

Farris (2010) defende que a teologia prática seria a interpretação/reflexão crítica sobre a mensagem cristã em ação. Em termos históricos, essa função era desempenhada por um sacerdote/pároco/pastor. Atualmente, ela é uma teologia de reflexão e ação sobre aquela ação – por exemplo, os trabalhos desenvolvidos em orfanatos e casas de assistência a dependentes químicos.

Há base para esse tipo de trabalho sob diversos aspectos. Nele estão envolvidos princípios sociológicos, filosóficos, terapêuticos, bíblicos e teológicos. Entre as referências das Escrituras, podemos destacar duas: a mencionada por Jesus – "tive fome e me destes de comer" (Bíblia. Mateus, 2018, 25: 35-36) – e a apresentada pelo apóstolo Tiago – "A religião que Deus, o nosso Pai, aceita como pura e imaculada é esta: cuidar dos órfãos e das viúvas em suas dificuldades e não se deixar corromper pelo mundo" (Bíblia. Tiago, 2018, 1: 27).

4.6 Teologia e espiritualidade e outras teologias importantes

Quando consultamos nas Escrituras Sagradas o que está escrito a respeito da criação do mundo, encontramos uma descrição sobre como foi criado o ser humano: "E formou o Senhor Deus o homem do pó da terra, e soprou em suas narinas o fôlego da vida; e o homem foi feito alma vivente" (Bíblia. Gênesis, 2018, 2: 7). Como teria sido esse sopro?

Na língua hebraica, a conjunção *waw* e o verbo *soprar*, *assoprar* (way·yi·paḥ) são traduzidos por "e soprou". O salmista escreve que "o ser humano é semelhante a um sopro; seus dias são como a sombra que passa" (Bíblia. Salmos, 2018, 144: 4).

O *Dicionário Oxford* define *espírito* como a parte imaterial, intelectual ou moral do homem. O termo *espiritualidade* envolve questões quanto ao significado da vida e à razão de viver, não limitado a tipos de crenças ou práticas (Simpson; Weiner, 1989).

Do ponto de vista filosófico, a constituição do ser humano tem sido debatida há mais de dois milênios. O apóstolo Paulo faz uso de uma expressão em sua primeira carta aos coríntios que nos intriga: "entregue a Satanás para a destruição da carne 'σαρκός' [*sarkós*, na língua grega], a fim de que o espírito [pneuma] seja salvo no Dia do Senhor" (Bíblia. 1 Coríntios, 2018, 5: 5). O ser humano tem um espírito? O sopro mencionado no Gênesis pode ser entendido como espírito? E a carne citada por Paulo diz respeito à matéria física do ser humano conforme relata o Livro de Eclesiastes em "o pó volte ao pó..." (Bíblia. Eclesiastes, 2018, 12: 7)?

Marcelo Saad, Danilo Masiero e Linamara Rizzo Battistella (2001) argumentam que mais importante que essa questão, que, aliás, pode ser debatida, é a afirmativa de que o ser humano tem uma *espiritualidade*. Esse termo pode ser definido como um sistema de crenças que enfoca elementos intangíveis, que transmite vitalidade e significado a eventos da vida (Saad; Masiero; Battistella, 2001; Maugans, 1996). A espiritualidade vem sendo identificada como uma importante dimensão na qualidade de vida de uma pessoa. Há cerca de três séculos, a palavra *espiritualidade* passou a ser muito usada no Ocidente cristão (Zilles, 2004).

Segundo Zilles (2004), se examinarmos os múltiplos usos da palavra *espiritualidade*, poderemos encontrar o sentido fundamental da espiritualidade cristã e situá-la no contexto da revelação. Para ele, no judaísmo e no cristianismo, a palavra *espírito*, da qual deriva *espiritualidade*, não designaria o espírito do ser humano, mas o Espírito de Deus, ou Espírito Santo.

Para alguns filósofos, seria mais uma qualidade do que uma entidade. Contrapondo-se à materialidade, refere-se a uma qualidade que transcende toda materialidade. No universo espiritual, Deus, os anjos e a alma são exemplos perfeitos de seres espirituais. Nesse caso, empregaríamos *espiritual* como negação de material. Sob essa perspectiva, *espiritual* seria a qualidade que convém a seres situados fora do espaço e do tempo, nesse caso, via de regra, para a eloquência dos filósofos (Zilles, 2004).

Para conhecer a história dos tratados de espiritualidade, podemos voltar ao século XVI. Naquela época, as pessoas identificadas como espirituais eram desejosas de ampliar seu público e de serem entendidas pelos leigos. Por essa razão, abandonaram a linguagem aristotélica e tentaram se expressar na linguagem popular. Como explica Zilles (2004, p. 11), "alguns textos de São Paulo estimularam certa liberdade em relação a uma espiritualidade por demais especulativa, pois, 'o homem dotado de espírito (espiritual) pode examinar todas as coisas, mas ele não pode ser examinado por ninguém (1Co. 2: 15)'".

Ryrie (1994, p. 1435) comenta que esse "homem espiritual" seria um cristão maduro, guiado e ensinado pelo Espírito de Deus. Lúcia Pedrosa de Pádua (2014), analisando a relação entre teologia e espiritualidade, observa que, a partir do século XII d.C., o estudo sobre a teologia passou a ser mais fragmentado. Segundo Pádua (2014), surgiu uma tendência em diminuir o valor da afetividade e da pessoalidade, com o objetivo de tratar cientificamente as questões referentes à prática da fé. Nesse cenário, a espiritualidade teria deixado de receber da teologia influências a partir do conteúdo bíblico (Pádua, 2014).

Zilles (2004) esclarece que o termo *espiritualidade* foi extraído de uma filosofia, ideologia ou síntese doutrinal para designar a reivindicação de homens que se negavam a identificar-se como meras máquinas. O termo *espiritualidade* foi vinculado ao trabalho, aos doentes, aos médicos e à ação católica. Em outras situações, ele era usado para questões religiosas: a espiritualidade dos sacerdotes, dos leigos etc.

A espiritualidade, antes de tudo, relacionaria o homem finito com a realidade divina, com Deus que se revela na obra da criação e no mistério de Cristo (Zilles, 2004).

Do ponto de vista da religião cristã, em termos didáticos, podemos nos apoiar inicialmente em textos bíblicos e na percepção de teólogos como Zilles (2004), que aborda a espiritualidade sob a possibilidade de considerá-la uma realidade, podendo ser identificada como teocêntrica, cristocêntrica, eclesial, sacramental, pessoal, comunitária e escatológica.

A teocêntrica não diz respeito apenas a uma satisfação subjetiva, nem somente à salvação de uma alma, mas à ideia de entregar-se a Deus e ao seu amor (Bíblia. Salmos, 2018, 37: 5).

A cristocêntrica tem como base o Evangelho de João 1: 3: "Todas as coisas foram feitas por intermédio dele, e, sem ele, nada do que foi feito se fez" (Bíblia, 2018). Cristo é mencionado como responsável por toda a criação em conjunto com o Deus Pai e é por meio dele (Bíblia. João, 2018, 1: 3) e da intercessão dele (João, 14: 26; 17: 9) que se recebe a salvação (Bíblia. Atos, 2018, 4: 12).

A eclesial considera que a Igreja é o lugar no qual Deus, por meio de Jesus e seu Espírito Santo, de modo congregacional e comunitário, faz-se presente de forma que os fiéis possam ter experiências religiosas que lhes confirmem que estão no lugar ideal para expressarem sua devoção ao mesmo tempo que possam servir à comunidade eclesiástica em suas necessidades.

A sacramental acredita que, por meio dos sacramentos, o Senhor Jesus Cristo glorifica ao Pai em sua Igreja e conduz pessoas à salvação eterna. A Igreja Católica definiu, em seu catecismo, que os sacramentos básicos são o batismo, a confirmação, a eucaristia, a penitência, a unção dos enfermos, a ordem e o matrimônio. Na perspectiva protestante, o elemento que pode simbolizar uma demonstração de espiritualidade pública seria o batismo, a partir da referência principal que é o batismo de Jesus Cristo (Bíblia. Mateus, 2018, 3: 16). Além deste, a participação da ceia do Senhor (Bíblia. Mateus, 2018, 26: 26), que varia de acordo com a doutrina e o grupo a que se pertença, também é considerada um sacramento. Os sacramentos são muito importantes, mas só frutificam quando são recebidos com fé e amor e levados à eficiência ética.

A espiritualidade pessoal talvez seja a mais complexa quanto a suas possíveis definições. Temos algumas referências bíblicas para nos nortear no que se refere a algumas práticas que podem envolver questões da fé. O apóstolo Paulo escreve aos romanos que "Um crê que de tudo pode comer, mas o débil come legumes" (Bíblia. Romanos, 2018, 14: 2), "Um faz diferença entre dia e dia; outro julga iguais todos os dias. Cada um tenha opinião bem-definida em sua própria mente" (Bíblia. Romanos, 2018, 14: 5). Essas considerações de Paulo parecem pertinentes quando pensamos em espiritualidade pessoal. Se considerarmos a expressão "Necessário vos é nascer de novo" (Bíblia. João, 2018, 3: 7), dita por Jesus a Nicodemus, podemos pensar que só é fundamental para cada pessoa passar por uma experiência assim.

O Evangelho de João nos mostra que há um novo nascimento a ser experimentado e ele é individual (Bíblia. João, 2018, 3: 3, 5). Uma vez experimentado esse novo nascimento, deveríamos assumir um compromisso contínuo em prosseguir na caminhada da fé (Bíblia. Hebreus, 2018, 11: 6).

Na vida em sociedade, a espiritualidade também se manifesta em meio à comunidade. A espiritualidade comunitária é compartilhada quando uma oração é feita a favor da saúde das pessoas, por exemplo: "Está alguém entre vós doente? Chame os presbíteros da igreja, e estes façam oração sobre ele, ungindo-o com óleo, em nome do Senhor" (Bíblia. Tiago, 2018, 5: 14). Essa forma de pensar sobre a espiritualidade também contempla os conselhos de pessoas experientes a jovens nos momentos de tomada de decisão. A virtude a ser destacada, nesse cenário, seria a do altruísmo.

Do ponto de vista teológico, quando pensamos no conteúdo de profecias e seus cumprimentos, encontramos temas escatológicos à nossa frente. A espiritualidade pode ser identificada como escatológica com relação à expectativa do cumprimento das palavras referidas em relação a Jesus sobre um futuro ainda não acontecido. A espiritualidade inerente à vida cristã também se baseia na esperança. Há uma vigilância cristã requerida a todo seguidor dos ensinamentos de Cristo. Essa atitude faz parte da crença de que Jesus voltará para seus seguidores de alguma maneira (Bíblia. Atos, 2018, 1: 11).

Em termos teológicos, como explica Zilles (2004), a espiritualidade não seria um estado, mas a adoção de uma forma de viver a fé cristã (Bíblia. 1 Coríntios, 2018, 15: 28). A vida nova do ser humano (Bíblia. 2 Coríntios, 2018, 5: 17) ou uma pessoa nascida de novo (Bíblia. Jo, 2018, 3: 5) exige algo mais que uma adesão intelectual a Deus.

Zilles (2004, p. 16) afirma que "requer uma adesão integral de todo seu ser, uma entrega total a Deus" e esclarece que

no século V d.C., o teólogo cristão Pseudo-Dionísio usa a expressão teologia mística no sentido de doutrina da subida aos degraus mais altos da experiência de Deus e da íntima união com Ele. O termo relaciona-se com o mistério, indicando um movimento para um objeto que está além dos limites da experiência empírica. (Zilles, 2004, p. 19)

Uma visão do mundo como espírito e um senso de espiritualidade podem ou não ser científicos, mas não precisam contradizer em ponto algum as afirmações da ciência. A espiritualidade pode nos estimular a tomar a vida e a própria existência do mundo como uma dádiva, até como milagre, contanto que isso não seja usado como desculpa para fechar a porta à curiosidade e à indagação científica (Silva; Silva, 2014).

Na perspectiva de Breitbart (citado por Pessini, 2007), a espiritualidade é uma construção formada por fé e sentido. O elemento *fé* está frequentemente associado à religião e às crenças religiosas, ao passo que o componente *sentido* parece ser um conceito mais universal, que pode existir tanto em pessoas que seguem determinada religião quanto nas que não têm nenhuma referência religiosa.

Para Saad, Masiero e Battistella (2001), espiritualidade seria a propensão humana para encontrar um significado para a vida com base em conceitos que transcendem o tangível, um sentido de conexão com algo maior que si próprio, que pode ou não incluir uma participação religiosa formal. Ela seria aquilo que dá sentido à vida, um conceito mais amplo que religião. Trata-se de um sentimento pessoal que estimula o interesse pelos outros e por si, um sentido de significado da vida capaz de fazer suportar sentimentos debilitantes de culpa, raiva e ansiedade.

A união entre teologia e espiritualidade pode ser analisada a partir do horizonte cultural e histórico no período em que se está inserido. Observando-se tanto as perspectivas conservadoras quanto as vanguardistas, qual é a contribuição que o estudo da espiritualidade pode dar à teologia como tal?

Trata-se de um aporte significativo, pois fundamental para a missão que a teologia tem diante de si. É possível integrar essas duas disciplinas em uma harmônica sinfonia. Como seria, na atualidade, uma teologia verdadeiramente espiritual?

Razali (citado por Saad; Masiero; Battistella, 2001) relata o caso de uma mulher malaia de 38 anos com diagnóstico de uma desordem conversiva. Acreditava-se que "maus espíritos" causavam seus sintomas. A paciente foi tratada por uma cerimônia xamanística de cura malaia quando tratamentos anteriores haviam falhado. A paciente melhorou no terceiro dia, atribuindo isso à retirada dos espíritos maus de seu corpo. Procedimento-placebo ou não, podemos dizer que a paciente recebeu aquilo de que precisava, ao menos nessa necessidade, quanto à sua saúde.

Há também um relato que pode nos levar a algumas ponderações sobre a relação entre teologia e espiritualidade (Bíblia. Lucas, 2018, 8: 26-39). Trata-se do caso de um homem que vivia nos sepulcros e era possesso por demônios. Quando vê Jesus, esse homem se prostra e Jesus ordena ao espírito mau que deixe aquele homem. Os muitos demônios na vida daquele homem saem e vão para o abismo por meio dos porcos. Os porqueiros se apavoram e o homem fica livre de seu mal. Ele então volta para casa anunciando o que Jesus havia feito por ele. Nessa perícope bíblica, há uma variedade de elementos para analisarmos a importância da relação entre teologia e espiritualidade.

No âmbito espiritual, o texto bíblico deixa claro que o ser humano pode estar vivendo sob algum tipo de influência não convencional, antinatural. Trata-se de uma anormalidade alguém viver em um ambiente em que a morte é o elemento destacado. Os sepulcros nos remetem ao que acontece com todas as pessoas em termos físicos no mundo em que vivemos. Do ponto de vista teológico, Jesus se dedicou para que as pessoas recebessem vida tanto nas questões de saúde física quanto nas de alívio para seus sentimentos de angústia, opressão e outros mais.

A questão sobrenatural do episódio se torna evidente quando os espíritos maus saem do homem e entram nos porcos. São seres viventes que, em princípio, não teriam uma forma corpórea definida, e sim vida, e que se deslocam livremente. Em termos teológicos, temos textos em literatura apocalíptica que destacam a atuação de anjos e demônios. Uma pessoa, em sua espiritualidade ativa, conforme a graça divina recebida, pode visualizar esse mundo em que aparecem os seres celestiais.

O fato de o homem voltar para sua casa serve como testemunho da transformação que ele experimentou. Ele teve experiências espirituais, emocionais e sociais. É alguém que vivia à margem da sociedade, tendo sobre si uma espécie de maldição, mas que, diante de Jesus e suas palavras, ficou livre. Teologicamente, parece-nos ser esse o interesse de Lucas ao narrar tal evento. Há outras perspectivas de interpretação, mas nos limitamos a pensar, neste momento, que aquele homem recebeu uma oportunidade de recomeçar sua vida.

Tendo em vista as sinalizações e as virtuais demandas espirituais da atualidade, a temática da espiritualidade vem sendo cada vez mais discutida em diversos segmentos da sociedade, especialmente as espiritualidades de cunho oriental, entre elas o budismo, em suas variantes, e o hinduísmo. De certa forma, o cristianismo institucionalizado do Ocidente tem perdido espaço na sociedade em relação à sua credibilidade em se demonstrar uma prática espiritual relevante. Há diversas literaturas abordando o tema *espiritualidade* no escopo das religiões tanto em cursos de teologia quanto em cursos de ciências das religiões (Pessini, 2007).

Considerando as diversas teologias importantes que surgiram nos séculos XX e XXI, podemos afirmar que vivemos em um universo de teologias plurais. Podemos citar como exemplo a teologia pluralista transreligiosa da libertação, que pode ser considerada como pós-moderna. Maruilson Souza (2015, p. 164), em artigo sobre essa teologia, descreve que ela tem cinco pressupostos básicos:

> *Primeiro, um olhar positivo à diversidade. Segundo, a convicção de que o Mistério divino revela-se na multiplicidade, não podendo ser apreendido no seu todo por uma única tradição religiosa. Terceiro, a certeza de que a verdade anunciada pelas religiões não está nelas mesmas, mas situa-se antes, entre e para além antes de cada uma delas. Quarto, a*

segurança de que cada religião é verdadeira à medida em que contribui para a libertação dos oprimidos. Quinto, a indubitabilidade em que a humanidade está no limiar de uma nova era, na qual emerge uma nova consciência, uma forma de pensar diferente de eras anteriores, a qual demanda a reconfiguração da teologia, a qual forçosamente passará da confessionalidade à transreligiosidade.

Souza (2015, p. 167) afirma que estudiosos apontam que "a teologia, em muitos lugares, deixou de ser uma disciplina viva e se tornou mera retórica acadêmica, sem grandes inquietações cujo principal objetivo seria aprender o conhecimento acumulado pela tradição e passá-lo para as próximas gerações".

Nas conclusões de Souza (2015, p. 167-168, grifo do original), alguns fatores limitam propostas para essa teologia, como "o **fundamentalismo** com uma postura a-histórica, sua hermenêutica literalista, seu exclusivismo e sua recusa em diferenciar poesia de prosa, linguagem mitológica-simbólica da linguagem logos. O fundamentalismo tende a sacralizar imagens de Deus concebidas no passado, como sendo acultural e atemporal".

Ainda com relação aos desdobramentos do pluralismo religioso da presente época, há também uma teologia identificada como *planetária*. Entretanto, Souza (2015, p. 170) explica que

Os próprios defensores da teologia planetária argumentam que ela terá que deixar de ser de algum modo teo-logia, no sentido em que a concebeu a racionalidade grega e foi apropriada e desenvolvida pelos cristãos e assimilada analogicamente pelas outras tradições de fé no Ocidente. Isso, porque será uma reflexão sobre a fé, não necessariamente teísta, e nem com o seu eixo principal no logos.

No segmento cristão evangélico, há um tema que vem sendo bastante explorado, identificado por vezes como louvor e adoração: a música gospel. Esse assunto deu origem a uma "teologia da adoração", a qual é ensinada e debatida em grupos musicais e até mesmo nas Igrejas evangélicas de modo geral. Ronaldo Allen e Gordon Borror (2002) abordam esse tema e explanam seus conceitos a respeito do verdadeiro sentido da adoração. Judson Cornwall (1995) afirma que, até a presente época, não houve antropólogo em suas pesquisas que encontrasse algum povo que não adorasse ao menos um deus. Esse instinto voltado para adorar alguém parece inerente a todo ser humano.

Em meio às teologias atuais e na vida em sociedade no cenário do século XXI, há uma necessidade social que tem sido observada por estudiosos da teologia: pessoas com necessidades especiais. Muitos trabalhos e pesquisas têm sido desenvolvidos para atender e auxiliar esse grupo. Noel Collot, Nilton Giese e Alexandra Meneses (2010), por exemplo, vêm trabalhando e desenvolvendo uma teologia por uma comunidade sem exclusões e especialista em amor solidário.

A relação entre teologia e espiritualidade está sendo cada vez mais investigada e debatida entre acadêmicos, sacerdotes, clérigos, autoridades religiosas e ainda outros. No cotidiano popular, não é incomum alguém ser identificado como uma "santa pessoa" ou como uma pessoa que merece a morte por seus feitos violentos e/ou reprováveis.

Linda Ross (1995) definiu a dimensão espiritual como dependendo de três componentes, revelados nas necessidades de encontrar significado, razão e preenchimento na vida; de ter esperança/vontade para viver; e de ter fé em si mesmo, nos outros ou em Deus. Essa é uma perspectiva corroborada por outros estudiosos no universo da teologia. Com base nessas considerações, podemos ingressar no universo da teologia cristã para tentarmos aprender um pouco mais sobre como surgiu e o que tem transmitido nestes dois mil anos de história de cristianismo.

Síntese

A investigação que estamos fazendo em torno da teologia nos levou, neste capítulo, a refletir sobre a humanidade e a divindade de Jesus. Apresentamos alguns conceitos e opiniões sobre como essa dupla natureza foi e tem sido interpretada, entendida e ensinada. Nos primeiros séculos da história cristã, surgiram doutrinas cristãs que geraram debates e, ainda em tempos modernos, não há consenso sobre esse tema.

Tratamos da importância dos concílios para que, com base em esclarecimentos e decisões, doutrinas básicas fossem estabelecidas e pudessem ser seguidas por todos.

O exercício prático da teologia pode acontecer em alguns níveis, e muitos recursos podem ser utilizados atualmente para exercermos a teologia profissional do ponto de vista formal no universo acadêmico, em instituições religiosas e na área da saúde, por meio das capelanias.

Há uma teologia que chamamos de *fundamental* ou *básica*. No segmento cristão, essa teologia advém do catolicismo, que, por gerações, exerceu influência até que houvesse uma reforma e surgissem novos ramos de fé, alterando em parte a forma de praticá-la. Alguns dogmas e doutrinas foram mantidos e outros foram reformados.

A teologia foi sistematizada para os temas bíblicos serem mais bem analisados e compreendidos. Na atualidade, a palavra *sistema* faz parte do universo social em que vivemos e também se tornou íntimo da teologia. A teologia sistemática contou com a contribuição de muitos teólogos no passado, que, em tempos atuais, são muito importantes para o debate na academia e em instituições religiosas. Entre os temas principais dessa teologia estão os estudos sobre as pessoas de Deus, de Jesus e do Espírito Santo. Há também temas como as doutrinas dos homens, dos anjos, dos pecados, da salvação, entre outros. Trata-se de uma perspectiva que procura abordar, de modo organizado e amplo, todos os textos das Escrituras que tenham alguma ligação com os temas.

Ao pensarmos sobre a espiritualidade e sua relação com a teologia, consultamos o que relatam as Escrituras e o que estudiosos têm escrito e compartilhado a respeito desse tema. A dimensão espiritual do ser humano e do universo em que vivemos foi comentada em nossa abordagem. A temática da espiritualidade tem feito parte não apenas dos segmentos religiosos, mas também da sociedade como um todo. Por fim, destacamos que há outras teologias que vêm sendo desenvolvidas e divulgadas, como a teologia da adoração.

Atividades de autoavaliação

1. Sobre a dupla natureza de Jesus, o que podemos afirmar a respeito da reconciliação que o ser humano pode vir a ter com a pessoa do Deus Pai?

    a) A tradição que se estabeleceu a respeito da reconciliação do ser humano com Deus é que, por meio da fé no nome de Jesus, já é possível obtê-la. A reconciliação se concretiza quando uma pessoa é batizada nas águas por imersão, como ato público e consciente, confirmando sua fé.

    b) A profecia de Isaías 53 a respeito de Jesus se cumpre em sua crucificação e, atendendo às petições e súplicas feitas a Maria, ele as leva à presença do Deus Pai, o qual, por sua vez, reconcilia o ser humano consigo.

    c) A dupla natureza de Jesus, na verdade, torna-se única após a ressureição de Jesus e, ao ser glorificado, a natureza divina absorve a natureza humana. Depois de voltar a ter apenas a natureza divina, Jesus se torna intercessor e mediador entre o ser humano e o Deus Pai.

d) A crença que se estabeleceu com base nas Escrituras é a de que Jesus, em sua dupla natureza, permite a todas as pessoas se reconciliarem com Deus. Conforme Paulo escreve a Timóteo, "Porquanto há um só Deus e um só Mediador entre Deus e os homens, Cristo Jesus, homem, o qual a si mesmo se deu em resgate por todos: testemunho que se deve prestar em tempos oportunos" (Bílblia. 1 Timóteo, 2018, 2: 5, 6). A crucificação propiciatória de Jesus como homem expia o pecado pelo sangue que derramou e, após ressurreto, como homem glorificado, torna-se mediador entre Deus e o ser humano (Bíblia. 1 Timóteo, 2018, 2: 5; Colossenses, 2018, 1: 19-20). No âmbito espiritual vinculado à eternidade, o Jesus ressurreto assumiu o ofício de Sumo Sacerdote. A carta escrita aos hebreus observa: "Tendo, pois, a Jesus, o Filho de Deus, como grande sumo sacerdote que penetrou os céus" (Bíblia. Hebreus, 2018, 4: 14). Jesus é mediador e intercessor em um cenário celestial pós-vida. Temos nessa descrição elementos espirituais indicando uma sequência da vida no pós-morte.

e) Em razão de ter nascido por uma gestação natural, Jesus, em sua vida terrena, esvaziou-se de sua divindade e assumiu apenas a natureza humana. Após sua ressurreição com o corpo glorificado, ele recuperou sua natureza divina e tornou-se o único reconciliador entre o ser humano e Deus.

2. Quais elementos básicos fazem parte de uma teologia fundamental no segmento cristão? Há diferença entre a teologia fundamental católica e a protestante?

a) Os elementos básicos que fazem parte dessa teologia nos segmentos católico e protestante são a crença em Deus, em Jesus Cristo como Filho de Deus (Salvador do mundo) e nas Escrituras Sagradas. No segmento cristão católico apostólico romano, acrescenta-se o fato de a Igreja Católica Romana ser a custodiante oficial dos ensinamentos cristãos, atendendo também a seus dogmas e a suas tradições, principalmente a reverência à figura do papa.

b) A teologia fundamental na perspectiva católica acredita na Trindade, nas Escrituras, na intercessão de Maria, na infalibilidade do papa e na crença no universalismo (quando todas as pessoas recebem a salvação por meio do sacrifício vicário de Jesus). Quanto aos protestantes, os elementos são a crença nas Escrituras Sagradas, na Trindade, no poder do Espírito Santo e na salvação apenas para cristãos protestantes.

c) Os dois elementos básicos no segmento cristão protestante são a infalibilidade das Escrituras e a salvação por meio da fé em Jesus Cristo. A crença na Trindade é parcial, por isso não pode ser considerada um elemento básico. No universo cristão católico, a crença fundamental diz respeito às Escrituras, à Trindade e à infalibilidade papal.

d) Para o segmento cristão como um todo, tanto católico quanto protestante, os elementos básicos da teologia fundamental são os mesmos: as crenças nas Escrituras, na Trindade, no sacrifício vicário de Cristo e na intercessão de Maria.

e) A teologia fundamental protestante se baseia na crença na Trindade, nas Escrituras Sagradas, no poder do Espírito Santo e na volta gloriosa de Cristo. No segmento católico cristão, ela é baseada na autoridade da Igreja Católica como detentora legítima dos ensinamentos cristãos, na intercessão de Maria junto a Jesus e na ação dos santos homens e mulheres, que também recebem os pedidos dos fiéis e os atendem.

3. Há perspectivas diversas sobre a importância da teologia sistemática no segmento cristão. Qual seria sua principal função na teologia cristã?

a) Embora as perspectivas sejam diversas, há um consenso de que a principal função da teologia sistemática está voltada para organizar os textos bíblicos referentes ao tema estudado e dividi-los em três grupos: o que já aconteceu, o que está acontecendo e o que vai acontecer na história da Igreja.

b) A teologia sistemática tem a preocupação de analisar os textos bíblicos dentro de categorias temáticas e encaixá-los em cada passagem bíblica correspondente. Sua principal função seria a de formular descrições ordenadas, racionais e equilibradas a respeito da fé cristã e suas crenças.

c) No segmento cristão católico, a função seria a de organizar os textos bíblicos e verificar se eles estão de acordo com as decisões dos concílios em relação a temas centrais, como a dupla natureza de Jesus e a crença na Trindade. No universo cristão protestante, sua função seria a de observar o que está escrito nas línguas bíblicas originais (hebraico e grego) e fazer as traduções contemporâneas para os temas estudados.

d) Sua principal função, em todo o segmento cristão, seria a de organizar os textos bíblicos em ordem cronológica e submetê-los ao exame do que disseram os Pais da Igreja nos quatro primeiros séculos da Era Cristã.

e) Na teologia cristã, a principal função da teologia sistemática seria a de listar todos os textos que fazem menção a Cristo no Antigo Testamento como profecia e, no universo do Novo Testamento, verificar como o texto se cumpre em meio aos evangelhos e associá-los aos temas teológicos estudados.

4. De que modo a teologia prática fornece suporte técnico para que os conhecimentos extraídos das demais disciplinas teológicas possam ser aplicados, de modo eficaz, à realidade eclesiástica e paroquial?

a) A teologia prática pode estar presente no estudo da catequese e das ações de santificação da Igreja Católica de modo geral. Ela fornece diretrizes para que os párocos possam estruturar a liturgia das missas, privilegiando as celebrações especiais nas quais são oficiados os sacramentos e as orações comuns com a participação do público.

b) Na realidade evangélica portuguesa, a teologia prática pode estar presente no estudo das classes de discipulado e nas ações missionárias de divulgação do Evangelho. Além disso, ela avalia a forma como a Igreja comunica sua fé e suas verdades.

c) Na realidade católica portuguesa, a teologia prática pode estar presente no estudo da catequese, do governo e das ações de santificação da Igreja Católica. Ela analisa o modo como a Igreja comunica sua fé e suas verdades. Por exemplo, com relação à liturgia, ela estuda os múltiplos ritos ou atos de adoração e culto da Igreja em suas mais diferentes expressões – sacramentos, orações, missa etc.

d) A teologia prática avalia os ritos, a liturgia, os atos de adoração e as celebrações, fornecendo ao pároco/sacerdote um roteiro básico de comunicação da fé a pessoas não cristãs. Ela possibilita uma inserção da fé na sociedade por meio da distribuição de cestas básicas, doação de roupas, acompanhamento psicológico etc.

e) A teologia prática pode auxiliar na formação do caráter dos obreiros candidatos ao sacerdócio. Por meio dela também se tem facilitado o acesso às instituições sociais para que o Evangelho seja compartilhado e promova estudos sobre a formação da família e a criação de filhos.

5. Ao que exatamente o termo *espiritualidade* pode ser vinculado?
   a) Há quem entenda que há múltiplos usos para a palavra *espiritualidade*. Essa terminologia pode ser vinculada a uma prática desenvolvida por sacerdotes e clérigos de modo geral, para que possam realizar um bom trabalho espiritual com a comunidade.
   b) A espiritualidade é uma realidade objetiva na vida das pessoas mais evoluídas, que conseguem uma conexão especial com o mundo místico em virtude de terem maior sensibilidade em meio às circunstâncias da vida. Ela pode ser desenvolvida e levar uma pessoa a um estado contemplativo de tal forma que consiga ouvir e entender o ser divino.
   c) Alguns teólogos entendem que a espiritualidade está mais voltada às religiões orientais. Ela pode ser desenvolvida por pessoas de todas as classes sociais e, por vezes, é identificada quando leva o ser humano a ser um agente pacificador na sociedade. Uma pessoa desenvolvida espiritualmente consegue superar seus desejos naturais (carnais) mediante as práticas espirituais, como jejum e oração.
   d) A espiritualidade está diretamente ligada ao exercício de um sacerdócio/serviço religioso, pois ela é fundamental para o desenvolvimento de uma comunhão especial com o mundo transcendente. O cosmos pode ser contemplado por meio dela, e ela pode levar seu praticante a experimentar a paz perene em meio a conflitos existenciais.
   e) Concordando com Zilles (2004), a espiritualidade pode ser considerada o lado subjetivo da religião. Para o cristão, ela não estaria reduzida à interioridade da pessoa nem ao sentimento ou à necessidade subjetiva. Ela faz parte do relacionamento do ser humano com a realidade divina, com o Deus que se revela na obra da criação e no mistério de Cristo.

Atividades de aprendizagem

Questões para reflexão

1. Em meio ao universo da teologia sistemática, seria possível elaborarmos uma teologia para explicar por quais razões muitos cristãos, no decorrer da história da Igreja, trocaram de religião ou ainda se tornaram ateus, abandonando tudo o que se refere à prática de algum tipo de fé?

2. É possível afirmar que o trabalho promovido por casas de apoio a dependentes químicos exerce uma teologia prática ou seria apenas uma prática de assistência social, sem que haja vínculo com algum tipo de teologia? É possível elaborar uma teologia religiosa ecumênica para permitir que pessoas de religiões diferentes cooperem em conjunto com esse tipo de trabalho?

Atividade aplicada: prática

1. Sobre a relação entre teologia e espiritualidade, em Lucas 16: 23, 24, há uma descrição, por meio de uma parábola, em que se relata que há um inferno: "No inferno, estando em tormentos, levantou os olhos e viu, ao longe, Abraão e Lázaro no seu seio. Então, clamando, disse: Pai Abraão, tem misericórdia de mim! E manda a Lázaro que molhe em água a ponta do dedo e me refresque a língua, porque estou atormentado nesta chama" (Bíblia, 2018). O que podemos extrair de ensinamentos desses dois versículos sobre o fato de a existência do inferno ser algo literal e angustiante? Na vida em comunidade, essa menção ao inferno é relevante, ela causa algum tipo de impacto na forma como as pessoas vivem sua vida? Há como espiritualmente evitarmos a ida para o inferno? Dialogue em família ou, ainda, em grupos de interesse sobre esse tema. Depois, elabore um texto escrito com suas considerações e compartilhe com os colegas de estudo.

capítulo cinco

Teologia cristã

05

Vimos que a teologia é uma ciência com referenciais literários, com relatos vinculados à história do povo de Deus, do Gênesis ao Apocalipse. O termo *cristã* tem seu primeiro registro a partir da pessoa de Cristo. Se pensarmos que o Pentateuco (cinco primeiros livros da Bíblia) tem uma teologia desenvolvida para informar ao mundo que o povo hebreu foi escolhido por Deus para ser abençoado de modo peculiar e até mesmo exclusivo, verificaremos que essa perspectiva não soa como inadequada.

Os demais povos contemporâneos aos hebreus pareciam ser apenas figurantes de uma história entre Deus e um povo separado. Esse povo tinha uma lei religiosa exclusiva e viveu inicialmente sob um governo teocrático. Esse seria o escopo do Antigo Testamento. Mas os eventos ocorridos em meio ao Novo Testamento nos trazem informações de que essa exclusividade, outrora experimentada pelos judeus, será superada diante de uma nova concepção de *reino*, que surge com o nascimento de Jesus.

Cristo passa a ser a referência principal para o desenvolvimento de teologias que vão sendo debatidas e aperfeiçoadas conforme a história cristã avança. Hägglund (2003, p. 49) argumenta que "a teologia cristã desenvolveu-se em oposição à filosofia grega".

5.1 Origem da teologia cristã

Podemos analisar a teologia cristã de algumas maneiras, mas queremos iniciar nossas reflexões por meio de uma perspectiva bíblica. O livro atribuído ao profeta Isaías apresenta alguns textos que são relacionados ao Messias que haveria de vir: "o seu nome será: Maravilhoso Conselheiro, Deus Forte, Pai da Eternidade, Príncipe da Paz" (Bíblia. Isaías, 2018, 9: 6). Além de atributos e virtudes dele, há também relatos relacionados aos pensamentos de Deus em prol de seu povo (Bíblia. Isaías, 2018, 55: 9). Partamos do princípio de que essa identificação referente ao Messias diz respeito à pessoa de Jesus. O Emanuel anunciado em Isaías 7: 14 tem sido identificado como o Emanuel de Mateus 1: 23.

O profeta Jeremias menciona ao povo judeu que o Senhor Deus, em dias posteriores, a ele levantaria um rei que reinaria e agiria sabiamente e executaria o juízo e a justiça na terra (Bíblia. Jeremias, 2018, 23: 5). O anúncio desse rei é uma profecia sobre Cristo. A base da teologia cristã perpassa por esses anúncios de Isaías e Jeremias. Esses textos são do Antigo Testamento, mas podem servir de base para algumas reflexões a respeito do universo cristão e sua teologia a partir do século I da Era Cristã.

No Evangelho de Marcos encontramos menção a Isaías: "Conforme está escrito na profecia de Isaías" (Bíblia. Marcos, 2018, 1: 2). O Evangelho de João relata que Jesus veio para seu povo, mas seu povo não o recebeu (Bíblia. João, 2018, 1: 11). De acordo com

Evangelho de Mateus, o anjo avisa a José que o filho a ser gerado em Maria salvaria seu povo (judeus) de seus pecados (Bíblia. Mateus, 2018, 1: 21). O Evangelho de Lucas apresenta o anjo dizendo a Maria que seu filho se chamaria Jesus, e ele, como Filho do Altíssimo, receberia o trono de Davi (Bíblia. Lucas, 2018, 1: 31-32).

Os pensamentos teológicos no primeiro século se formaram principalmente sobre a vida e a obra de Jesus. Os discípulos de Cristo eram identificados como os seguidores do Caminho (Bíblia. Atos, 2018, 9: 2; 24: 14). Este texto escrito por João parece ter dado origem para essa identificação: "Respondeu-lhes Jesus; Eu sou o caminho" (Bíblia. João, 2018, 14: 6). A teologia dos discípulos em meio ao Livro de Atos terá como base os ensinamentos de Cristo, principalmente o que está descrito nos Capítulos 5, 6 e 7 de Mateus, trecho bíblico identificado como *Sermão do Monte*. Em Mateus 7, há menção a um caminho estreito a ser seguido pelos discípulos (Mateus 7: 14): "porque estreita é a porta, e apertado, o caminho que conduz para a vida, e são poucos os que acertam com ela".

Quando pensamos em teologia cristã, temos a pessoa de Deus como referência e Jesus como o Deus encarnado em meio à humanidade (Bíblia. João, 2018, 1: 14). Para fazermos uso do termo *cristão*, podemos considerar o Jesus histórico (com sua dupla natureza) como ponto de partida e de chegada, pelo fato de que em sua encarnação teve início o segmento que, historicamente, passou a ser conhecido como *cristão*. Na chamada *Igreja primitiva*, o termo *cristãos* foi usado pela primeira vez na Igreja de Antioquia (Bíblia. Atos, 2018, 11: 26).

A expressão *Eu sou* utilizada repetidas vezes por Jesus no Evangelho de João apontam para sua divindade e a centralidade da teologia cristã. Os ensinamentos de Cristo presentes no Sermão da Montanha (Bíblia. Mateus, 2018, 5-7) podem fazer parte do desenvolvimento dessa teologia. Nessa perspectiva, a teologia cristã se baseia no discurso de Jesus acerca de tudo quanto se relaciona a Deus, aos propósitos divinos esclarecidos junto aos humanos, às relações entre Deus e o ser humano e à importância dos ensinamentos das Escrituras em sua totalidade.

Segundo a fórmula de Anselmo de Canterbury, a teologia é *fides quaerens intellectum* (em tradução livre, "a fé que procura a inteligência") (Porte Jr., 2012), e ela procura a razão no interior da fé cristã. Tratar-se-ia de uma tentativa da inteligência racional em abordar a fé por meio de categorias filosóficas (primeiramente gregas e, posteriormente, modernas). Para Jaci Maraschin (2004), há estreita relação entre o pensamento filosófico e a teologia cristã desde seu nascimento.

Paul Tillich (citado por Maraschin, 2004, p. 20) menciona que "o helenismo teria sido o movimento que mais influenciou os teólogos" que estudavam os pensamentos e práticas dos cristãos em seus primeiros séculos de existência, "entre os quais se destacariam: os estoicos, os epicuristas, os neopitagóricos, os céticos e os neoplatônicos".

Maraschin (2004) observa ainda que, para Tillich, os pensamentos de Platão tiveram a maior influência na formação das bases da teologia cristã patrística.

José Comblin (2014) comenta que a teologia cristã teve seu fortalecimento no século XIII, sob o impulso dos filósofos gregos.

Ferreira e Myatt (2007) esclarecem que, para que uma teologia cristã fosse desenvolvida, os pais da Igreja, nos primeiros séculos da Era Cristã, fizeram uso da linguagem cultural no ambiente em que estavam. Em particular a filosofia grega, muito influente na época, acabou sendo uma parte marcante na formação dessa teologia.

No mundo grego anterior a Cristo, os pensadores se dedicaram a reflexões sobre a natureza das coisas, se o mundo e a realidade eram compostos de uma só substância ou de múltiplas. Os próprios conceitos de *substância, natureza, potência* e *ato* estavam inseridos no vocabulário dessas reflexões, que afetaram significativamente os pensadores posteriores (Magalhães, 2018).

Em termos históricos, parece-nos que, desde os seus primórdios, a teologia teve uma necessidade constitutiva de dialogar com seu entorno. Os debates que ocorreram com a filosofia aconteceram tanto com as grandes correntes do pensamento grego antigo quanto com as inúmeras vertentes do pensamento moderno e contemporâneo. Seus embates com a ciência moderna lhe exigiram uma ampliação das possibilidades de produzir conhecimento sobre o mundo e demonstrar força para estabelecer sua identidade.

Em tese, essas relações que a impulsionam para além de si mesma fazem parte do modo de ser da teologia e do próprio cristianismo. Nesse processo, percebemos um desafio que surge em busca do novo com a necessidade de se abrir em meio à demanda das contribuições do outro, algo que exige uma superação em relação a quaisquer reações apologéticas (Rocha, 2018).

Hans Urs von Balthasar (1905-1988) atenta para o fato de que o nascimento da forma teológica como *logos* ganha sua constituição mais influente na Antiguidade cristã com Irineu de Lion (conforme o calendário alexandrino, Irineu viveu entre os anos de 130 e 202 d.C.) no combate ao gnosticismo, com aquilo que o autor haveria entendido como o absurdo lógico dos gnósticos de um dualismo radical entre o mundo divino da plenitude (Pleroma) e o mundo material corrupto, da realidade humana (Balthasar, citado por Villas Boas, 2017).

A perspectiva a respeito do *logos* de Irineu visa combater as fantasias gnósticas afirmando a realidade por meio do Deus Criador e da Encarnação do Verbo, bem como da Redenção do Espírito, de modo que a teologia, nesse contexto, "ou é realista ou não é nada", resultando em uma concepção de fórmula teológica que se consagrou como um "modo de pensar realista" (Villas Boas, 2017, p. 38).

A unidade de *logos* e *ethos* na existência redimida será longamente mantida na grande tradição teológica cristã, sobretudo na Idade Moderna, quando o dogma deverá ser afirmado em meio a divergências contra o que eram considerados reducionismos da heresia e defendido em seu aspecto de verdade universal contra as pretensões da razão totalizante (Forte, 2002).

O pensamento platônico acerca da dicotomia espírito/matéria adentra o período patrístico e as primeiras formulações teológicas dos Pais da Igreja, já sob a influência do pensamento helênico. O dualismo platônico foi fortemente impactante na vida da fé cristã e a marcou de forma duradoura, tanto que o resultado dessa influência ainda é presente atualmente na teologia cristã e na sociedade (Oliveira, G. V., 2017).

No ponto de partida do desenvolvimento da teologia cristã esteve o anúncio de fé do Novo Testamento, que proclamava o evento decisivo da ressurreição de Cristo. Algumas confissões feitas foram fundamentais para a teologia cristã. A confissão expressa pelas fórmulas "Jesus é o Cristo" (ou seja, o Messias, o Ungido) e "Jesus é o Senhor", que constitui o "credo" da comunidade das origens, dá testemunho da inaudita identidade na contradição, que foi experimentada quando no ressuscitado se reconheceu o humilde Nazareno, condenado à morte no madeiro da vergonha por ser réu de subversão diante do governo romano e de blasfêmia pelo sinédrio judaico.

A partir da ressurreição de Cristo, o credo cristão primitivo absorve a história da paixão de Jesus, a sepultura em que ele foi colocado, as aparições pós-morte. Além disso, traduz o significado teológico desses eventos em uma linguagem narrativo-concreta, falando da ressurreição no terceiro dia, da descida às partes mais baixas da terra (Bíblia. Efésios, 2018, 4: 9) e da ascensão de Jesus ao céu (Bíblia. Atos, 2018, 1: 11) (Forte, 2002).

O estudo da teologia cristã é específico, formulado com base nas Escrituras, de Deus Pai, de Cristo e seus ensinamentos aos primeiros discípulos. A teologia cristã é um estudo das doutrinas em que os seguidores do cristianismo creem. Como elucida Puntel (2001, p. 372),

> uma das constantes mais fundamentais da teologia cristã desde séculos é a distinção entre dois tipos, ou níveis, de verdades: verdades reveladas (sobrenaturais) e verdades conhecidas, ou cognoscíveis pela luz natural da razão humana. Esta distinção, que constitui a base da definição da teologia cristã, foi definitivamente formulada e sancionada pelo Concílio Vaticano I em 1870.

Entendemos ser importante esclarecer os termos *patrologia*, *patrística* e *Padres* ou *Pais da Igreja*. O termo *patrologia* designa, propriamente, o estudo sobre a vida, as obras e a doutrina dos Pais da Igreja. Ela se interessa mais pela história antiga, incluindo também obras de escritores leigos. Por *patrística* entendemos o estudo da doutrina, de suas origens, das dependências e dos empréstimos dos meios cultural e filosófico e da evolução do pensamento teológico dos Pais da Igreja.

Agostinho (1997) observa que a expressão *teologia patrística* foi concebida no século XVII para indicar a doutrina dos Padres da Igreja, distinguindo-a das outras teologias conhecidas até então (a bíblica, a escolástica, a simbólica e a especulativa). O termo *Padre* ou *Pai da Igreja* se referia ao escritor leigo, sacerdote ou bispo, da Antiguidade cristã considerado pela tradição posterior como testemunho particularmente autorizado da fé (Agostinho, 1997).

Na tentativa de eliminar as ambiguidades em torno dessa expressão, os estudiosos convencionaram receber como Pai da

Igreja quem tivesse algumas qualificações, entre elas a ortodoxia de doutrina, uma vida santa, a aprovação eclesiástica e a antiguidade. Porém, os próprios conceitos de ortodoxia, santidade e antiguidade eram ambíguos. Não se esperava encontrar neles doutrinas acabadas e irrefutáveis. Tudo estava ainda em ebulição, fermentando.

O conceito de ortodoxia é amplo, assim como o conceito de santidade. Para o conceito de antiguidade, podemos admitir, sem prejuízo para a compreensão, a opinião de muitos especialistas que estabelecem, para o Ocidente, Igreja latina, o período que, a partir da geração apostólica, se estende até Isidoro de Sevilha (560-636). Para o Oriente, Igreja grega, a antiguidade se estende um pouco mais, até a morte de João Damasceno (675-749) (Agostinho, 1997).

Os Pais da Igreja são, portanto, aqueles que, durante os sete primeiros séculos, foram forjando, construindo e defendendo a fé, a liturgia, a disciplina, os costumes e os dogmas cristãos, decidindo, assim, os rumos da Igreja. Seus textos se tornaram fontes de discussões, de inspirações, de referências obrigatórias em toda a tradição posterior. Além de sua importância no ambiente eclesiástico, os Padres da Igreja ocupam lugar proeminente na literatura e, particularmente, na literatura greco-romana. São eles os últimos representantes da Antiguidade, cuja arte literária, não raras vezes, brilha nitidamente em suas obras, tendo influenciado todas as literaturas posteriores (Agostinho, 1997).

Há outra vertente teológica importante nesse ambiente de renovações. A teologia sacramental redescobriu na Patrística uma forma de abordar os sacramentos distinta da maneira a que o segundo milênio do cristianismo nos tinha habituado. A escolástica, responsável pela sistematização da teologia sacramental, havia ensinado a abordá-los dedutivamente, ao passo que a patrística refletiu sobre os sacramentos sem uma preocupação sistemática, mas a partir da celebração vivida em comunidade, indutivamente (Taborda, 2003).

Na teologia cristã, há uma ética que se preocupa em cuidar da "morada habitável" de modo que a vida dos seres humanos e de todos os seres vivos possa desfrutar o "bem-estar". A ética deve promover uma vida que, cada vez mais, esteja em um processo do viver sinais de vida livre de tudo aquilo que a desumaniza desde a perspectiva da ética cristã, que teria como horizonte maior a humanização (Mattos, 2019).

Embora consistam em épocas distintas, a era da patrística e a era dos escolásticos são tidas como os principais momentos para a história do pensamento e a história do próprio cristianismo. Foi na patrística que o cristianismo começou a ter sua doutrina sistematizada e a desenvolver uma teologia mais robusta, e na escolástica a teologia cristã alcançou seu ápice.

Na atualidade, há uma perspectiva teológica que pode nos permitir pensar sobre a importância da teologia cristã em meio à sociedade e, em particular, no que diz respeito ao diálogo inter-religioso. A expectativa gira em torno da ideia de que, quanto mais as tradições, por meio de líderes e/ou de fiéis, se encontrarem, mais possibilidades de respeito e acolhida mútua florescerão. Trata-se do diferente deixando de ser sinônimo de ameaça e passando a ser companheiro (Panasiewicz, 2003).

5.2 Teologia patrística

Quando estudamos como se desenvolveu a teologia no segmento cristão, descobrimos que o primeiro século da Era Cristã contou com a presença, a atuação e os escritos de dois discípulos que haviam andado com o Cristo encarnado, Pedro e João, bem como com discípulos que ingressaram posteriormente na fé cristã, Paulo, Lucas, Tiago e Judas, os dois últimos também filhos de Maria. Na transição para o segundo século, novos discípulos surgiram. A partir do século II, homens e mulheres que levaram a fé cristã adiante ficaram conhecidos como *Pais e Mães da Igreja* (Bogaz; Couto; Hansen, 2016). Essa foi a base para o surgimento da patrística.

Sob a perspectiva de Agostinho (2013c, p. 6-7), ela é "o estudo da doutrina, das origens dela, suas dependências e empréstimos do meio cultural, filosófico, e da evolução do pensamento teológico dos pais da Igreja". No século XVII, surgiu a expressão *teologia patrística* para indicar a doutrina dos Padres da Igreja, distinguindo-a de outras teologias (Agostinho, 2013c). Em termos filosóficos, ela foi uma vertente que teve início no período de transição entre a Antiguidade e a Idade Média.

O estudioso protestante Benoit (citado por Padovese, 1999) entendia que os Padres eram os exegetas do período no qual a Igreja estava unida, das origens do século I d.C. à ruptura com o Oriente. Esses Padres eram testemunhas da compreensão que os primeiros séculos cristãos tiveram das Escrituras.

Há diferenças entre os livros do Novo Testamento e os escritos dos pais apostólicos. A teologia dos pais apostólicos não pode ser atribuída a qualquer membro individual do grupo apostólico. Essa teologia reflete a fé da congregação típica dos primeiros anos da história cristã. As semelhanças entre os escritos dos pais apostólicos e o Novo Testamento canônico estão vinculadas às influências na forma de escrever dos pais apostólicos. Devemos considerar que ambas as fontes tratam da mesma fé.

Comparados com o Novo Testamento, os pais apostólicos se distinguem em razão de sua ênfase no que geralmente se denomina *moralismo*. A proclamação da Lei ocupa lugar de destaque nos escritos dos pais apostólicos. Isso acontece em parte porque se dirigiam a novas congregações cujos membros recentemente haviam abandonado o paganismo.

O moralismo não se encontrava na proclamação da Lei como tal, mas na maneira como isso era feito. Entre os pais apostólicos havia forte tendência de ressaltar a obediência à Lei, bem como a imitação de Cristo, como sendo o caminho para a salvação e o conteúdo essencial da vida cristã. A morte e a ressurreição de Cristo eram enfatizadas como o fundamento para a salvação dos homens (Hägglund, 2003).

Entre os muitos temas debatidos pela patrística, destacamos três, que receberam especial atenção nos primeiros escritos dos pais apostólicos: a salvação, o pecado e a justiça.

A salvação é apresentada, basicamente, sob o foco da imoralidade e da indestrutibilidade em vez do perdão dos pecados. Outro aspecto que recebe atenção especial é a importância do conhecimento. A referência principal nesse sentido passa a ser Cristo, que traz para a humanidade o conhecimento da verdade (Hägglund, 2003).

Jesus é enviado por Deus (Bíblia. João, 2018, 3: 16) como aquele que revela, com o objetivo de que o ser humano pudesse conhecer o Deus verdadeiro por meio dele e assim fosse liberto da servidão da idolatria e da falsa antiga aliança. Os pais apostólicos não diziam que Cristo era um mero professor; eles ensinavam que ele é Deus, aquele por cuja morte e ressurreição o dom da imortalidade é outorgado.

O pecado é descrito como corrupção, maus desejos e cativeiro sob o poder da morte, além de erro e ignorância; a ideia de culpa não é muito acentuada. Notamos aqui um paralelo com o que foi dito sobre a salvação; os pais apostólicos a consideravam como imortalidade ou iluminação decorrente da verdade, tal como se encontra em Cristo (Hägglund, 2003).

Como regra geral, a justiça não era descrita como dádiva de Deus outorgada aos homens de fé; em vez disso, era apresentada em termos de conduta cristã apropriada. Muitas vezes, era tida como o poder de Cristo que capacita o homem a fazer o que é correto e bom; ao mesmo tempo, também se dizia, de maneira um tanto unilateral, que a nova obediência era exigência prévia para o perdão e a salvação. Com exceção de Primero Clemente, os escritos dos pais apostólicos têm muito pouco em comum com a ênfase paulina da justificação pela fé (Hägglund, 2003).

Agostinho comenta que o período patrístico contou com a participação de muitos pensadores, entre os quais alguns se destacaram, como Clemente Romano, Inácio de Antioquia, Policarpo de Esmirna, o pastor de Hermas e Pápias (Agostinho, 1997). Por exemplo, a obra de Inácio inclui uma série de cartas a distintos destinatários.

Na perspectiva de Agostinho, o tema central que as perpassa é o da união: união com Deus, com Cristo, com o bispo, entre os cristãos. A perspectiva de Inácio é a de que essa união era a fonte viva na qual ele se alimentava. Sua convicção o levou ao desejo ardente de imitar o Cristo em sua paciência até a morte, o martírio (Agostinho, 1997).

5.3 Teologia escolástica

Em meados do século XI, o estudo sobre a teologia passou a despertar interesse em muitas pessoas nas universidades ocidentais. Hägglund (2003), estudando a teologia e sua história, esclarece que expressões como *escolástica* e *escolasticismo* foram usadas para designar uma espécie de teologia formalista e estéril. Para esclarecer esse tema, o autor observa que aqueles que se interessaram pelo escolasticismo empregaram um sistema dialético advindo da Antiguidade, quando se estudava a filosofia nas escolas e nas universidades no florescer da Idade Média. A Igreja Católica teria sido a protetora daqueles que ingressaram por essa vertente da teologia. A teologia escolástica cuidava de tratar os temas teológicos de modo minucioso. Silveira Bueno (2010) define *escolástica* como um sistema filosófico da Igreja Católica.

Rogério M. de Almeida (2018, p. 265) explica que a escolástica se estendeu até meados do século XV e, em seus últimos dias, teria vivido um período no qual ocorreram o fim do saber medieval e a transição para os tempos modernos, que trouxeram novos pensamentos teológicos.

Em meio à Idade Média (476-1453 d.C.), o cristianismo teria experimentado uma estabilidade institucional e intelectual entre os séculos IX e XV. O termo *escolástica* está vinculado à produção filosófica que aconteceu mais precisamente entre os séculos IX e XIII d.C. A teologia escolástica foi marcante em um período de intensidade do domínio católico no continente europeu. Mário Ferreira dos Santos (2017, p. 135) afirma que ela "foi a realização da mais extraordinária análise que se conheceu na história do pensamento humano".

Há perspectivas diferentes a respeito da escolástica, uma vez que, por um lado, ela é considerada uma escola de pensamento e, por outro, como o desenvolvimento de um método filosófico utilizado e aprimorado nas universidades da Idade Média. A teologia escolástica teria sofrido influência do platonismo e do aristotelismo, e sua intenção seria responder às questões pertinentes à fé cristã, como a constituição do ser humano (corpo, alma e espírito) e a compreensão do mundo invisível repleto de criaturas espirituais (anjos e demônios). Tais assuntos despertaram grande interesse em Tomás de Aquino.

Nesse processo, a referência a ser pesquisada é a escola de Alexandria, pois ela parece ser o paradigma mais antigo e preciso do esforço em se articular a sabedoria cristã e o *logos* grego (Passos, 2006). As escolas, que tomarão um novo impulso com o Renascimento carolíngio, vão reafirmar o papel fundamental do ensino para a vivência da fé cristã.

Urbano Zilles (2013), pesquisando sobre a patrística, analisa a contribuição de Eusébio, Clemente e Orígenes. Zilles (2013, p. 108) explica que, para Eusébio, "os profetas do Antigo Testamento e os apóstolos do Novo Testamento são os verdadeiros teólogos". O autor também menciona que Clemente e Orígenes se referem "aos 'antigos teólogos dos gregos' e aos 'teólogos dos persas', mas reclamam o título de 'verdadeira teologia' para o discurso cristão" (Zilles, 2013, p. 108).

De acordo com Passos (2006), as sete artes liberais vão compor um currículo básico, cuja função será formar o cidadão para sua vida pública e religiosa. A vida político-religiosa pressupõe uma cultura escolar básica, oferecida pelas ciências do *trivium* (gramática, retórica e lógica) e do *quadrivium* (aritmética, geometria, música e astronomia (Peinado, 2012, p. 3). Nesse currículo, o estudo da teologia será central, dedicado à busca por um método para estudar os textos bíblicos.

Os mestres buscavam categorias que permitissem expor o significado da mensagem bíblica. Essa investigação do texto evoluiu para o método das questões, que significou uma ruptura com o método exegético clássico, que tendia a inferir do texto seus significados intrínsecos – os sentidos literal, alegórico e tropológico –, adotando-se um método extrínseco, que parte do texto para as grandes questões elaboradas por abstrações e deduções lógicas.

A teologia escolástica se estruturou com base nesse método centrado nas questões. Basicamente, eram realizadas leituras críticas de obras selecionadas, apreciando-se as teorias dos autores por meio do estudo minucioso de seus pensamentos e de suas consequências. Se a fé será tomada como um ponto de partida para a reflexão racional, isto é, a fé será estudada de modo racional, a razão será, na verdade, o ponto de partida do que se conhece sobre o texto para poder compreendê-lo.

Por exemplo, conversando com alguns judeus, Jesus diz: "Porque, se, de fato, crêsseis em Moisés, também creríeis em mim; porquanto ele escreveu a meu respeito" (Bíblia. João, 2018, 5: 46). Supostamente, aqueles judeus sabiam o que estava escrito, mas não sabiam que aquele texto apontava para o que Jesus faria quando viesse a este mundo. Na sequência, Jesus questiona: "Se, porém, não credes nos seus escritos (de Moisés), como crereis nas minhas palavras?" (Bíblia. João, 2018, 5: 47). Os judeus tinham conhecimento racional dos textos escritos por Moisés, mas não tinham entendimento de que alguns desses escritos estariam vinculados a Jesus.

A escolástica nasce nesse como uma teologia estruturada metodológica e em seu currículo tem como centro o embate clássico entre fé e razão.

A proposição de Anselmo de Cantuária vai retomar a estatura especulativa das reflexões agostinianas e compor uma via de reflexão filosófico-teológica que soluciona a tensão anterior numa síntese superior capaz de fazer jus à fé e a razão. Para o pai da escolástica a fé precede à razão, mas a fé necessita da razão como um elemento elucidador de seu dinamismo. A fé busca o conhecimento – fides querens intellectum – e o conhecimento é capaz de chegar a Deus e demonstrá-lo racionalmente.
(Boehner; Gilson, 2012, p. 256-258, citados por Passos, 2006, p. 22)

A escolástica vai sendo adotada como o paradigma teológico oficial do magistério da Igreja e se torna um paradigma cada vez mais fixo que se reproduz sobre si mesmo e que serve como um sistema teórico-defensivo para a Igreja, na medida em que uma nova racionalidade vai sendo gestada fora das universidades (Passos, 2006).

Como personagem importante na história cristã e de seus expoentes pensadores, Eusébio de Cesareia (263-339 d.C.) também contribui fazendo surgir a teologia eclesiástica. De acordo com Zilles (2013), a teologia eclesiástica não apresentava vínculos com algum tipo de religiosidade pagã. Zilles (2013, p. 108-109) afirma que o termo *teologia* "adquire sua acepção clássica na obra de Dionísio Areopagita (século V-VI), que distingue entre teologia apofática (negativa), catafática (afirmativa) e mística".

Natalia S. Strok (2009, p. 38) esclarece que a teologia catafática é aquela que propõe afirmar de Deus as características criadas por ele, marcando o fato de que a causa deixa uma marca no efeito. Ao criar o ser humano, Deus teria deixado nele sua marca, além da imagem e da semelhança mencionadas em Gênesis 1: 26, 27, bem como o desejo pela eternidade, conforme Eclesiastes 3: 11.

Na sequência de nossos estudos, vamos abordar o que conhecemos a respeito da chamada *teologia negativa* (apofática).

Urbano Zilles (2013) explica que o termo definido por Dionísio não foi muito aceito por Agostinho (354-431 d.C.), que preferiu manter a expressão *doutrina cristã* para se referir ao conjunto dos mistérios cristãos. Segundo Zilles (2013), o termo *teologia* demorou a ser introduzido no universo eclesiástico e religioso do Ocidente e que a preferência se concentrava em termos como *doctrina sacra* e *sacra scriptura*.

Como afirma Zilles (2013, p. 109), "a teologia nasce no interior da fé. Por sua própria natureza, a fé aspira a ver, a compreender". A prática medieval da teologia não tinha unanimidade com relação à natureza desse saber.

Quando estudamos o pensamento de Tomás de Aquino, descobrimos que ele trata a teologia como ciência. Zilles (2013, p. 113) descreve que, para Aquino, "a fé e a razão se relacionam como graça e natureza[...] a revelação transcende a razão, sem contradizê-la". Jean-Yves Lacoste (citado por Zilles, 2013, p. 113) também explicita alguns comentários sobre a percepção de Tomás de Aquino com relação à teologia: Aquino e seus seguidores entendem a teologia "como um conhecimento teórico de Deus", e os franciscanos a veem "como um saber prático, voltado para a caridade". O nome *escolástica* surgiu em meio a uma diversidade de pensamentos que procuraram organizar o saber teológico medieval (Zilles, 2013).

Conforme José Antonio da Silva (2010, p. 74), a teologia escolástica foi elaborada como "um acúmulo teórico e metodológico que exercerá influência nas demais áreas de conhecimento em afirmação e expansão". Zilles (2013, p. 113), por sua vez, argumenta que ela foi construída para satisfazer as exigências da "fé em busca de inteligência". Há alguns contrastes quanto ao que se pensava sobre ela. No exercício do sacerdócio, os padres escreveram suas obras a partir de experiências espirituais, ao passo que os mestres medievais elaboravam uma teologia em laboratórios universitários, buscando sistematizar suas percepções intelectuais (Zilles, 2013).

Esse é um fenômeno que tem percorrido séculos e, ainda no século XX, não era difícil encontrar estudiosos que elaborassem suas teologias com base em experiências pessoais e subjetivas para atender a suas finalidades. Atualmente, deparamo-nos com mais formalidade quando pensamos em estudar a teologia e sua importância para o universo acadêmico e eclesiástico. A construção de uma teologia acadêmica no presente século pode ser complexa, mas conta com uma vasta contribuição literária que tem procurado instruir e alimentar os estudiosos da teologia para que as compreensões e as práticas sejam coerentes, equilibradas e relevantes.

Zilles (2013, p. 113) esclarece, com base em Lacoste, que "a teologia doutrinária intelectualista, na decadência da Idade Média, distanciou-se da experiência da vida de fé e das fontes bíblicas, criando as condições para a divisão da Igreja, no Ocidente, pela Reforma e Contrarreforma, no século XVI".

Terezinha Oliveira (2013) comenta que, durante a Idade Média, as escolas elaboraram e formularam a filosofia cristã. Estudando sobre a percepção de Martin Grabmann, ela confirma a ideia de que a escolástica surgiu no centro das relações medievais, as escolas. Os conventos teriam o direito à paternidade dela, o que mais tarde, séculos depois, foi assumido pelas universidades. O novo proporcionado pela escolástica responderia às questões humanas de sua época (Grabmann, citado por Oliveira, 2013).

Quando pensamos a respeito dos movimentos que ocorreram no período medieval envolvendo a teologia, deparamo-nos com muitas contribuições, sendo possível constatar que realmente foi um período muito marcante. Oliveira (2013, p. 40) explica que, na perspectiva de Grabmann, "a Escolástica foi a maneira que os homens medievais elaboraram para produzir o saber, seja das coisas divinas, seja das coisas humanas e naturais".

A excepcional unidade cultural alcançada no século XIII não estava destinada a ser permanente, nem estava tão aperfeiçoada como se imaginava diante do espetáculo dos grandes feitos da arte, da filosofia e da organização eclesiástica. Parece ter sido o resultado de um grande empenho "espiritual" deliberado que teve como consequência um grau de tensão muito elevado, seguido de uma inevitável reação em que elementos da cultura ocidental, reprimidos ou ignorados, voltaram a se afirmar (Dawson, 2014).

5.4 Teologia moderna

Alessandro Ghisalberti (2,011), pensando sobre as raízes medievais no pensamento moderno, escreve que elementos como tolerância e liberdade religiosa favoreceram o estabelecimento de diversas confissões religiosas geradas a partir da Reforma Protestante. De modo resumido, podemos afirmar que, no pensamento moderno, a figura divina deixa de ser o centro de debates e ponderações, e a vida humana passa a ter mais importância, a ponto de assumir a primazia das atenções.

O humanismo floresce e se fortalece e faz surgir intelectuais como Giovanni Pico della Mirandola, que defendia uma religião leiga que fundisse helenismo, cristianismo e judaísmo (Casoretti, 2020). Em termos teológicos, essa posição se torna uma ofensa para esses três segmentos. Para pensarmos sobre o humanismo, que aparentemente almejava essa fundição, temos a contribuição de Heidegger (1991), para quem a percepção sobre a vida humana é determinada com base no ponto de vista de uma interpretação fixa da natureza, da história, do mundo, do fundamento do mundo, isto é, do ponto de vista do ente em sua totalidade.

O estudo sobre o humanismo desperta áreas da academia como filosofia, sociologia e teologia. O cristianismo, que procura atender o ser humano em sua totalidade, desenvolve uma teologia com a prerrogativa de analisar o ser humano integralmente para poder atendê-lo. Essa perspectiva encontra respaldo nas palavras do apóstolo Paulo aos tessalonicenses, quando menciona sua preocupação a respeito deles: "O mesmo Deus da paz vos santifique em tudo; e o vosso espírito, alma e corpo sejam conservados íntegros e irrepreensíveis na vinda de nosso Senhor Jesus Cristo" (Bíblia. 1 Tessalonicenses, 2018, 5: 23). Esse entendimento em Paulo a respeito do ser humano demonstra uma preocupação não apenas teológica, mas também psicológica e física. A fusão esperada pela perspectiva humanista entre helenismo, cristianismo e judaísmo não foi adiante.

Teresa A. P. de Queiroz (1995) argumenta que o ser humano se tornou o centro do universo no âmbito de um movimento que ficou tradicionalmente conhecido como Renascimento, que provocou mudanças na cultura europeia e contribuiu para que o ser humano, mesmo retratando os atributos divinos em boa parte de suas obras, se tornasse o centro do que se fazia na sociedade. Nesse ambiente de transformações nasce o empirismo, que favorece o surgimento da filosofia moderna, rompendo com a tradição metafísica, que tinha a experiência sensível e o mundo transcendental como base de suas argumentações e convicções.

Robert G. Meyers (2017, p. 10) explica que "o empirismo pode ser expresso como o ponto de vista segundo o qual toda justificação de crenças sobre a existência real depende da experiência". No campo teológico, essa é uma mudança radical, pois estudar a Deus e aquilo que dizia respeito a ele continuará sendo feito, mas à margem, diante do surgimento de ideias e discussões mais interessantes para a vida humana.

Nesse cenário humanista e renascentista surgiram personagens marcantes no processo de mudanças, como Thomas Hobbes, que apregoou o naturalismo como um moderno sistema completo de filosofia da experiência (Bobbio, 1992). A ênfase na experiência se tornará comum nesse período.

O linguista e teórico da tradução Serhii Wakúlenko (2006, p. 343) observa que o século XVII foi marcado por "grandes pensadores originais, negadores de velhas tradições e criadores de novas". O filósofo inglês John Locke (1632-1704) fazia parte dessa geração e defendia que pela experiência se estabelecia o conhecimento. Anos depois, tivemos a contribuição de David Hume (1711-1776), filósofo e historiador inglês, que rompeu definitivamente com a metafísica (Hume, 2016). Nesse contexto, o pensar teológico será reavaliado, e novos expoentes surgirão em meio a essas transformações.

O início da teologia moderna aconteceu com Friedrich Schleiermacher no começo do século XIX. Ele foi educado no contexto da visão da teologia pietista (Constanza, 2005; Dreher, 1995). Roberlei Panasiewicz (2008a), em estudo sobre a modernidade, explica que ela é uma reação à estrutura de organização medieval. As referências centrais dela são a razão humana e a ciência.

Na modernidade, novos métodos foram sendo desenvolvidos para que os textos bíblicos pudessem ser mais bem compreendidos. Até então, "o que houve, de fato, durante séculos, foi uma leitura das histórias bíblicas sem qualquer crítica histórica aos fatos nela contados. Até a época da Reforma, a Sagrada Escritura foi tida como documento sem erros da revelação divina" (Panasiewicz, 2008b, p. 1).

A partir desse período, as análises a respeito dos textos bíblicos passarão por avaliações quanto ao seu conteúdo e também quanto à sua forma. Antes desse período existiam critérios para a interpretação bíblica, mas a partir da modernidade as interpretações passarão a ser mais rigorosas.

A exegese bíblica vai se tornando histórica e, posteriormente, crítica. No método histórico, no acréscimo da palavra *crítica*, manifesta-se o intuito de distinguir entre histórias puramente imaginadas, inventadas, e histórias reais, verificáveis. Com esse método histórico-crítico, procura-se ler as narrativas sagradas buscando saber se os fatos narrados realmente aconteceram e se aconteceram da forma como estão narrados (Schmitt, 2019).

Em artigo sobre a relação entre teologia e universidade, João Décio Passos (2006, p. 25) argumenta que

> Na universidade moderna, a teologia vai sendo expulsa pela razão política já conhecida: a separação Igreja e Estado. A teologia, sendo coisa

de Igreja e servindo apologeticamente a ela, não tem mais lugar dentro do novo contexto epistemológico que se sustenta na ideia da autonomia absoluta da razão em relação à fé, na investigação científica e na formação de profissionais para os serviços do Estado. São os casos das universidades de Paris e de Coimbra.

Como bem explica Passos (2006), as teologias modernas produziram sistemas e subsistemas teóricos que incluíram objetos, métodos e referências do pensamento e das ciências modernas. O autor considera que as características fundamentais da ciência moderna foram a linguagem matemática, presente nas fórmulas que decodificam os fenômenos naturais, e a relação com a técnica, ou a produção, de aparatos tecnológicos capazes de estudar a natureza.

Para nortear nosso pensamento sobre uma teologia moderna, pensemos no uso de um telescópio pelos astrônomos. Ao utilizá-lo como equipamento de pesquisa, os cientistas terão a oportunidade de obter novas informações sobre os astros e as estrelas. Se tivermos fé e pensarmos teologicamente no poder criativo de Deus, teremos uma base bíblica nos informando que "o universo foi formado pela palavra de Deus, de maneira que o visível veio a existir das coisas que não aparecem" (Bíblia. Hebreus, 2018, 11: 3). O telescópio, como objeto a ser usado para fins científicos, poderá confirmar aquilo que as Escrituras já informam à humanidade seguramente há mais de dois mil anos.

Um dos caminhos que a teologia moderna percorre é a composição de teorias, entre as quais estão aquelas que procuram decifrar e decodificar o universo e o que há nele. A experimentação e a observação fazem parte desse processo. Nesse cenário, Passos (2006, p. 28) afirma que as "teologias modernas significaram, em todas as suas frentes e modalidades, um trabalho de revisão e reelaboração teológica em diálogo com as filosofias e ciências modernas, embora muitas vezes fora do contexto universitário estrito senso".

No século XX, principalmente após a Segunda Guerra Mundial (1939-1945), esteve presente nas universidades o trabalho de pesquisadores que se tornaram referência no universo das ciências modernas. O Prêmio Nobel de Física de 1922, Niels Bohr, criou um modelo atômico explicando que os elétrons estão em órbitas específicas em torno do núcleo atômico, que é positivo, e nessas órbitas (chamadas de *fundamentais*) os elétrons se movimentariam sem perder energia (Riveros, 2013).

Nas universidades, as teologias modernas podem fazer uso de teorias como a de Bohr de modo metafórico para estudar temas teológicos que, em um tempo futuro, poderão render muitos debates entre teólogos, filósofos e cientistas. Por exemplo, há uma busca na atualidade por estabelecer bases na Lua para, a partir dela, direcionar-se ao planeta Marte para explorá-lo. Esse é um tema que pode ser examinado tanto pelo segmento científico da sociedade quanto pelo religioso. O universo acadêmico é um lugar apropriado para a promoção de debates com temas que dizem respeito à vida humana, ao futuro dela e à forma como questões teológico-religiosas podem fazer parte desse processo. As teologias contemporâneas são as mais indicadas para analisar ideias e assuntos como esses.

5.5 Teologia contemporânea

Pensando na teologia e em sua relevância no universo acadêmico, percebemos que ela trabalha com conceitos abstratos e eternos para serem compreendidos em uma temporalidade finita. As ciências exatas e as humanas não têm essa característica. A teologia representa um empreendimento humano inicialmente em busca de respostas para suas questões. Em princípio, sua finalidade é perceber um objeto ou uma área do fenômeno, compreendê-lo em seu sentido e tematizá-lo. O termo *teologia* parece indicar que ela, se aceita como ciência particular, visará perceber, compreender e tematizar a Deus (Barth, 1996).

Uma nova perspectiva teológica surgiu no início do século XX, com o pastor Karl Barth, na busca de reaver a natureza e o sentido da Bíblia como padrão de fé e prática da Igreja. Inicialmente, a teologia contemporânea contempla a passagem do teocêntrico ao antropocêntrico, exaltando a razão e dando crédito à subjetividade (ou seja, ao sujeito na história). Ela pode ser entendida como um estudo analítico-crítico das manifestações teológicas surgidas após a Reforma e, em geral, contrárias ao sistema dela.

As reflexões envolvendo temas teológicos e religiosos tiveram dois momentos especiais na segunda metade do século XX. Um desses momentos, de acordo com Passos (2010), foi o Concílio Vaticano II (1962-1965). O segundo, conforme Padilla (2014), foi o encontro sobre Missão Integral em Lausanne, em 1973. Nessas duas ocasiões, debateram-se temas diversos e abriu-se caminho para novas formas de se pensar em teologia. Entre outros assuntos, o pensar sobre o liberalismo teológico fez parte das discussões.

Liberalismo teológico

Em meio aos estudos sobre teologia contemporânea, destacam-se questões levantadas por estudiosos considerando-se que a nova abordagem teológica após a Reforma não ignorava Deus no que diz respeito à sua existência, mas o colocava no mesmo patamar do ser humano. Deus e o homem seriam coiguais, no mesmo plano de relacionamento horizontal, com a possibilidade de serem estudados como qualquer objeto é estudado. Essa perspectiva não foi tida como um sucesso da teologia liberal, como Karl Barth argumentaria amplamente em sua teologia dialética, uma vez que "Deus é o Totalmente Outro" (Mora, 2021).

Em princípio, além de uma abordagem de reflexão religiosa, o termo *liberalismo* também se aplica a um movimento teológico em meio ao protestantismo, cuja produção intelectual ocorreu entre o final do século XVIII e o início do século XX. Por meio de uma perspectiva crítica e racional, as religiões eram abordadas sem que se menosprezasse a importância da devoção religiosa, o que incluía experiências e compromisso (Langford, 2017).

A teologia liberal procurava interpretar as doutrinas cristãs levando em consideração o conhecimento moderno, a ciência e a ética (Rasor, 2005). O liberalismo teológico enfatizava a importância da razão e da experiência sobre a autoridade doutrinária (Dorrien, 2001). Os cristãos liberais viam sua teologia como uma alternativa ao racionalismo ateísta e às teologias tradicionais baseadas na autoridade externa (como a Bíblia ou tradição sagrada).

A vida de Jesus tem sido alvo constante de estudiosos e pesquisadores no campo da teologia. Há teólogos liberais que se concentraram na busca pelo Jesus histórico e enfatizavam o caráter ético e moral da mensagem cristã (Fontana, 2006). Entre os pensadores que se destacaram por se dedicarem a esse liberalismo estão Johann David Michaelis (1717-1791), Friedrich Schleiermacher (1768-1834) e Adolf von Harnack (1851-1930).

Em artigo sobre o diálogo na reflexão teológica, Celso Gabatz (2015, p. 233) afirma que "a contemporaneidade tem sido marcada, em grande medida, pela ciência e pela técnica, pelos nacionalismos e a intolerância. A comunicação, em suas diversas possibilidades, pode favorecer o intercâmbio cultural e religioso". O liberalismo criou raízes e cresceu nos Estados Unidos no século XIX e não ficou imune ao liberalismo econômico com origens na filosofia iluminista e ao socialismo, tendo dois expoentes alemães, Karl Marx e

Frederic Engels, que publicaram uma obra revolucionária – *O manifesto comunista* (Marx; Engel, 2010). O unitarismo e o romanticismo norte-americanos foram solos especialmente receptivos à mudança teológica radical. Essa mudança provocou consequências na teologia norte-americana, o que conduziu a mudanças adicionais e muito criticadas nos círculos mais ortodoxos (Xavier, 2016, p. 18).

Podemos pensar que, se a teologia liberal falhou em seu reducionismo racional, deixando o papel da revelação em segundo plano, no entanto, ao propor o método histórico-crítico, ela resgatou o valor científico da exegese e da hermenêutica bíblica, propondo uma "teologia ascendente", contra a mais ortodoxa "teologia descendente", com a qual se obtém uma nova leitura de histórias bíblicas – da criação, da imagem do homem, da soteriologia e da escatologia, entre outras.

Em seu estudo, Gabatz (2015, p. 233) explica que

Tais transformações impactam também no modo como as pessoas cultivam sua religiosidade e consolidam suas verdades e valores. Muito do que acontece hoje no cenário religioso atual escapa às concepções usuais de religião, habitualmente trabalhadas pelos estudiosos. Há que se ter uma análise mais aprofundada e abrangente para dar conta da realidade que se apresenta.

Esse movimento, basicamente, tendeu a ajustar o cristianismo aos conceitos da alta crítica da Bíblia, da ciência e das filosofias modernas. Essa tendência ganhou adeptos e, atualmente, pode ser notada sob outros títulos, como *modernismo*, *racionalismo* e *nova teologia*.

Teologia do mito

Em nossa busca por aprender e aperfeiçoar nosso conhecimento teológico, abordamos anteriormente narrativas filosóficas e religiosas classificadas como mitos, a exemplo do mito da caverna, de Platão, na filosofia, e do relato de Daniel na cova dos leões na teologia.

O século XX foi, de fato, um período efervescente da história humana. No que se refere à teologia, muitos pensadores, auxiliados pelos trabalhos da antropologia e da arqueologia, reconsideraram suas posições teológicas e analisaram tradições, credos e doutrinas. Com relação às Escrituras, textos e perícopes que tradicionalmente eram aceitos como relatos históricos passaram a ser questionados, reconsiderados e reclassificados na questão literária.

Sérgio C. P. Almeida (2017, p. 68) esclarece que "a linguagem mitológica que é essencial na proclamação neotestamentária, não possui validade alguma para o homem moderno mergulhado no cientificismo e consequentemente para este, tal concepção é fruto de uma mente arcaica".

Nessa perspectiva, estudando os capítulos iniciais do Livro de Gênesis (Capítulos 1 ao 11), verificaremos que há narrativas que teriam vínculo com mitos de origem mesopotâmicos, no mesmo contexto das origens, com a mesma organização lógica e com a mesma finalidade. Vaz (2007) observa que, por esse motivo, há um segmento na teologia que aceita a ideia de que Gênesis 1-11 é um conjunto literário formado por mitos de origem. Esse parecer deveria ser fundamentado por meio de um estudo minucioso (exegese) dos textos que compõem esse conjunto e que exorbita dos reduzidos limites desta comunicação. Seria muito fecundo e positivo para a compreensão daqueles que assim creem.

Como bem explica Vaz (2007), o gênero literário mito sofreu resistência por muito tempo no Ocidente. A conotação vinculada ao mito era pejorativa, uma perspectiva literária sem crédito teológico. Era o resultado da mentalidade estratificada de modo complexo em muitas camadas, que foram se sobrepondo sucessivamente, desde os primeiros filósofos gregos até a atualidade.

De fato, nos séculos XVIII e XIX, algumas narrativas eram consideradas "fábulas", fontes de recriação, mas não de verdades fundamentais (Wunenburger, 1995). Os mitos eram rejeitados, pensando-se que haviam constituído um momento infantil, produto da mentalidade primitiva e de um estádio imperfeito da linguagem ou uma forma inferior do pensamento, entregue às delícias suspeitas da fantasia (Gusdorf, 1984). Preconceitos errôneos e uma tradição filosófica dominante associavam a expressão *narrativa mítica* à expressão *ingênua fantástica*, traço característico do pensamento arcaico e do estado de atraso de selvagens.

Vaz (2007, p. 49) conta que

Alguns estudiosos ainda conseguiam ver no mito um relato de acontecimentos fabulosos, que esconderia em si uma doutrina rudimentar, equivalente a uma filosofia ou a uma teologia em estado grosseiro. De qualquer forma, a partir do séc. XIX e até meados do séc. XX tornou-se tradicional a oposição entre mito e realidade ou entre mito e verdade objetiva e acertada, contrapondo-se o mito à história. A verdade autêntica associava-se ao rigor especulativo e à ciência exata.

Quando estudamos narrativas bíblicas e temas desenvolvidos pela teologia, há naturalmente uma expectativa de os textos serem entendidos como relatos históricos em um contexto real, pois se trata de escritos considerados sagrados. A aceitação da interpretação desses escritos como mitos causava desconfortos.

Teologia da esperança

Sob a compreensão de que os escritos bíblicos fazem parte de um contexto e têm um cumprimento na história da humanidade, pesquisando sobre o que aconteceu após a Segunda Guerra Mundial, notamos que alguns teólogos do segmento cristão protestante se mostraram inquietos com os rumos da teologia. Entre eles está

Jürgen Moltmann, considerado o fundador da teologia da esperança, movimento teológico contemporâneo que surgiu na Alemanha (Kuzma, 2009). O principal assunto em seus debates iniciais era a compreensão da história. Havia um existencialismo generalizado no pós-guerra que precisava ser superado. A ênfase das discussões recaía na obtenção de perspectivas para um mundo futuro mais justo, pacífico e humano (Moltmann, 2005).

No segmento católico, houve uma nova perspectiva de esperança teológica a partir da realização do Concílio Vaticano II (1962-1965), sobretudo por sua Constituição *Gaudium et spes*, que tratava das alegrias e esperanças que germinaram no interior da Igreja. Trata-se de um documento voltado para a ação da Igreja no mundo.

Enquanto o barthianismo, em princípio, era antiescatológico, a teologia da esperança procurou levar a história e o futuro a um novo tempo, reagindo ao existencialismo de Barth e de Bultmann, que o enfatizavam.

Teologias sociais

Com base no que estudamos sobre a teologia da esperança, percebemos que a sociedade do século XX no pós-Segunda Guerra ficou cheia de necessidades a serem supridas, como no caso dos países e povos que precisavam ser reconstruídos. Sob a perspectiva espiritual e emocional, a teologia poderia contribuir nesse processo de reconstrução, mas as necessidades sociais também precisavam ser atendidas. A esse respeito, o professor de teologia Josias Moura de Menezes (2008) explica que "a teologia nasce de um contexto sociocultural. Ele entende que ao estabelecer um diálogo com as ciências sociais, o teólogo cristão terá, por sua vez, de renunciar sua posição cômoda de considerar sua religião um santuário protegido de críticas". Segundo ele, as ciências sociais têm se dedicado a discutir temas com a teologia quando se pensa sobre seu desempenho em cooperar com as necessidades sociais da comunidade. Há de se considerar que nem tudo pode ser explicado sociologicamente, mas pode ser discutido para que um bem comum seja alcançado para cada necessidade, tanto social quanto teológica.

De acordo com essa perspectiva, o evangelho social teve como seu maior intérprete Walter Rauschenbusch (1861-1918), pastor e professor no seminário batista de Rochester, de 1897 até seu falecimento. Outro representante muito importante dessa perspectiva de ação em relação ao Evangelho foi Martin Luther King, pastor que lutou nos Estados contra o preconceito racial e a injustiça social contra os negros (Carson, 2014).

Na pós-modernidade, a teologia contempla uma prática educativa ao contextualizar a fé, a crença, com as diferentes realidades humanas, especialmente sociais, políticas e econômicas. Nesse sentido, considera-se que as teologias pós-modernas ocupam um relevante papel para o conhecimento humano, relacionando questões importantes do dia a dia com a prática da fé na comunidade.

Nesse contexto, surgem movimentos sociais estimulados pelos princípios da teologia da libertação. Em meio a esses movimentos, encontramos lideranças religiosas exercendo a função sacerdotal, mas não sendo incomum vê-las envolvidas em questões políticas. No segmento cristão de modo geral, emergiram teologias de apoio às pessoas que fazem parte desses movimentos, que reivindicam a reocupação de terras e a ampliação das oportunidades de trabalho para pessoas em estado de vulnerabilidade social (Pezzini, 2016).

Teologia relacional

Se a comunidade em que vivemos faz parte de uma sociedade plural, com pensamentos, sentimentos e entendimentos diversos, parece-nos natural que os relacionamentos interpessoais produzirão experiências diversas. Entre essas experiências, aquelas que envolvem a fé em Deus e o anseio por conhecer mais sobre ele e seus ensinamentos desencadearam o surgimento de estudiosos da teologia com novas percepções sobre a forma de se relacionar com Deus em meio a tragédias e catástrofes, por exemplo.

Segundo o teólogo e professor Augustus Nicodemus Lopes (2011), de certa forma, com base em uma perspectiva liberal, despontou no século XX uma nova concepção a respeito da teologia quando se está diante de uma tragédia, algum tipo de caos. Alguns estudiosos norte-americanos, como Greg Boyd, John Sanders e Clark Pinnock, desenvolveram uma concepção que passou a ser identificada como *teologia relacional* (Clark, 2017), a qual se tornou popular e gerou adeptos em países como o Brasil.

Lopes (2011) afirma que há posicionamentos críticos em relação a essa perspectiva teológica, visto que ela "considera a concepção tradicional de Deus inadequada, ultrapassada e insuficiente para explicar a realidade, especialmente catástrofes". Ela seria "uma nova visão sobre Deus e sua maneira de se relacionar com a criação".

O professor Nicodemus Lopes (2011) resume da seguinte forma os pontos principais dessa teologia:

> *1. O atributo mais importante de Deus é o amor. Todos os demais estão subordinados a esse. Isso significa que Deus é sensível e se comove com os dramas de suas criaturas.*
>
> *2. Deus não é soberano. Só pode haver real relacionamento entre Deus e suas criaturas se estas tiverem, de fato, capacidade e liberdade para cooperar ou contrariar os desígnios últimos de Deus. Deus abriu mão de sua soberania para que isso ocorresse. Portanto, Deus é incapaz de realizar tudo o que deseja, como impedir tragédias e erradicar o mal. Contudo, Ele acaba se adequando às decisões humanas e, ao final, vai*

obter seus objetivos eternos, pois redesenha a história de acordo com essas decisões.

3. *Deus ignora o futuro, pois Ele vive no tempo e não fora dele*. Deus aprende com o passar do tempo. O futuro é determinado pela combinação do que Deus e suas criaturas decidem fazer. Nesse sentido, o futuro inexiste, pois os seres humanos são absolutamente livres para decidir o que quiserem e Deus não sabe antecipadamente que decisão determinada pessoa haverá de tomar em determinado momento.

4. *Deus se arrisca*. Ao criar seres racionais livres, Deus estava se arriscando, pois não sabia qual seria a decisão dos anjos e de Adão e Eva. E continua a se arriscar diariamente. Deus corre riscos porque ama suas criaturas, respeita a liberdade delas e deseja relacionar-se com elas de forma significativa.

5. *Deus é vulnerável*. Ele é passível de sofrimento e de erros em seus conselhos e orientações. Em seu relacionamento com o homem, seus planos podem ser frustrados. Ele se frustra e expressa esta frustração quando os seres humanos não fazem o que Ele gostaria.

6. *Deus muda*. Ele é imutável apenas em sua essência, mas muda de planos e até mesmo se arrepende de decisões tomadas. Ele muda de acordo com as decisões de suas criaturas, ao reagir a elas. Os textos bíblicos que falam do arrependimento de Deus não devem ser interpretados de forma figurada. Eles expressam o que realmente acontece com Deus.

Lopes (2011) entende que esses conceitos sobre Deus "decorrem da lógica adotada pela teologia relacional quanto ao conceito da liberdade plena do homem, que é o ponto doutrinário central da sua estrutura". Segundo ele, nessa teologia, as decisões do ser humano não podem sofrer influência sob nenhum aspecto. Nesse sentido, a teologia relacional estaria rejeitando "não somente o conceito de que Deus preordenou todas as coisas (calvinismo) como também o conceito de que Deus sabe todas as coisas antecipadamente (arminianismo tradicional)" (Lopes, 2011).

Teologia da prosperidade

Depois de estudarmos um pouco sobre a teologia relacional, ao refletirmos sobre as reconstruções que ocorreram a partir da segunda metade do século XX, percebemos que países como o Japão, por exemplo, precisaram trabalhar e acreditar que seria possível reconstruir. No cenário norte-americano também aconteceram muitas reconstruções envolvendo questões de fé e de percepção sobre o que poderia ser feito com a ajuda de Deus. Nesse contexto, a teologia da prosperidade, que já se fazia presente desde o século XIX na cultura norte-americana, foi fortalecida e avançou.

Em artigo sobre a origem norte-americana do movimento, Gabriel Maurílio e Marivete Kunz (2018) explicam que a teologia da prosperidade teria se iniciado nos dois primeiros séculos depois de Cristo e pertenceria ao gnosticismo.

Já para Carolyne S. Lemos (2017, p. 81), essa teologia teria surgido "nos Estados Unidos durante o século XIX, tendo como berço o puritanismo". O cerne dessa concepção estaria ligado à ação de doar financeiramente valores, inserida na liturgia do culto, em prol de conquistar algum tipo de bem ou recompensa material por ter feito bom uso da fé.

Um dos precursores dessa teologia em solo norte-americano foi Kenneth Hagin (1917-2003), que fez uso de textos bíblicos, normalmente vinculados aos patriarcas do Antigo Testamento (Abraão, Isaque e Jacó) e ao rei Salomão, para fundamentar suas convicções e seus ensinamentos voltados à prosperidade financeira (Lemos, 2017).

Lemos (2017, p. 81) esclarece que

> *O novo reordenamento do paradigma pentecostal atingiu a América Latina, a Ásia e a África. Antes mesmo da Segunda Guerra Mundial essa*

dinâmica já vinha ganhando contornos acentuados. É, sobretudo, a partir das reformas orientadas para o mercado que o paradigma baseado na teologia da prosperidade atinge várias superfícies do globo. Estamos nos referindo ao movimento de globalização da economia, momento em que são desencadeadas as reformulações do papel do Estado e as desregulamentações dos mercados, com fortes rebatimentos no contexto de vida das classes médias e das classes mais pobres.

No Brasil, na década de 1970, essa perspectiva teológica foi assimilada por alguns grupos religiosos. Basicamente por meio dos neopentecostais, ela passou a ser disseminada, sobretudo pelo uso da mídia televisiva, em especial nas últimas duas décadas. Lemos (2017) entende que se trata de uma perspectiva teológica que introduziu a pobreza e a doença no rol de maldições que podem acometer a vida daqueles que não se preocupam em acumular riqueza na terra.

Claudio Ribeiro (2007, p. 55), em estudo sobre os ensinamentos e desdobramentos dessa teologia, destaca que ela "não afirma que o capitalismo é o Reino de Deus, ainda que sua proposta de salvação do ser humano seja identificada a partir da apropriação e do consumo de bens, em consonância com a lógica capitalista". Ainda no século XXI, essa perspectiva teológica continua integrando as práticas cultuais e eclesiásticas de boa parte das Igrejas evangélicas norte-americanas, brasileiras e latinas.

Síntese

Neste capítulo, abordamos alguns aspectos da teologia cristã, que pode ser concebida por meio dos textos bíblicos literais e também pelo debate de temas específicos. Citamos algumas profecias a respeito de Cristo no Antigo Testamento e seu cumprimento em textos do Novo Testamento.

Explicamos por que a teologia patrística não deve ser atribuída a algum membro do grupo apostólico original e como esta se reflete, na verdade, no desenvolvimento da era pós-apostólica. Em termos literários, há semelhanças com os escritos canônicos do Novo Testamento e, possivelmente, os pais apostólicos foram influenciados diretamente por um autor canônico. Alguns temas foram muito debatidos no período em que perdurou essa perspectiva teológica, entre eles Cristo como o Deus que salva e o Reino de Deus.

Examinamos a perspectiva escolástica, que parece ter sido concebida sob a influência do platonismo e do aristotelismo e cuja função seria a de responder a questões relacionadas à fé cristã, como a constituição do ser humano (corpo, alma e espírito) e o mundo invisível ocupado por seres espirituais. Tal assunto despertou grande interesse em Tomás de Aquino.

A modernidade, uma reação à estrutura de organização medieval, centrava-se na autoridade, na razão humana e na ciência, e seu principal estandarte era a autonomia do sujeito histórico. Nesse contexto, estudamos a teologia moderna, do início do século XIX, cujo principal fomentador foi Friedrich Schleiermacher.

A teologia, por ser uma ciência em busca de respostas que envolvem o ser divino, permite estudá-lo sob diversas perspectivas. No século XX, algumas delas se fortaleceram e outras surgiram. A tematização dos pensamentos se tornou comum, sem necessariamente constituir alguma ramificação da teologia sistemática. A contemporaneidade, que tem sido marcada pelo avanço da ciência e da tecnologia, pelos nacionalismos e pelas intolerâncias, tem tido oportunidades, na teologia, de se expressar de maneira ousada e descompromissada com teologias ortodoxas.

Por fim, apontamos que a liberdade de expressão tem sido reivindicada na área acadêmica da teologia e tem feito surgir ideias e teorias que têm gerado contínuos debates e, até mesmo, embates.

Atividades de autoavaliação

1. Sobre o modo de ser da teologia e do cristianismo, o que faz parte do processo de aprendizado nesse universo de pesquisas e debates a respeito da divindade e de um "inexplicável" relacionamento com ela?

   a) A teologia, por ser uma ciência exata, e o cristianismo, por ser uma religião viva e dinâmica, mostram que os elementos constituintes no processo de pensar em teologia nos levam a praticar o cristianismo com mais coerência, clareza e empatia para com as demais ciências e religiões. Com relação à divindade, as pesquisas e os debates contribuem para que a fé no ser divino amadureça e cresça.

   b) Como se trata de um processo complexo, o principal seria manter a convicção pessoal, mas sempre ouvindo e refletindo sobre todas as convicções diferentes. Em meio a tantas doutrinas e ensinamentos sobre as Escrituras e sobre a divindade, os desafios que surgem em busca do novo nos confirmam que a teologia é imprescindível para que tenhamos plenos esclarecimentos a respeito do ser divino.

   c) Quando pensamos em teologia e cristianismo, lembramos que eles caminham juntos. O aprendizado é contínuo, os desafios são constantes e, por mais argumentos que sejam ouvidos por parte de outras ciências e religiões, as reações apologéticas nesse processo nos confirmam a irrelevância do diálogo inter-religioso.

   d) Nesse processo, surge o desafio de buscar o novo com a necessidade de se abrir em meio à demanda das contribuições do outro, o que exige uma superação em relação a quaisquer reações apologéticas. Entre tantos aspectos, destacamos a importância de refletir sobre a perspectiva a respeito do *logos* de Irineu. Ele pensa na realidade por meio do Deus Criador e da Encarnação do Verbo, bem como da redenção do espírito. Em outras palavras, "ou é realista ou não é nada", o que resulta em uma concepção teológica que se consagrou como um "modo de pensar realista".

e) Todo aprendizado se concretiza por meio de um processo, por isso, na teologia e no cristianismo, os pontos principais são buscar conhecer a Deus e a Cristo. Assim como pensava Irineu, a redenção ocorrerá quando houver concordância no universo acadêmico e no religioso. Para que haja crescimento, é necessário que os estudiosos concordem com as opiniões divergentes.

2. Embora a teologia tenha seus pilares e fundamentos, ela passa constantemente por reavaliações e ajustes. Durante o período medieval, muitos questionamentos feitos por teólogos e filósofos resultaram em algumas mudanças. Após esse período, surgiu a teologia patrística. Assinale a alternativa correta a respeito da patrística:

a) A patrística é resultado das considerações de Martinho Lutero e de João Calvino, que estabeleceram novas teses e doutrinas para que os cristãos pudessem combater as heresias relativas à venda de indulgências e ao celibato obrigatório a ser obedecido pelos sacerdotes.

b) A expressão *teologia patrística* foi concebida no século XVII para indicar a doutrina dos Padres da Igreja, distinguindo-a das outras teologias conhecidas até então. O termo *Padre* ou *Pai da Igreja* referia-se ao escritor leigo, sacerdote ou bispo da Antiguidade cristã, considerado pela tradição posterior como testemunho particularmente autorizado da fé.

c) O combate dos Pais da Igreja era contra os gnósticos e suas concepções equivocadas sobre o Deus Criador e sobre Jesus, o

Redentor. Além disso, a patrística criou um sistema tão rigoroso de combate aos hereges que fez surgir a Santa Inquisição. Todos os teólogos e filósofos que se colocaram contra os ensinamentos patrísticos foram sentenciados à fogueira.

d) A teologia vive dois momentos em sua história basicamente: antes e depois da patrística. Os escritores patrísticos se dedicaram, por meio de seus ensinamentos, a combater as heresias feitas com relação aos textos bíblicos do Novo Testamento. Sobre o Antigo Testamento, eles não opinavam e não se opunham às concepções teológicas que surgiam. Os Pais da Igreja, basicamente, visavam que as tradições católicas estabelecidas por Constantino no século IV d.C. fossem mantidas.

e) Escola teológica que surgiu no século XVII, liderada por Agostinho de Hipona e Friedrich Nietzsche, a patrística combatia as heresias gnósticas a respeito da dupla natureza de Cristo. Além disso, os ensinamentos patrísticos abriram caminho para que o liberalismo teológico de Friedrich Schleiermacher obtivesse êxito no segmento cristão no século XVIII.

3. A teologia passou por intensos debates desde os primeiros séculos da Era Cristã e, nesse universo, surgiu a escolástica. Assinale a alternativa correta a respeito das correntes teológicas dos adeptos dessa escola:

a) Os intérpretes (mestres) abandonaram a literalidade do texto bíblico e passaram a interpretar as narrativas bíblicas sob a perspectiva filosófica e social. Além disso, textos do Antigo Testamento, como alguns proféticos, perderam sua identidade de profecia e passaram a ser considerados arranjos literários para apenas comunicar uma mensagem histórica já realizada.

b) O escolasticismo foi um período marcado por decisões polêmicas no seio da Igreja Católica. Os estudiosos das Escrituras criaram um sistema de interpretação bíblica baseado no método alegórico. Muitos textos literais passaram a ser ensinados como alegóricos, principalmente no que se referia à aparição de anjos e demônios em textos do Novo Testamento. A fé cristã foi restringida a cumprimentos ritualísticos e já se fazia mais necessária quanto a curas e milagres que poderiam ser realizados pelo ser divino.

c) No período escolástico, o principal objetivo dos estudiosos foi combater o docetismo, o arianismo e o pietismo, doutrinas heréticas a respeito de Cristo e dos ensinamentos da Igreja. A corrente teológica escolástica surgiu, portanto, como defensora da fé verdadeira e imaculada. A ênfase dos mestres estava na importância da literalidade das Escrituras e do cumprimento dos sacramentos.

d) A escolástica surgiu na Idade Média como uma detentora da fé cristã genuína. Os pensamentos reformadores que despontaram em meio à realidade cristã católica foram combatidos duramente. A escolástica foi a principal responsável pela criação da Santa Inquisição como demonstração de força para se executar a vontade divina em terra. Foi no período escolástico que São Jerônimo se tornou uma das principais referências de combate às heresias.

e) No período escolástico, os intérpretes (mestres) buscavam categorias de interpretação que permitissem expor o significado da mensagem bíblica. A investigação acerca do texto bíblico evoluiu para o método das questões, que significou uma ruptura com o método exegético clássico, que tendia a deduzir seus significados intrínsecos do texto. Os sentidos literal, alegórico e tropológico ficaram em segundo plano, e o método de interpretação de texto adotado tornou-se extrínseco, partindo do texto para as grandes questões elaboradas por abstrações e deduções lógicas. A fé cristã passou a ser conciliada com um sistema de pensamento racional.

4. A história da teologia é marcada pela contribuição de teólogos e filósofos que se mantiveram inquietos, em contínua busca por respostas sobre suas demandas. Assinale a alternativa que indica corretamente por meio de quem e de qual corrente teológica essas inquietações se manifestaram no século XIX:

a) O século XIX foi um período de efervescência para a teologia. Na Europa, Soren Kierkegaard foi um teólogo e filósofo proeminente, cujas ideias e teorias a respeito da teologia questionavam o existencialismo. Ao lado de Friedrich Schleiermacher, deu início a um movimento defensor da teologia natural.

b) Por meio de Friedrich Schleiermacher, educado com os pietistas, no início do século XIX, surgiu uma corrente teológica, conhecida como *teologia moderna*, como reação à estrutura de organização medieval, centrada na autoridade. A modernidade fez da razão humana e da ciência seu centro, influenciando o pensar teológico também.

c) Augusto Nicodemus, teólogo e filósofo do século XIX, posicionou-se firmemente pela defesa do liberalismo teológico iniciado por meio de Friedrich Schleiermacher. Nicodemus deu início a um movimento teológico que ficou conhecido como *arminianismo*.

d) Por meio de Adolf von Harnack, teólogo francês, surgiu, na Europa do século XIX, a perspectiva teológica conhecida como *teologia do mito*, que colocou em xeque alguns textos bíblicos, como os Capítulos 3 e 6 do Livro de Daniel. O primeiro menciona o lançamento de três judeus na fornalha, e o segundo relata a entrada de Daniel em uma cova e seu livramento. Schleiermacher cooperou com Harnack na defesa de que essas narrativas não eram históricas, e sim mitológicas.

e) A contribuição de David Hume, conhecido como *pai do humanismo*, foi muito importante no século XIX para a teologia. Por meio dele, o empirismo se fortaleceu e fez novos adeptos, rompendo definitivamente com a metafísica.

5. No século XX, surgiram muitos movimentos teológicos em virtude de pesquisas e debates promovidos no segmento cristão. O Concílio Vaticano II, realizado em 1962, abriu novas perspectivas teológicas para o universo cristão. Nesse cenário, formou-se uma corrente teológica preocupada com as fragilidades sociais da vida em comunidade. Em termos práticos, a teologia precisaria envolver-se de alguma maneira no atendimento às necessidades das pessoas. Assinale a alternativa correta sobre essa teologia e as bases de sua atuação após o Concílio Vaticano II:

   a) Na pós-modernidade, a teologia muda conforme o contexto. As perspectivas teológicas liberais defendem dois pilares de fé: o amor e a aceitação de todas as pessoas e a crença de que, por fim, todos receberão a salvação eterna pela misericórdia divina. O ser humano, em sua limitação em crer e obedecer, recebe o perdão redentor divino por meio do sacrifício pascal de Cristo.

   b) O Concílio Vaticano II foi muito importante para os teólogos defensores de movimentos sociais cuja missão era reivindicar os direitos dos pobres e dos grupos sociais minoritários. A teologia que se estabeleceu e se firmou após o concílio, atualmente, é conhecida como *teologia da prosperidade*, segundo a qual o fiel que realmente tiver fé deixará de ser pobre e desfrutará de abundantes bênçãos em sua vida terrena.

c) A teologia, na pós-modernidade em meio ao século XX, passou a manter uma prática educativa ao contextualizar a fé, a crença, com as diferentes realidades humanas, especialmente sociais, políticas e econômicas. Nesse contexto, surgiu a teologia social, que considera que as teologias pós-modernas devem ocupar um relevante papel para o conhecimento humano, relacionando questões importantes do dia a dia com a prática da fé na comunidade.

d) O século XX, em termos teológicos, foi marcado por muitas transformações. Nos segmentos católico e protestante, surgiram ramificações quase que incontáveis. Após a Segunda Guerra, emergiu uma teologia que recebeu o nome de *teologia da esperança*, segundo a qual a volta de Cristo era iminente e propunha a seus adeptos um estilo de vida simples, sem acúmulo de bens e riquezas, pois Cristo poderia retornar a qualquer momento.

e) A corrente teológica que se fortaleceu após o Concílio Vaticano II foi a que defendia uma volta aos primeiros ensinamentos de Cristo: a prática da solidariedade, da misericórdia e da compaixão. Em meio às necessidades sociais, as questões eclesiásticas e litúrgicas ficaram em segundo plano. Em concordância com o Conselho Mundial de Igrejas, a teologia estabelecida como universal para a pós-modernidade foi a do ecumenismo, a única que atende e entende todas as necessidades humanas.

Atividades de aprendizagem

Questões para reflexão

1. Se a teologia contemporânea contempla a passagem do teocêntrico ao antropocêntrico, exaltando a razão e dando crédito à subjetividade (ao sujeito na história), quais teriam sido as mudanças teológicas no segmento religioso em virtude do surgimento dessa nova perspectiva?

2. A respeito da perspectiva escolástica, o que seria possível dizer sobre o texto escrito pelo apóstolo Paulo aos tessalonicenses: "Que o próprio Deus da paz os santifique inteiramente. Que todo o espírito, alma e corpo de vocês seja conservado irrepreensível na vinda de nosso Senhor Jesus Cristo" (Bíblia. 1 Tessalonicenses, 2018, 5: 23). Qual teologia estaria por trás dessa declaração paulina? Quais temas teológicos podem ser extraídos desse texto de Paulo e contextualizados com o pensamento teológico da escolástica? Anote suas considerações por escrito e compartilhe com os colegas de estudo.

Atividade aplicada: prática

1. Na teologia da prosperidade, observamos que a prosperidade estaria relacionada à aquisição de bens materiais e riquezas palpáveis. Na década de 1970, essa teologia começou a ser divulgada e foi ganhando adeptos. Quais seriam os aspectos positivos e negativos dessa teologia? No desenvolvimento do trabalho paroquial e eclesiástico, é benéfico para a comunidade ensinar esse tipo de teologia? Defenda bíblica e teologicamente seu ponto de vista em um texto escrito. Depois, compartilhe-o com seu grupo de estudo.

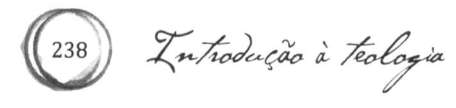

capítulo seis

Ramos da teologia na atualidade

06

Há um versículo bíblico no qual se afirma que Ele é "o mesmo, ontem, hoje e eternamente" (Bíblia. Hebreus, 2018, 13: 8). No estudo teológico que desenvolvemos até aqui, vimos que Jesus Cristo é a referência principal para a prática da fé cristã, porém temos consciência de que há um pluralismo teológico que abarca temas diversos e interpretações diferentes, considerando-se às vezes os mesmos textos bíblicos.

Neste capítulo, abordaremos algumas perspectivas teológicas que são contemporâneas e discutidas na academia e na Igreja. O ensinamento de doutrinas eclesiásticas tem pontos em comum, mas há situações em que as interpretações são divergentes.

Nossa intenção é avançar e dialogar sobre a teologia secular, que teria como base a rejeição a um dualismo na religião moderna quanto à crença em duas formas de realidade exigida pela crença no céu e no inferno. A teologia querigmática está ligada ao esvaziamento de Cristo em sua divindade, assumindo uma forma humana frágil e limitada, mas que, por meio de seu sacrifício, oferece salvação à humanidade. A teologia da cruz adota a perspectiva inicial de que o ato de ser crucificado era sofrer humilhação pública por cometer algum ato criminoso. A teologia da glória baseia-se no pressuposto de que Jesus aceitou passar por sofrimento e pela crucificação para que o Deus Criador e Pai fosse glorificado ao proporcionar ao ser humano a redenção e a salvação eterna. A teologia filosófica procura, por meio de debates racionais, compreender de modo mais claro verdades divinas como o fato de que apenas Cristo é o mediador entre Deus e os homens.

Temos consciência de que a sociedade atual é plural quanto a expressões de fé em diversas divindades, com tradições, crenças e práticas distintas, por isso investigaremos o assunto tanto sob o foco teológico quanto sob o foco social. As teologias da libertação, feminista, étnica (negra e ameríndia) fazem parte desse cenário. Por fim, analisaremos como algumas religiões estabelecem e colocam em prática suas teologias.

6.1 Pluralismo teológico

No último capítulo do Livro de Daniel, no Antigo Testamento, há esta informação a respeito da multiplicação da ciência: "a ciência (conhecimento) se multiplicará" (Bíblia. Daniel, 2018, 12: 4). Sabemos, pela própria experiência, que o acesso ao conhecimento se tornou cada vez mais real com o passar dos séculos em todas as áreas da vida humana, inclusive na teologia.

No final do período medieval, o teólogo Jacobus Arminius (1560-1609), referência ainda atual no que diz respeito à liberdade de cada um quanto ao pensamento sobre Deus e a salvação que ele promete conceder, deu origem ao arminianismo. O ensinamento mais divulgado dessa doutrina é o do livre-arbítrio, isto é, o ser humano só pode ser salvo se assim ele o desejar (Olson, 2013).

Considerando-se o advento do Iluminismo (1685-1815) e da Revolução Industrial (1760-1840), o contexto dos séculos XVII e XVIII provocou grandes transformações na humanidade. Nesses dois séculos marcados por tantas transformações, surgiram alguns teólogos precursores de ideias e perspectivas adotadas e veiculadas no segmento cristão atualmente, como o liberalismo e o modernismo.

No século XVIII, novos estudiosos fizeram com que o estudo da teologia avançasse e novas perspectivas e compreensões teológicas passassem a se fragmentar. Por exemplo, a partir do protestantismo estabelecido no século XVI, destacamos John Wesley (1703-1791) e Charles Wesley (1707-1788), os irmãos fundadores do metodismo, que se dedicaram, respectivamente, à pregação e à música cristã (Boyer, 2005). A vida de John Wesley está intimamente relacionada com os movimentos avivalistas iniciados no século XVIII (Rosa, 2010).

Citamos também Jonathan Edwards (1703-1758), que passava cerca de 13 horas estudando e orando (Boyer, 2005), e, já iniciando o século XIX, Immanuel Kant (1724-1804).

Esses são apenas alguns teólogos estudados na atualidade que ainda inspiram novos teólogos e filósofos a se aprofundarem em seus estudos, que, por vezes, têm gerado novas interpretações teológicas e feito proliferar tipos de teologia dos mais variados.

Esse contexto exige refletir sobre como podemos nos posicionar diante de tanta diversidade de concepções, por isso é o tema que será desenvolvido neste capítulo.

Entre tantos estudiosos da filosofia, precisamos mencionar dois deles neste momento: Friedrich Nietzsche (1844-1900) e Jean Paul

Sartre (1905-1980). O primeiro fez a seguinte declaração: "O conceito de Deus foi até aqui a maior objeção contra a existência. Nós negamos Deus, negamos a responsabilidade em Deus: somente com isso redimimos o mundo" (Pires, 2005, p. 2). O segundo estabeleceu um "conceito de liberdade que exclui a possibilidade da afirmação da existência de determinada concepção de Deus, o Deus dos filósofos que é o fundamento do ser" (Pires, 2005, p. 2).

A posição teológica desses filósofos contribuiu para que surgisse a ideia da morte de Deus. A partir de 1960, essa teologia floresceu e fez com que o homem moderno descartasse a ideia de um Deus transcendental. Entre seus adeptos, os mais proeminentes foram Thomas J. J. Altizer (1927-2018), William Hamilton (1912-2012) e Paul van Buren (1924-1998).

Nietzsche e Sartre foram representantes de uma concepção que ficou conhecida como *existencialismo*. Nessa perspectiva, busca-se entender o sentido da vida confiando ao ser humano a liberdade de escolha, sob o direito de assumir sua responsabilidade pessoal. Essa posição filosófica se fortaleceu no século XX e atraiu muitos adeptos. No universo contemporâneo da teologia no decorrer do século XX, ela sempre encontrou lugar para ser debatida.

O século XX foi repleto de novas concepções teológicas, principalmente após a Primeira Guerra Mundial, talvez pelo fato de não fazer parte dos pensamentos humanos a ideia de que, em determinado dia na história, teria início um conflito bélico em âmbito mundial. Também não se considerava que, tão pouco tempo depois, teria início uma Segunda Guerra. Com base em muitos estudos teológico-filosóficos, foram sistematizadas várias teologias.

A teologia secular teria surgido após a Segunda Guerra por meio de jovens teólogos e discute temas como transcendência e pecado, mas em meio a um novo tempo na história humana. Esses temas perderam seu vigor na academia juntamente com o liberalismo e a teologia dialética e cederam espaço para a teologia da prosperidade, que vai atrair seguidores desejosos por conquistar bens e desfrutar dos prazeres desta vida. A teologia secular rejeita o dualismo de substância da religião moderna, a crença em duas formas de realidade exigidas pela crença no céu, no inferno e na vida após a morte (Ferreira; Myatt, 2007; Kardec, 2013).

Teologia querigmática

Analzira Nascimento e Jarbas Ferreira da Silva (2011) apresentam uma perspectiva sobre essa teologia explicando que o *kerygma* é a mensagem e a pregação a respeito de Cristo, envolvendo sua vida, seu ministério, sua morte, sua ressurreição e sua exaltação; no entanto, ao mesmo tempo, a mensagem não consiste somente em proclamar, mas também em ensinar e curar.

A palavra grega *kerygma* é usada no Novo Testamento para o anúncio público de uma verdade ou mensagem recebida de Deus, uma "proclamação". Do verbo *kerissein* ("pregar") provém o substantivo *kerigma*, cuja tradução é "pregação" (Scholz, 2004). Na língua portuguesa, *pregação* pode ter o significado de "ato de pregar"; no grego, *kerigma* inclui o conteúdo da mensagem (Rienecker; Rogers, 1995).

O apóstolo Paulo, em sua carta aos colossenses, faz algumas proclamações, entre elas esta: "Cuidado que ninguém vos venha a enredar com sua filosofia e vãs sutilezas, conforme a tradição dos homens, conforme os rudimentos do mundo e não segundo Cristo; porquanto, nele, habita, corporalmente, toda a plenitude da divindade. (Bíblia. Colossenses, 2018, 2: 8-9). Na perspectiva cristã católica, o *kerygma* está vinculado à salvação que Deus quer que as pessoas tenham.

Teologia da cruz

Se o *kerygma* é a proclamação das verdades de Deus que estão escritas na Bíblia, temos como objeto central dessa mensagem a cruz e tudo o que ela representa. Há algumas perspectivas teológicas sobre a cruz. Uma delas considera o que diz respeito ao que encontramos literalmente nas Escrituras Sagradas, por meio dos textos narrados, principalmente nos quatro evangelhos. Outra perspectiva é aquela que a tradição da Igreja Católica relata com todas as suas informações históricas e religiosas. Uma terceira corresponde à transmitida pela Reforma Protestante por meio dos escritos de Martinho Lutero.

Lembramos que a cruz era utilizada pelos romanos como um instrumento de punição àqueles que se mostrassem desobedientes às suas leis e eram vistos como uma espécie de ameaça à paz romana. Conforme o relato bíblico, Pilatos pergunta ao povo quem deveria ser solto, se Cristo ou Barrabás. O povo responde que deveria ser Barrabás, e Pilatos pergunta o que fazer com Cristo. O povo responde que deveria crucificá-lo (Bíblia. Mateus, 2018, 27: 15-22).

A partir do momento em que foi erguida, a cruz pode ser considerada como o padrão pelo qual todo o conhecimento teológico é medido, qualquer que seja ele – da realidade de Deus, de sua graça, de sua salvação, da vida cristã ou da Igreja de Cristo. A cruz significa que todas essas realidades são ocultas. Uma das funções da cruz seria a de ocultar o próprio Deus, embora ela seja o lugar em que Cristo brada talvez o apelo mais contundente de sua vida encarnada: "Deus meu, Deus meu, por que me desamparaste?" (Bíblia. Mateus, 2018, 27: 46).

Ela não revela o Deus poderoso, mas desamparado. O poder de Deus aparece de maneira paradoxal, sob desamparo e humilhação. A escuridão cobriu a terra a partir do que acontece nela (Bíblia. Mateus, 2018, 27: 45). Na cruz, parece que a graça divina foi sobreposta por sua ira e que seu benefício foi escondido pela cruz.

Antonio Carlos Ribeiro (2008, p. 275) escreve que "revisitar as estações da cruz, criadas pelos franciscanos e perpetuadas na piedade, atualiza a paixão de Jesus no tempo. O conteúdo das 14 estações é preenchido pelo sofrimento das pessoas das comunidades, assumindo o sofrimento de Cristo como modelo". Cristo sofreu, mas já tinha dito aos discípulos que ressuscitaria: "E o entregarão aos gentios para ser escarnecido, açoitado e crucificado; mas, ao terceiro dia, ressurgirá" (Bíblia. Mateus, 2018, 20: 19). A glória que lhe estava proposta foi anunciada por Jesus aos seus discípulos antes que acontecesse seu martírio.

Teologia da glória

Ao estudarmos sobre o termo *glória*, lembramo-nos não só das palavras do apóstolo Paulo aos filipenses quando cita o exemplo dado por Jesus sobre seu esvaziamento e sua humilhação, mas também das palavras de sua exaltação. Paulo escreve: Jesus "a si mesmo se humilhou, tornando-se obediente até à morte e morte de cruz" (Bíblia. Filipenses, 2018, 2: 8) e "ao nome de Jesus se dobre todo joelho, nos céus, na terra e debaixo da terra, e toda língua confesse que Jesus Cristo é Senhor, para glória de Deus Pai" (Bíblia. Filipenses, 2018, 2: 10, 11).

O movimento escolástico toma a teologia da glória como fundamento principal – e, no pensamento de Tomás de Aquino, ela foi central. Essa perspectiva teológica considerava que a revelação do Eterno estava prioritariamente na natureza e que, pela razão, corretamente dirigida, poderíamos conhecer o Criador. Em tempos modernos, o tema da glória devida ao Deus Criador é analisado por John Piper, que explica que o princípio fundamental para a paixão humana em ver Deus glorificado seria a própria paixão dele em ser glorificado. Em sua perspectiva, Piper (2001) destaca que a glória de Deus está acima de tudo.

Do ponto de vista bíblico, o apóstolo Paulo, escrevendo aos efésios, faz uso da expressão "a fim de sermos para o louvor da sua glória" (Bíblia. Efésios, 2018, 1: 12). Com relação a Deus, Paulo menciona que "a ele seja a glória, na igreja e em Cristo Jesus, por todas as gerações, para todo o sempre. Amém!" (Bíblia. Efésios, 2018, 3: 21). O Evangelho de João relata que Jesus é a glória do Pai (Bíblia. João, 2018, 1: 14).

Piper e Mathis (2015, p. 44) afirmam que "a glória de Deus entre as nações é a razão por que respiramos". Podemos pensar que a teologia da glória está intrinsecamente presente em alguns escritos paulinos e também nas considerações de John Piper.

Teologia filosófica

Entre os fundamentos do estudo teológico encontramos alguns princípios filosóficos que fazem parte da história da teologia. A teologia filosófica é um ramo da teologia cujos métodos filosóficos são utilizados para chegar a uma compreensão mais clara das verdades divinas[1]. Essas verdades são aquelas proclamações que abordamos na teologia querigmática. Existe um debate em que se analisa se a teologia e a filosofia devem estar envolvidas no esforço do homem para chegar à verdade ou se a revelação divina pode, ou deve, manter-se sozinha.

No decorrer dos séculos, tem havido várias teorias diferentes sobre o quão extensivamente os sistemas filosóficos devem ser aplicados aos conceitos teológicos. Há opiniões favoráveis para

---

1 Basicamente, a filosofia faz uso da troca de argumentos, da discussão de ideias e da reflexão. Entre os principais métodos filosóficos estão: método dialético, que se baseia no conflito de ideias e argumentos para se chegar a um consenso; método hermenêutico, que se baseia na interpretação e na análise do contexto histórico, social e da linguagem; método analítico, que analisa internamente as estruturas da linguagem.

que os dois sejam absolutamente separados, entendendo-se que não há nada em comum entre eles. Há também a contrapartida desse pensamento, levando-se em conta que a filosofia e a razão são necessárias para que o ser humano compreenda corretamente a revelação divina. Ainda outras se utilizam de um tom moderado na abordagem, defendendo que a filosofia é uma ferramenta útil, mas que não se deve confiar nela totalmente

A teologia filosófica surgiu no século XVIII, quando os pensadores positivistas, modernistas e iluministas criticaram duramente o cristianismo. Estudiosos se posicionaram na defesa de suas crenças e descobriram que poderiam fazer uso de métodos filosóficos para defender a revelação divina.

A base desse entendimento teológico mais recente esteve firmada em pensamentos de Tomás de Aquino, de Agostinho e, ainda, de outros pensadores da Antiguidade, que, por sua vez, tiveram suas ideias a partir dos escritos e experiências de Aristóteles e Sócrates. Em resumo, em seus escritos, esses estudiosos da filosofia se esforçaram para compreender os conceitos apresentados na Bíblia, principalmente sobre a relação humana com o ser divino. Há apologistas modernos que têm feito uso de argumentos filosóficos teleológicos e ontológicos para analisar a existência, o caráter e os atributos de Deus em meio a uma geração pós-moderna secularizada e apostatada da fé no divino.

Sobre essa geração, Ester Vaisman (2010, p. 58) argumenta que, "quanto mais a sociedade é complexa, maiores condições têm de gerar individualidades complexas, cuja realização, enquanto individualidades genéricas, é mais árdua de efetivar, dado o nível mais complexo e elevado de necessidades a serem satisfeitas". A busca por suprir as necessidades individuais parece ter se tornado a razão da existência da sociedade pós-moderna. Nesse cenário, Deus e seus propósitos para a vida humana não teriam a primazia no estilo de vida pós-moderno.

Teologia catafática

A teologia catafática usa uma terminologia "positiva" para descrever ou referir o divino – especificamente a Deus –, isto é, uma terminologia que descreve ou refere o que se acredita que o divino seja (Strok, 2009) – por exemplo, que Deus é simples, onipotente, onisciente e onipotente. Esse gênero teológico pode estar associado a uma ascensão ao divino por meio das perfeições das coisas sensíveis. É possível inferir algo de Deus por meio de suas obras, como a noção de que Ele existe e é imutável.

Teologia apofática

A teologia apofática se baseia na compreensão de que Deus está acima de todas as categorias e descrições humanas. Werber C. Gonçalves (2022, p. 89) explica que ela é conhecida como uma "teologia negativa" e tem sido vista também como uma "teologia simbólica que celebra o sagrado com imagens ou ícones".

Trata-se de uma perspectiva teológica que afirma a perfeição para negar a imperfeição e nega a perfeição para não afirmar a imperfeição. Ou seja, atribui-se a Deus toda e qualquer perfeição, pois em Deus não reside nenhuma imperfeição; porém, ao mesmo tempo, retira-se dele todo e qualquer atributo, uma vez que toda a perfeição que existe neste mundo traz consigo a marca da imperfeição e da limitação. Essa é uma posição teológica radical em meio ao liberalismo pós-moderno vivido pela sociedade atual.

Teologia das alianças ou teologia dos pactos

Em termos históricos e bíblicos, existe uma teologia que tem se mantido relevante desde que surgiu. Com base no texto que descreve o encontro entre Deus e Abrão (Bíblia. Gênesis, 2018, 12: 1-3), temos a origem de uma doutrina que tem por base as alianças e os concertos que Deus estabeleceu com o ser humano. A teologia das alianças considera a história do relacionamento de Deus com a humanidade, incluindo a criação, a queda e a redenção para a consumação, sob o marco de três abrangentes alianças teológicas: Aliança das Obras, Aliança da Graça e Aliança da Redenção (InterSaberes, 2016). Na perspectiva de seus defensores, essas três alianças são teológicas porque podem ser consideradas teologicamente implícitas nas Escrituras, ao descrever e resumir a imensa riqueza de dados e informações.

Essa teologia apresenta o Evangelho no contexto do plano eterno de Deus de comunhão com seu povo e seu desenvolvimento histórico nos pactos das obras e da graça, bem como nos vários estágios progressivos do pacto da graça.

A teologia das alianças procura explicar o significado da morte de Cristo à luz da plenitude do ensino bíblico sobre os pactos divinos, contribuindo para um melhor entendimento sobre a natureza e o uso dos sacramentos. Ela provê uma explicação abrangente dos fundamentos que, supostamente, têm transmitido segurança a seus adeptos. Esse ensino floresceu durante a Reforma Protestante, e seu principal representante é Zwínglio. Posteriormente, seria desenvolvida por João Calvino.

Em seus sistemas de pensamento, algumas Igrejas reformadas[2] tratam a teologia da aliança clássica não meramente como um ponto de doutrina ou como um dogma central, mas como a estrutura pela qual o texto bíblico se organiza. A nova aliança profetizada pelo profeta Jeremias no Antigo Testamento (Bíblia. Jeremias, 2018, 31: 31-34), cumprida em Cristo (Bíblia. Lucas, 2018, 22: 20) e explicada pelo autor da carta aos hebreus (Bíblia. Hebreus, 2018, 8: 13; 12: 24), é a aliança a ser desfrutada pelos seguidores de Cristo desde a sua morte redentora.

Diante de tantas teologias e perspectivas que estudam e analisam temas pertencentes ao universo eclesiástico e acadêmico, entendemos que as posições teológicas e as ramificações formam uma espécie de "teia" de pensamentos que precisam continuamente ser revisitados e ajustados. O mundo do século XXI, em meio às mais diversas oportunidades de acessar as informações, possibilita continuarmos pesquisando e nos dedicando a aprender um pouco mais. Com relação à teologia, a pesquisa e o estudo contínuos são essenciais e necessários, visto que o pluralismo teológico é uma realidade muito presente no mundo atual.

Perspectivas bíblicas e o pluralismo religioso no mundo contemporâneo

Reportando-nos ao cenário bíblico do Gênesis, no Capítulo 10, verificamos que o autor menciona sete nações cananitas: cananeus, heteus, amorreus, fereseus, heveus, jebuseus e girgaseus. Nesse período, a Fenícia era chamada Canaã e seus habitantes

---
2 A expressão *Igrejas reformadas* abrange Igrejas luteranas, anglicanas, calvinistas (presbiterianas) e congregacionais. De certa forma, são Igrejas que, a partir da Reforma Protestante, passaram a não ter mais nenhuma ligação com a Igreja Católica Apostólica Romana.

eram conhecidos como *cananeus* (Bíblia. Gênesis, 2018, 10: 16-18). Douglas (1995) explica que os cananeus cultuavam um extenso panteão de deuses encabeçados pelo deus El. Entre as divindades da época, ele destaca Baal (Hadade) e Dagom (Douglas, 1995).

Na mitologia coreana, muitas crenças surgiram antes mesmo das budistas. No passado, o deus Hananim era considerado o deus grande para os coreanos (Richardson, 1995, p. 51). No século XVIII, quando os primeiros missionários cristãos aportaram em solo coreano para evangelizar, disseram que tinham vindo para comunicar uma mensagem a respeito de Jesus, mas, fazendo uso de uma "ponte" cultural, eles o identificaram como filho de Hananim (Richardson, 1995). Os missionários perceberam esse elemento na cultura coreana que pôde servir como referência para compartilharem sua mensagem. Em termos teológicos, eles reconheceram em Hananim o mesmo Deus a quem eles serviam. Nessa perspectiva, a identificação da divindade era diferente, mas se tratava do mesmo Deus.

Esses exemplos sobre os cananeus e sobre os coreanos mostram que esses povos tinham uma prática religiosa enraizada em sua cultura. No caso dos cananeus, havia uma diversidade de deuses inerentes à sua cultura. Em outras palavras, havia um pluralismo religioso e, por consequência, um pluralismo teológico.

Em época bem posterior ao descrito pelo Gênesis, Baal é cultuado por centenas de profetas (Bíblia. 1 Reis, 2018, 18: 19), no período em que vive o profeta Elias (Bíblia. 1 Reis, 2018, 18: 21-22), em um momento em que Israel passava por dificuldades sociais, pois havia escassez de alimentos (Bíblia. 1 Reis, 2018, 17: 12), bem como por dificuldades climatológicas, pois não chovia fazia três anos e meio (Bíblia. Tiago, 2018, 5: 17). O povo de Israel estava sendo desafiado a tomar uma decisão a respeito de quem iria servir: se ao Deus dos israelitas ou a Baal. O pluralismo religioso da época de Elias é um simbolismo do que acontece em dias atuais em países como a Índia, por exemplo, no qual há menção de culto a milhares de deuses.

Na época do profeta Jeremias, o Império Babilônico avançou em suas conquistas, cercou e destruiu Jerusalém e levou muitos judeus para um cativeiro em meio a uma diversidade de deuses e tradições distintos dos considerados pelos israelitas. Santiago (2017) afirma que, na Babilônia, os principais deuses eram Apsu, o pai dos deuses, e Tiamat, a deusa-mãe. Embora fossem silenciados nas narrativas bíblicas, conforme Santiago (2017), esses e outros deuses eram presentes em todos os grupos sociais e nas diversas relações. Esse ambiente religioso babilônico marcado pelo pluralismo religioso pode nos servir de referência para os tempos atuais vivenciados em sociedade.

Além de episódios envolvendo profetas no Antigo Testamento, no Livro de Rute encontramos a narrativa de uma belemita (Noemi) que, acompanhando seu marido, vai para Moabe, nação que descende de Ló. Os moabitas tinham uma tradição religiosa que prestava culto a deuses como Quemus (Bíblia. Jeremias, 2018, 48: 13) e conviveram em cenário em que havia diversidade religiosa.

No relato acerca da morte do marido de Noemi e de seus filhos, Noemi sugere às suas noras que retornem para a casa de seus pais. Orfa voltou para seu povo e para seus deuses (Bíblia. Rute, 2018, 1: 15). Rute, por sua vez, escolheu o Deus de Noemi como seu Deus (Bíblia. Rute, 2018, 1: 16). Esse episódio nos leva a pensar sobre a liberdade que essas duas mulheres tiveram para decidirem, entre outras coisas, qual seria seu Deus. Em uma sociedade plurirreligiosa e com divindades distintas sendo cultuadas, os conceitos teológicos são diversos. Os exemplos que mencionamos do Antigo Testamento indicam que os personagens bíblicos fiéis ao Deus de Israel sempre se depararam com pessoas que aceitavam e até cultuavam outras divindades.

Em termos teológicos, o Deus de Israel era o verdadeiro, e todos os demais deuses eram falsos. Assim escreveu o profeta Isaías: "Eu, eu sou o Senhor, e fora de mim não há salvador" (Bíblia. Isaías, 2018, 43: 11). Essa questão de salvação é uma definição teológica não apenas para a época de Isaías; ela é válida para todas as épocas, pelo fato de o Deus de Israel ser eterno, conforme o salmista escreveu: "Antes que os montes nascessem e se formassem a terra e o mundo, de eternidade a eternidade, tu és Deus" (Bíblia. Salmos, 2018, 90: 2).

Na narrativa do Novo Testamento, no Evangelho de João, Jesus pergunta a seus discípulos se eles gostariam de se retirar assim como fez um grande número de pessoas que estava à sua volta. Pedro, livremente, diz a Jesus: "Senhor, para quem iremos nós? Tu tens as palavras da vida eterna" (Bíblia. João, 2018, 6: 68). A resposta de Pedro não se ateve apenas a questões físicas e geográficas, mas expressa sua convicção de fé e, ao mesmo tempo, teológica.

No Evangelho de João, Jesus é apresentado como o "Eu sou" (Bíblia. João, 2018, 8: 12; 14: 6), algo que remete ao "Eu sou" de Êxodo 3, quando Moisés se depara com o "Eu sou" do Antigo Testamento. Essa identificação, "Eu sou", é feita no Antigo Testamento quando, no Egito, vários deuses eram cultuados. O "Eu sou" apresentado na ocasião do NovoTestamento também tem a conotação de tornar claro que apenas Jesus pode ser reconhecido como "Eu sou". Esse seria um princípio teológico para distinguir Jesus entre outras divindades, não apenas naquele momento, mas também no futuro que estaria por vir.

Em um cenário plurirreligioso, é natural que se desenvolva uma realidade teológica plural e que surjam doutrinas distintas naturalmente. As teologias apresentam uma forma básica, que pode ser ensinada por meio de situações formais ou informais. Na vida do campo, em meio à agricultura, por exemplo, uma pessoa adulta pode ter desenvolvido em sua vida uma concepção sobre o ser divino com base nas catástrofes naturais que acontecem, ou seja, ela pode verbalizar que Deus está zangado ou bravo e, por isso, envia à terra raios e tempestades. Ainda no cenário do campo, não é incomum fazer dos elementos que compõem a natureza objetos de adoração – o sol, a lua, algum tipo de árvore em específico ou algum animal. No Antigo Testamento, na ocasião do Êxodo, um bezerro de ouro foi fundido para ser adorado (Bíblia. Êxodo, 2018, 32: 4).

No Evangelho de Marcos, há um exemplo do que os discípulos de Jesus deveriam fazer com relação ao mundo: "Ide por todo o mundo e pregai o evangelho a toda criatura" (Bíblia. Marcos, 2018, 16: 15). De acordo com Mateus, era para que fossem feitos discípulos de todas as nações ensinando-os (Bíblia. Mateus, 2018, 28: 19-20). Em meio a essa prática, transmite-se uma teologia, portanto o ensino geraria uma teologia como forma de conhecimento compartilhado.

De certo modo, a teologia é concebida a partir de um mundo visível, com elementos reais e palpáveis, mas depende do que há em um universo abstrato e invisível, não sendo possível formatá-la por meio de um sistema absoluto. Todavia, inserida na comunidade científica, ela precisaria de elementos concretos que pudessem comprovar que a teologia é uma ciência que estuda e analisa Deus e os deuses.

Como exemplo de elementos concretos, poderíamos recorrer ao que aconteceu com a filha de Jairo (Bíblia. Marcos, 2018, 5: 41-42), com Lázaro (João, 11: 44), com Eneias (Atos 9: 34), com Tabita (Dorcas) (Atos, 9: 40-41), com Êutico (Atos, 20: 9-12) – todos foram ressuscitados, segundo a Bíblia.

Como podemos entender essas ressurreições? Pela fé naquilo que está escrito. Diante de uma realidade em que a morte teve uma primeira vitória, entrou em cena o poder de Deus por meio das palavras daqueles que acreditavam no Deus que poderia ressuscitar, inclusive Jesus, como homem. A erudição e o conhecimento tinham como base a fé.

A experimentação, em um cenário plurirreligioso, confirma a exclusividade que há no poder de Deus em ressuscitar pessoas. Essa é uma perspectiva teológica que pode ser compartilhada, mas não necessariamente será aceita ou até mesmo entendida. Em um ambiente multirreligioso do mundo atual, é possível encontrar alguém que acredite, se necessário, que alguém pode ser ressuscitado. Caso não haja a ressurreição, a convicção teológica a respeito da soberania de Deus não será afetada, pois dele depende tudo o que diz respeito à temporalidade da vida humana.

Para alcançar êxito, as teologias precisam percorrer um caminho equilibrado com relação à compreensão de todas as religiões e, à medida que se desenvolvem, avaliar e chegar a uma síntese. A tarefa de traçar esse caminho é do ensino, porque o que se ensina, em cada época, é o que poderá dar forma à teologia. Consequentemente, poderá ser percebida a definição de uma filosofia que deu sustentação para que se chegasse a uma síntese teológica.

Vivemos entre paradigmas científicos, teóricos e práticos. Nesse processo, somos levados a desenvolver uma visão ampla, identificada como uma cosmovisão, ou *weltanschauung* (palavra alemã que significa "visão de mundo"), quando adquirimos concepções globais sobre o mundo e sobre a própria realidade em sua totalidade (Oliveira, 2008). Para transmitir a síntese de uma teologia a outros grupos com outras teologias, é preciso encontrar uma ordem adequada de exposições.

Por exemplo, temos dois casos no Antigo Testamento de experiências "místicas". Moisés ouviu a voz de Deus que lhe disse: "Eu sou o Deus de teu pai, o Deus de Abraão, o Deus de Isaque e o Deus de Jacó" (Bíblia. Êxodo, 2018, 3: 6). Josué viu o príncipe do exército do Senhor à sua frente, se prostrou e o adorou (Bíblia. Josué, 2018, 5: 14). Em ambos os casos, foi-lhes dito que tirassem as sandálias, pois o lugar em que estavam era santo.

Teologicamente, percebemos uma sequência em que o autor do texto tem a intenção de mostrar que Deus vem em direção ao ser humano, comunica-se e pede a este que perceba que o lugar em que está é santo. Podemos indagar o seguinte: O lugar é santo porque aquela porção de terra é santa ou porque Deus está ali presente? Essa é uma reflexão teológica válida para outras narrativas bíblicas e também para eventuais experiências que alguma pessoa relate que já tenha experimentado.

Vamos recorrer a outro exemplo. Na teologia do processo, Deus se acha completamente envolvido no interminável processo em que se encontra submetido o Universo. A religião seria a visão de algo que está além, atrás e dentro do fluxo passageiro das coisas imediatas. Tratando-se de algo real, a religião espera por realizar-se, algo que é uma possibilidade remota e, mesmo assim, é o maior de todos os atos presentes: ter uma religião é um bem e ela está além da compreensão humana. Sob essa ótica, as ciências naturais teriam mais importância do que a relação com o divino. A teologia do processo estaria mais enraizada na filosofia do que na teologia, haja vista que um de seus mais respeitáveis adeptos foi o filósofo francês Henri Bergson (2008).

Com base nessa perspectiva de Bergson (2008), há uma vertente filosófica que investiga o que a razão humana consegue sem a ajuda da revelação divina para que se chegue a uma conclusão sobre Deus. Ela tem sido denominada *teologia natural* ou *empírica*, entendida como uma tentativa de determinar as características de Deus sem recorrer à revelação divina. Nesse caso, tanto a palavra escrita (Bíblia) quanto a experiência mística/subjetiva não fazem parte do processo de entender essa perspectiva teológica. Para se chegar a Deus, depende-se apenas do poder do pensamento gerado pela razão humana.

A teologia natural tem sido vista como o resultado intelectual da tendência natural da mente humana para desejar ou ser inclinado em direção a Deus. No ser humano, haveria um instinto natural voltado à busca por algo maior, uma busca para além dos limites da razão e da ciência. Essa abordagem, tradicionalmente, apela ao desejo natural de ver a Deus, desenvolvido por Tomás de Aquino, embora a recente ciência cognitiva da religião tenha aberto outras formas de desenvolver esse tema bastante interessantes. Quando lemos o Livro de Eclesiastes, encontramos aparentemente uma justificativa para essa forma de pensar, pois ali se menciona que Deus "pôs no coração do homem o anseio pela eternidade; mesmo assim, este não consegue compreender inteiramente o que Deus fez" (Bíblia. Eclesiastes, 2018, 3: 11).

De modo peculiar, seria válido, no caso de conhecimentos sintéticos como filosofia ou teologia, recorrer às ideias clássica-aristotélica e tomista da ciência, que consideraram esse processo como um "hábito de inteligência", ou seja, uma determinação de uma mente particular causada por ensino e reflexão. Tomás de Aquino estava sempre "pronto a assumir a posição mais inferior, pronto a examinar as coisas menos importantes" (Barbuto, 2012, p. 31).

Se estivermos prontos a examinar como pensava Tomás de Aquino, podemos recorrer ao físico Fritjof Capra, que estuda as relações entre sociedade, política, cultura, ciência, ética e espiritualidade e argumenta, com lucidez e clareza cristalina, que a humanidade está diante de uma encruzilhada. É um estudioso que inclui a espiritualidade em seu roteiro de aprendizado.

Pigozzo, Lima e Nascimento (2019), em estudo sobre Capra, explicam que o físico reconhece uma mudança dramática de conceitos e ideias na visão humana sobre o mundo, por meio do campo da física. Segundo Capra, a humanidade teria passado de uma concepção mecanicista, cartesiano-newtoniana, a uma visão organicista, holística e ecológica (Pigozzo; Lima; Nascimento, 2019). A percepção de Capra aponta para a possibilidade de, com o passar do tempo, a compreensão a respeito de Deus ter evoluído. Por exemplo, o pluralismo teológico atual, os diversos conceitos, as formas de culto diferenciadas e as definições de adoração distintas podem ter sido resultado de uma mudança de percepção no decorrer dos tempos sobre Deus e sua Palavra (Bíblia), bem como sobre a forma de entendê-los. Seguindo a percepção de mudança de Capra, há teologias atualmente que valorizam o meio ambiente de uma maneira que no passado não se fazia. As questões ambientais no passado eram menos discutidas do que atualmente.

De acordo com Capra e Luisi (2014), a vida humana precisa ser vista de modo sistêmico, ou integral: a vida, a mente, a consciência e a evolução, uma abordagem holística da saúde e da doença; a integração das abordagens orientais e ocidentais à psicologia e à psicoterapia; a perspectiva ecológica e feminista (espiritual por natureza). Os autores entendem que se trata de um processo que está provocando mudanças profundas em estruturas sociais, políticas e religiosas (Capra; Luisi, 2014).

No âmbito teológico, as mudanças nas estruturas sociais têm gerado debates em que conceitos teológicos são questionados. Por exemplo, o conceito de família tem sido ressignificado em alguns segmentos da sociedade. Em termos teológicos, em meio ao pluralismo de ideias, o conceito ortodoxo de família pode ser alterado? Há opiniões divergentes.

Há uma perspectiva teológica voltada à prática missionária que tem procurado atender ao ser humano pensando sobre a importância de sua totalidade espiritual, emocional e física em um contexto social que também precisa ser observado. Ela tem sido chamada de *missão integral* quando não se dedica apenas às questões espirituais ligadas à eternidade, mas também se atém às questões sociais e humanitárias no ambiente em que se vive (Padilla, 2014).

Também sob a perspectiva da psicologia transpessoal, a humanidade estaria diante de um novo pensamento, uma nova totalidade, uma nova consciência (Saldanha; Simão, 2019). Seria uma nova visão do mundo (monista e holístico), uma novidade radical. Estaríamos vivendo uma mudança de época.

Há duas perspectivas teológicas que podemos estudar com base nessa percecepção psicológica transpessoal. A primeira tem sido identificada como *teologia da esperança*, na qual se destaca "a realização da esperança escatológica por meio da justiça, da humanização do ser humano, da socialização da humanidade e da paz para toda a criação" (Kuzma, 2009, p. 444).

Buscando inaugurar uma nova era no cristianismo, a segunda perspectiva, conhecida como *teologia do evangelho social*, compreende que o desenvolvimento de uma sociedade deve ser considerado em todas as suas classes para suprir a vida humana em tudo. Temos o exemplo de um pastor batista norte-americano, na segunda metade do século XIX, que se dedicou a praticar essa teologia em sua geração. Walter Rauschenbusch (2019) considerava que o individualismo característico dos protestantismos seria superado e traria à luz uma geração de cristãos comprometidos com a transformação do mundo, conforme os princípios do Reino de Deus. Dessa forma, haveria uma regeneração da vida suprapessoal da espécie, desenvolvendo-se, então, uma expressão social daquilo que estava contido na personalidade de Cristo. Para ele, "um deus teológico que não tem interesse na luta pela justiça e fraternidade não é um Deus cristão" (Rauschenbusch, citado por Rodrigues, 2019, p. 367).

Estudando as relações entre protestantismo e modernidade no Brasil, Valdinei Ferreira (2008, p. 146) explica que, na visão do sociólogo Jean-Paul Willaime, há uma crise no atual protestantismo que não é estrutural, mas cuja origem deve ser procurada em seu sistema de crenças, cujas fragilidades estariam vinculadas a três grandes tensões na sociedade atual: "a tensão entre fundamentalismo e liberalismo, entre clérigos e leigos e entre confessionalismo e universalismo".

Bruno Correia (2015, p. 11), em estudo sobre o protestantismo e a pós-modernidade, afirma que "a religiosidade e os meios sociais são construídos de forma mútua e interligados, o que nos permite compreender que a cosmologia social se apresenta como um espaço fértil e privilegiado para a verificação das interações concernentes ao binômio: religião e sociedade".

Diante das perspectivas teológicas que abordamos nesta seção, temos visto que, conforme o estudo da teologia avançou, surgiram novas percepções, por vezes não ortodoxas, que geraram debates e questionamentos. Entre os temas que têm desencadeado discussões mais recentes, destacamos a perspectiva escatológica acerca de quando e como ocorrerá um juízo final e, até mesmo, de qual será o destino final dos seres humanos. Se realmente há um inferno, como ele seria? Segundo a visão ortodoxa, o castigo sobre os ímpios será eterno; já de acordo com a interpretação restauracionista, ao final, todos serão salvos (Severa, 1999).

Desde a Segunda Guerra Mundial, muitas teologias têm sido estudadas e debatidas no universo acadêmico, com reverberações práticas na vida em sociedade. Vimos até aqui perpectivas sobre o pluralismo teológico em meio a uma comunidade que, atualmente, é globalizada. As definições, os conceitos e as opiniões podem ser acessados não apenas por interessados pela teologia, mas também por segmentos científicos e religiosos. No cenário do século XXI, algumas teologias têm sido analisadas com destaque, entre elas a teologia da libertação, a feminista e a étnica. Avançaremos em nossa abordagem com o objetivo de analisar como se caracterizam essas correntes.

6.2 Teologia da libertação

Quando pensamos em alguns temas que vêm sendo estudados por teólogos e interessados em teologia, comumente encontramos pelo caminho uma palavra que pode nos remeter tanto ao conteúdo bíblico literal quanto a movimentos sociais e políticos que vêm acontecendo pelo mundo no decorrer dos séculos: *libertação*.

No Antigo Testamento, no Livro de Êxodo 12: 37, há o relato de quando o povo hebreu vivia escravizado no Egito e recebeu uma promessa de Deus: "Disse ainda o Senhor: Certamente, vi a aflição do meu povo, que está no Egito, e ouvi o seu clamor por causa dos seus exatores. Conheço-lhe o sofrimento" (Bíblia. Êxodo, 2018, 3: 7). Por meio de Moisés e de Arão e de manifestações especiais (dez pragas), Deus trouxe juízo sobre o Egito e libertou o povo hebreu (Bíblia. Êxodo, 2018, 12: 50-51).

Quando consultamos os escritos do Novo Testamento, deparamo-nos com o uso do termo *liberdade*. O apóstolo Paulo, na carta aos gálatas, escreveu que "Foi para a liberdade que Cristo nos libertou" (Bíblia. Gálatas, 2018, 5: 1). A liberdade que o apóstolo menciona pode estar voltada a questões subjetivas da fé cristã, mas, em meio a um império opressor e rude (Bíblia. Mateus, 2018, 27: 28-30), judeus e gentios recebem a mensagem do Evangelho com esperança em uma salvação espiritual para a eternidade. No âmbito social, muitos daqueles que se tornaram seguidores do cristianismo continuaram sendo escravos (Bíblia. Colossenses, 2018, 3: 22) e gostariam de se ver livres de injustiças e maus-tratos.

Para refletir

O que podemos pensar sobre os substantivos femininos *libertação/liberdade*, quando os relacionamos à religião, à teologia, à filosofia e à sociologia? Karl Kautsky (1854-1938), em seus estudos sobre a

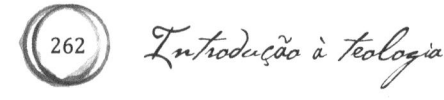

sociedade em que viveu em meio ao socialismo, afirma que a liberdade não era menos importante que o alimento (Kautsky, 1908).
A liberdade, que é um dos três pilares estabelecidos na época da Revolução Francesa (Poiares, 2005) – liberdade, igualdade e fraternidade –, já havia sido anunciada no Evangelho de João por Jesus em "conhecereis a verdade e a verdade vos libertará" (Bíblia. João, 2018, 8: 32). Sob a perspectiva do convívio entre pessoas, arriscamo-nos a pensar que, historicamente, é comum que uma pessoa/grupo exerça domínio sobre outra(o). Esse mencionado domínio parece ter sido percebido e gerado incômodo em meio a estudiosos acadêmicos e segmentos eclesiásticos no século XX, principalmente a partir do Concílio Vaticano II (1962-1965).

....

Analisando as conquistas romanas, aproximadamente por cinco séculos (século I a.C. ao IV d.C.), notamos que as autoridades romanas não mediram esforços para subjugar povos e cidades (Garraffoni, 2006). Ao longo desse império, filósofos gregos, religiosos judeus, samaritanos anônimos, entre outros, viveram e explanaram suas ideias e perspectivas (Silva, J. A. da, 2010). Em termos teológicos, temos um relato de que o apóstolo Paulo, em Atenas, teve oportunidade de discursar a respeito do "Deus desconhecido" (Bíblia. Atos, 2018, 17: 23). Em um ambiente público, frequentado por intelectuais, o apóstolo explana de modo lógico sobre a fé em Deus e em seus feitos e planos (Bíblia. Atos, 2018, 17: 26).

A perspectiva teológica cujo tema central é a libertação vem sendo debatida e proclamada há décadas, e algumas percepções têm sido reavaliadas (Silva, 2006). Algumas experiências narradas na Bíblia envolvendo a vida de Jesus têm mensagens intrínsecas que atravessaram os séculos e podem ser aplicadas na vida em sociedade atualmente. A expressão citada por Lucas "a pôr em liberdade os oprimidos" (Bíblia. Lucas, 2018, 4: 19) se referia, historicamente, às pessoas que, sob o domínio romano, não conseguiam sentir-se livres para desenvolver uma vida que lhes trouxesse alegria e paz. Na presente época, contudo, a libertação desejada pelas pessoas pode ser compreendida do ponto de vista social e também espiritual. Em termos sociais, por exemplo, a perspectiva pode ser diferente a respeito de um mesmo tema. Na prática, uma pessoa pode dizer a outra que não aguenta mais trabalhar, e a outra, por sua vez, pode dizer que não aguenta mais ficar sem trabalhar. No sentido espiritual dos textos e das mensagens, citamos o exemplo narrado por Lucas sobre um gadareno: "um homem que desde muito tempo estava possesso de demônios, e não andava vestido, nem habitava em qualquer casa, mas nos sepulcros" (Bíblia. Lucas, 2018, 8: 27). Diante de Jesus, aquele homem ficou livre da possessão de demônios, algo que, na atualidade, pode estar sendo esperado por pessoas que vivam sob algum tipo de possessão (Souza, 2011).

Há algumas perspectivas sobre a origem da teologia da libertação. Uma seria considerar que ela surgiu sob a influência de três frentes de pensamento: a primeira seria o Evangelho social das Igrejas norte-americanas, trazido ao Brasil pelo missionário e teólogo presbiteriano Richard Shaull; a segunda teria sido transmitida pelo teólogo reformado Jürgen Moltmann, com sua teologia da esperança (Kuzma, 2013); a terceira teria sido exercida por uma teologia antropo-política.

Conforme Pablo Richard (1991, p. 207), a teologia da libertação teve seu início em meio a reflexões teórico-críticas e sistemáticas a respeito de pessoas oprimidas, que, no convívio social, sofriam com a discriminação e a intolerância.

Gustavo Gutiérrez (2000, p. 11), como um pioneiro nos estudos da teologia da libertação, defendia "a necessidade de libertação de qualquer tipo de servidão". Após uma visita ao Brasil em 1969, quando o país estava sob o regime militar, Gutiérrez refletiu sobre o que viu e ouviu em terras brasileiras e, somando tudo isso às suas experiências teológico-sociais, elaborou suas considerações e as publicou (Gutiérrez, 1975). Gutiérrez recebeu o título de *pai da teologia da libertação*. Embora o movimento tenha raízes anteriores, costuma-se dizer que seu marco inicial ocorreu em 1971. Aparecida A. Justino (2017, p. 27) explica:

> A Teologia da Libertação é a teologia da América Latina. Reflexo e reflexão de uma práxis social que se expressa em um vasto movimento social, que surge no final dos anos 1950, incluiu setores importantes da Igreja católica, movimentos religiosos leigos, pastorais populares e Comunidades Eclesiais de Base.

Simultaneamente, mas sem qualquer tipo de vínculo formal, Leonardo Boff (1996), teólogo brasileiro, também demonstrou interesse pelo tema e lançou, em forma de artigos, na revista de religiões *Grande Sinal*, sua perspectiva sobre a libertação, que, para escapar da repressão militar, foi intitulada *Jesus Cristo Libertador* (Brandt, 2008).

A teologia da libertação, até certo ponto, tem sido identificada como um discurso social e de cunho político, no caso do Brasil, do Movimento dos Sem-Terra (MST), contando com lideranças sociais e o apoio de lideranças religiosas católicas. Podemos considerar que sua essência está ancorada em uma reflexão religiosa e espiritual, com base em escritos bíblicos e interpretações teológicas com viés de aplicação social. Ela está "intimamente ligada à própria existência do povo à sua fé e à sua luta. Faz parte de sua concepção de vida cristã" (Boff, citado por Noronha, 2012, p. 185-186). Leonardo Boff (citado por Noronha, 2012, p. 186) afirma que a teologia da libertação "encontrou seu nascedouro na fé confrontada com a injustiça feita aos pobres".

O teólogo italiano Rosino Gibellini (citado por Noronha, 2012) considera que a história da teologia da libertação é composta por três etapas distintas: preparação, formulação e sistematização. Boff (citado por Noronha, 2012, p. 186), por sua vez, "agrupa a história da teologia da libertação em quatro fases, a primeira: gestação e gênese, a segunda, difusão e crescimento; a terceira, consolidação e a quarta: revisão e novo impulso".

Esse movimento teológico-social não foi totalmente censurado pelo Vaticano, mas foi questionado com relação a algumas aproximações com o marxismo durante o pontificado de João Paulo II, que incumbiu o então prefeito da Congregação para a Doutrina da Fé, o Cardeal Joseph Ratzinger (que depois seria o Papa Bento XVI), de realizar algumas advertências.

Richard (1991, p. 211) esclarece que "a prática [da libertação] não somente se dirige às formas alienadas e ideológicas criadas pela dominação, mas busca superar as contradições históricas que produzem essas formas alienadas e ideológicas". No âmbito religioso, por exemplo, isso acontece quando algum grupo, por ter mais praticantes e adeptos, recebe algum tipo de privilégio ou oportunidade em detrimento de outros, chamados *grupos minoritários*.

Desde o seu surgimento, a maior parte dos teólogos da libertação é favorável ao diálogo inter-religioso, respeitando as diferenças religiosas e dedicando-se a atender às necessidades sociais dos vulneráveis (pobres, indígenas, mulheres que vêm sofrendo violências e segmentos da sociedade que têm sofrido discriminações e injustiças), No convívio religioso, o ideal proposto seria a proposição de igualdade de liberdade para que todas as pessoas pudessem expressar suas convicções religiosas em um ambiente sociocultural plural. A decisão em adotar uma posição favorável ou contrária tem sido debatida desde o surgimento das primeiras argumentações sobre o ecumenismo.

No universo acadêmico, o espaço para o diálogo é primordial para haver a liberdade de expressar nossas argumentações. No âmbito social, a defesa da liberdade de decisão pode favorecer a compreensão de diferenças teológicas que surgirem no processo, sem se permitir que sejam estabelecidas barreiras de inimizades entre pessoas apenas pelo fato de elas entenderem de modo diferente este ou aquele texto bíblico.

No convívio social, é natural que haja pensamentos e convicções distintas no que diz respeito ao que é prioridade na vida em sociedade. A Constituição de 1988 garante os seguintes direitos sociais a todo cidadão: educação, saúde, alimentação, trabalho, moradia, transporte, lazer, segurança, previdência social, proteção à maternidade e à infância, assistência aos desamparados (Brasil, 1988). Em termos teológicos, os defensores da teologia da libertação podem debater e dialogar com segmentos da sociedade para que os programas sociais atendam e supram esses direitos. No âmbito teológico social, os teólogos interessados em participar de programas ligados à educação no ensino fundamental, por exemplo, podem analisar caminhos para contribuírem com suas percepções e projetos em prol da melhoria da qualidade do ensino nesse segmento.

Os teólogos dedicados a essa perspectiva social não se opõem ao progresso econômico de determinado grupo, cidade ou país; eles analisam os resultados gerados pelo desenvolvimento e ponderam se as pessoas que fazem parte das classes sociais menos favorecidas têm sido atendidas em suas necessidades. As pessoas pobres em termos de posses, aquelas com dificuldade de desenvolver naturalmente uma carreira acadêmica e, ainda, outras que não conseguem oportunidade para trabalhar poderiam receber maior atenção tanto das classes políticas quanto das religiosas, no caso, as Igrejas.

Pensando sobre as transformações que ocorrem no cenário social quando acontece algum tipo de mudança em determinado setor da sociedade, temos, por exemplo, o desenvolvimento do agronegócio, no qual pessoas vêm perdendo seus postos de trabalhos em virtude do aumento do uso das máquinas usadas na agricultura. Muitas dessas pessoas deixam o ambiente rural e se dirigem aos centros urbanos para tentar se estabelecer (Noronha, 2012). Que tipo de conexão pode ser estabelecida entre esse exemplo e a teologia da libertação? Em princípio, quem estuda e está envolvido com a teologia é desafiado a estar atento a aspectos sociais como esse para poder mensurar quais ações efetivas seriam cabíveis para auxiliar essas pessoas.

A influência da teologia da libertação diminuiu depois de seus formuladores terem sido condenados pela Congregação para a Doutrina da Fé em 1984 e 1986. A Santa Sé condenou os principais fundamentos da teologia da libertação, como a ênfase exclusiva no pecado institucionalizado, quando a responsabilidade dos acontecimentos negativos foi tributada apenas à instituição histórica – a Igreja, por exemplo. Nessa perspectiva, seja no aspecto coletivo, seja no sistêmico, excluem-se os pecados individuais.

A partir da década de 1990, a teologia da libertação vem declinando, em razão do envelhecimento de suas lideranças e da sensível queda na participação das novas gerações nesse movimento. Atualmente, durante o pontificado de Francisco, existe o entendimento de que a Igreja Católica demonstra uma posição reconciliadora, ainda que o pontífice já tenha refutado ligações com a teologia da libertação de Leonardo Boff e jamais tenha apoiado os postulados de Gustavo Gutiérrez.

6.3 Teologia feminista

Depois de abordarmos a teologia da libertação, um tema teológico importante na vida comunitária em sociedade, trataremos da importância de uma teologia que se originou na década de 1980, na América Latina, na África e na Ásia: a teologia feminista. Entendemos ser necessário considerar que as mulheres têm experiências semelhantes às dos homens, mas algumas situações apenas elas têm o privilégio de vivenciar. Por exemplo, como uma mulher que passa pela experiência da maternidade (gestação e parto) se sente ao ver seu corpo sendo transformado para gerar uma vida? A medicina e a psicologia podem cuidar de analisar isso de modo muito profundo.

Discussões, debates, pesquisas e concepções filosóficos e teológicos quase sempre, historicamente, se restringiram ao mundo masculino. Ainda em pleno século XXI, as mulheres lutam para serem compreendidas e atendidas em sua capacidade e em suas necessidades sociais e eclesiásticas e têm procurado, cada vez mais, encontrar oportunidades para exercer funções até então restritas aos homens.

Ivone Gebara (2017, p. 8) explica que "o monoteísmo masculino é, na realidade, a expressão de culturas de dominação pública masculina". Ela entende que a questão de uma imagem feminina de Deus provoca muitas vezes uma resistência psíquica e religiosa mesmo em pessoas que percebem o problema nas perspectivas teórica e linguística.

Pensar sobre o rosto de uma divindade pode não ser tão complexo quando, por exemplo, se pensa em Afrodite na mitologia grega, mas pensar sobre o rosto de Deus, aquele que no universo cristão é o Criador da raça humana e de tudo o que há no mundo, é realmente desafiador. Trata-se de uma tentativa de compreender algo misterioso e poderoso. Não se visa discutir as condições da existência da divindade, mas se analisa a função psíquica e social que tal existência provoca na vida humana. A linguagem sobre Deus nas culturas monoteístas é prioritariamente masculina, ou seja, a cultura expressa Deus partindo-se do gênero masculino.

A socióloga Neiva Furlin (2011) esclarece que a teologia feminista surgiu como uma voz resultante da consciência de um sujeito reflexivo, de mulheres teólogas que questionaram

> os lugares que socialmente lhes foram outorgados como legítimos por um único discurso teológico produzido, em geral, por homens celibatários. Nesse sentido, a teologia Feminista integraria uma grande rede de saberes que emergiram em diferentes áreas acadêmicas problematizando e desconstruindo os discursos hegemônicos androcêntricos. (Furlin, 2011, p. 140)

Elizabeth Cady Stanton escreveu a *Bíblia da mulher*, na qual suprimiu trechos que, para ela, eram opressivos às mulheres, textos que estão presentes na redação existente considerada original (Furlin, 2011). Temos algumas narrativas bíblicas que podem ser estudadas pela perspectiva da importância dada no texto à ação feminina em ambientes de conflito.

No Livro de Juízes, uma composição do Antigo Testamento, encontramos o exemplo de uma mulher chamada Débora, que era juíza em Israel: "mulher profetisa, mulher de Lapidote, julgava a Israel naquele tempo" (Bíblia. Juízes, 2018, 4: 4). Em um ambiente historicamente dominado pela figura masculina, o autor do texto destaca a importância dessa mulher para seus contemporâneos. Consultando o Livro de Ester, notamos novamente que a importância da figura feminina é ressaltada na narrativa quando Ester ouve a seu respeito: "quem sabe se para tal tempo como este chegaste a este reino?" (Bíblia. Ester, 2018, 4: 14). A expressão *tal tempo* denota a oportunidade que Ester tinha diante dela de agir em favor de seu povo. E assim aconteceu. Ester foi recebida e atendida pelo rei: "o rei lhe perguntou: "Que há, rainha Ester? Qual é o seu pedido? Mesmo que seja a metade do reino, lhe será dado" (Bíblia. Ester, 2018, 5: 3).

Sob uma perspectiva sociológica, no século XX, temos o cumprimento de uma teologia prática desenvolvida por uma mulher. Um dos exemplos mais marcantes da prática cristã é o trabalho de Madre Teresa de Calcutá (1910-1997) na Índia, contemplado com um Prêmio Nobel da Paz (Kalil, 2017, p. 94). Considerando-se seu trabalho, o que Madre Teresa de Calcutá fez mostra que sua teologia foi libertadora e prática e que serviu de referência para seus contemporâneos.

Sandra M. Schneiders (2021) explica que, após a segunda metade do século XX, aconteceram mudanças sociais, culturais e políticas no que diz respeito às mulheres e aos movimentos que surgiram liderados por elas. Para a autora, a Igreja Católica não pode manter a concepção da subordinação feminina (Schneiders, 2021). O Concílio Vaticano II (1961-1964) teria sido um instrumento de abertura para que as mulheres estudiosas da teologia e desejosas de participar mais ativamente na Igreja pudessem receber mais espaço para opinar e debater temas que elas entendiam pertinentes no universo religioso católico (Passos, 2014).

Em uma de suas pesquisas, Schneiders (2021) recebeu uma definição de uma de suas entrevistadas a respeito do que seria a teologia feminista. Ela consistiria em uma reflexão racional sobre Deus à luz de uma leitura feminina que contempla a vida em todos os seus aspectos e nas dimensões de profundidade, mistério, ternura e aconchego, sob uma perspectiva sóbria (Schneiders, 2021).

Pui-lan Kwok (2007, p. 141, tradução nossa), teóloga e pesquisadora da teologia feminista pós-colonial, afirma:

a teologia feminista desenvolvida no Ocidente desde o final da década de 1960 tem focado as dimensões culturais e religiosas, como a experiência religiosa das mulheres, a linguagem e o simbolismo inclusivo e pós-moderno. [...] os debates sobre sexualidade e desigualdades ainda não discutiram suficientemente e definiram os papéis dos Estados-nação e do nacionalismo, de acordo com a configuração das situações sociopolíticas globais.

Anne Tuohy (2005, p. 2) explica que temos em Elisabeth Schüssler-Fiorenza o exemplo de uma obra sobre a teologia feminista que oferece à tradição cristã um olhar crítico e prático. É uma teologia contemporânea engajada com o potencial de transformar a tradição e a mensagem cristãs, permitindo que, no Ocidente, fossem forjadas novas relações entre a realidade histórica, a religião e suas tradições.

Millicent C. Feske (2002, p. 138, tradução nossa) argumenta que "as teologias feministas falam de forma fresca, criativa e produtiva do divino, incorporando uma consciência do mistério final e um compromisso com a justiça e o florescimento planetário, ambos necessários para o cristianismo falar de forma significativa no século XXI".

De modo geral, como defende a teóloga feminista católica Elisabeth Schüssler-Fiorenza (2002, p. 65), o conceito básico da teologia feminista é desenvolvido "como um método para identificar e desafiar as estruturas sociais e ideologias que permitiram aos homens dominar e explorar as mulheres, ao longo de toda a história registrada".

Como movimento social, o feminismo reivindicou a formatação de legislações antidiscriminação, apresentou pautas que garantissem a segurança física e moral das mulheres e buscou espaço para que estas tivessem maior representatividade na política e na sociedade como um todo.

Como teologia, a perspectiva se dirigiu a questões de gênero nas comunidades religiosas, principalmente cristãs, para que se tornasse possível o acesso às posições de liderança oficial da Igreja, uma vez que, em geral, critica-se o caráter patriarcal da tradição cristã e de suas estruturas institucionais. Como uma reação criticamente importante aos relatos masculinos brancos dominantes e não marcados do cristianismo normativo, essa teologia feminista foi inovadora em um universo regido pela teologia tradicional.

6.4 Teologia étnica: negra e ameríndia

Em nossa abordagem sobre teologias contemporâneas, vimos que a teologia da libertação se fortaleceu e avançou nas últimas décadas do século XX, período em que também surgiu a teologia feminista. Juntamente a essas teologias, formam-se perspectivas que contemplam temas envolvendo o que acontece em termos teológicos com relação às etnias.

Para termos uma base bíblica dessa peculiaridade sobre a importância das etnias, recorremos às palavras de Jesus em Mateus 28: 19: na língua grega, μαθητεύω (mateteuo – discípulos), πᾶς (pas – de todas), ἔθνος (etnos – nações). Traduzindo para a língua portuguesa, temos: "discípulos de todas as nações (etnos)" (Scholz, 2004, p. 127).

Estudar a história e a cultura dos povos nos permite conhecer um universo amplo e desafiador. Pensar sobre aspectos teológicos e investigar como cada país que conhecemos atualmente se formou nos remete ao que os antropólogos já descobriram até então e o que nos relatam os livros a respeito desses países, entre eles as Escrituras Sagradas (Bíblia).

Quando em viagem missionária a Angola (Luanda, Lobito, Benguela e Catumbela), em janeiro de 2006, estudei a história e a cultura de Angola, por exemplo, e descobri que, na parte norte do país, Luanda e região, há significativa presença do povo kimbundu. Visitando a parte sul do país, Benguela e região, observei que a presença maior é do povo umbundu. Entoando um trecho de uma canção intitulada *Kakuli Walisoka la Iesu* em ambas as regiões, notei que a pronúncia da canção era diferente, mas a tradução era a mesma: "Ninguém é igual a Jesus".

Amanda Alves (2015) comenta sobre a importância de escritores e poetas angolanos em recuperar a tradição oral do passado após a Segunda Guerra Mundial. A canção citada anteriormente é popular em território angolano, e seu título expressa uma mensagem teológica: "Ninguém é igual a Jesus". Durante o século XX, surgiu a teologia negra, com o intuito de resgatar a experiência das comunidades negras com a divindade, mas, contrariamente a isso, no cenário angolano, houve uma longa guerra, entre 1985 e 2002, envolvendo os povos kimbundu e umbundu, ambos pertencentes a uma mesma nação, que, por alguns motivos, travaram uma guerra por um grande período. Nesse ínterim (1985-2002), o desenvolvimento teológico esteve voltado à tentativa de conter a guerra e socorrer os feridos e os enlutados. Para ilustrar as questões geográficas relativas a Angola, o Mapa 6.1 mostra que se trata de um país que a formação de suas províncias teve como base a ocupação dos territórios pelas etnias. Destacamos o povo ambundu (kimbundu) ao norte e o povo ovimbundu (umbundu) ao sul.

Mapa 6.1 – Mapa etnolinguístico de Angola

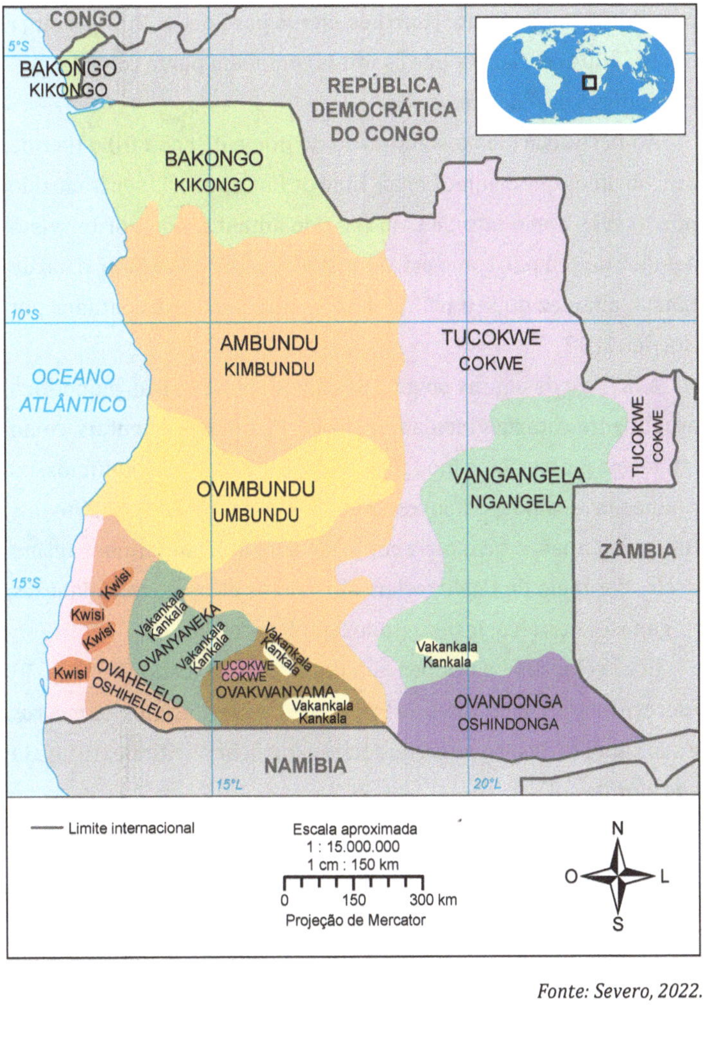

João Miguel Alves Moreira

Fonte: Severo, 2022.

Sob a perspectiva bíblica a respeito da origem dos povos, temos no relato de Gênesis 10, a partir dos três filhos de Noé (Sem, Cam e Jafé), o surgimento deles. Em termos literários, a narrativa bíblica sobre Noé tem sido interpretada por um segmento de estudiosos como um relato de um mito, e não como uma história que tenha ocorrido de modo literal (Barthes, citado por Roedel, 2017). Lothar Käser (2004) esclarece que os mitos compõem parte considerável da tradição oral de uma etnia.

Ao pesquisarmos o significado do nome de cada filho de Noé, descobrimos que o nome Canaã, filho de Cam, poderia ser traduzido por "trevas", pelo fato de Cam ter sido amaldiçoado por ter visto a nudez de seu pai, como está em Gênesis 9: 22: "viu Cam, o pai de Canaã, a nudez do seu pai" (Bíblia, 2018) (Ivo; Jesus, citados por Roedel, 2017).

A origem de alguns povos que compõem o cenário geopolítico atualmente estaria vinculada a Canaã – os povos orientais, como chineses, japoneses e mongóis, os ameríndios[3], os esquimós, os polinésios e, ainda, os povos africanos, a partir de Cush, um dos filhos de Canaã, o qual teria como identificação sinônima o termo *preto*. Por meio de Cush, teriam surgido os etíopes, os sudaneses, os ganeses etc. (Ivo; Jesus, citados por Roedel, 2017).

Com relação aos etíopes, em particular, Macedo (2001, p. 9) escreve que "os habitantes da Etiópia aparecem designados *mouros*, e sua suposta desorganização social estaria implicitamente ligada ao calor do sol".

Sob o viés antropológico europeu, à medida que a sociedade europeia avançava por sobre os outros povos e por outros continentes, houve a necessidade de compreender quem era aquele outro, reconhecidamente um ser humano, mas que em nada se assemelhava a uma pessoa civilizada. Fruto de um processo colonialista, a antropologia buscou olhar cientificamente para essa realidade e procurou descobrir as riquezas desses povos (Guerreiro, 2013).

---
3   O termo *ameríndio* designa o indígena da América (Bueno, 2010).

A grande questão seria como compreender a imensa diversidade humana, apesar da unidade biológica da espécie humana. Esse outro, que poderia ser um aborígene da Oceania, um negro do interior da África ou um indígena da Amazônia, por exemplo, precisaria ser compreendido como um ser humano, dotado das mesmas condições que caracterizavam toda a espécie.

O conceito de religião étnica ou indígena pode incluir religiões civis oficialmente sancionadas e com um clero organizado, mas que são caracterizadas pelo fato de que seus adeptos, em geral, são definidos por uma etnia em comum.

Quando estudamos a cultura dos povos e tentamos traçar alguma relação entre religião, teologia e prática, acabamos identificando situações que são de grande importância para as disciplinas vinculadas às ciências sociais. Por exemplo, Oliveira (2014, p. 47-48) relata que "o povo Nuer do Sudão considera o nascimento de gêmeos muito perigoso. Quando isso acontece, muitos rituais são feitos para impedir que a situação se repita na vida dos pais".

Em termos culturais, essa questão não é uma particularidade do povo Nuer. Em meio aos Mehinacu e aos Kaipó, quando a mulher dá à luz gêmeos, seria um sinal de que ela teve algum tipo de relacionamento promíscuo para que tal situação acontecesse (Oliveira, 2014).

Em cada cultura, ou ainda em cada etnia, há episódios que apontam para a confirmação de conceitos e preconceitos que podem facilitar ou dificultar o estabelecimento de teologias que possam ser praticadas na vida em comunidade. Considerando-se a possibilidade de haver contato entre grupos étnicos e culturas diferentes, o universo cultural e teológico pode ser ainda mais desafiador.

O advento da globalização encurtou distâncias e aproximou culturas, pensamentos, ideias e línguas de que, na maioria dos casos, nossos antepassados jamais tinham ouvido falar. Essa aproximação gerou, ao mesmo tempo, um sentimento de estranheza e de fascinação pelo exótico e pelo diferente e, assim como tornou nosso mundo social mais diverso, também serviu de catalisador para um processo de acentuação das diferenças étnicas desses grupos.

Quando estudamos especificamente como cada povo age em sua cultura de acordo com suas práticas religiosas e conceitos teológicos, descobrimos que existem alguns pilares básicos em meio às etnias. Paul G. Hiebert (2001) relata um episódio no Congo Central em que o chefe de uma tribo foi consultado por um homem que queria tornar-se invisível. Em meio a algumas questões tradicionais, o chefe ordenou que fosse capturada uma jovem de uma tribo vizinha para que ela fosse sacrificada em um ritual complexo e, assim, o homem que havia contratado o serviço pudesse tornar-se invisível.

Cada etnia tem um histórico religioso e teológico. Por vezes, a teologia não surge elaborada formalmente, mas na prática, no convívio comunitário, ou seja, o cenário real gera a teologia, que pode até se perpetuar. Na convivência de cada grupo étnico, encontramos características peculiares que são mantidas tradicionalmente e outras que podem sofrer alterações sob a influência do convívio com novos grupos, com teologias e costumes diferentes.

Para Abner Cohen (citado por Oliveira, 2006, p. 23), a etnicidade "seria de pouca utilidade se o termo etnicidade fosse estendido para diferenças culturais entre sociedades isoladas, regiões autônomas, ou stoks independentes de populações tais como nações em suas próprias fronteiras nacionais". Além dessas características, podemos pensar que a população que forma um grupo pode ser reconhecida por meio da constatação de uma familiaridade linguística, religiosa, de tradições etc.

Se um grupo, com suas peculiaridades, se vê diferente dos demais, pode, ao mesmo tempo, ser visto como um grupo distinto diante de outros grupos. É nesse ponto que a relação de alteridade se insere. O convívio com a diferença torna-se um "espelho" que reflete a autoimagem do grupo ao tornar claro o que lhe é estranho. E foi em meio a esse convívio que as teologias negra e ameríndia surgiram.

Ressaltamos aqui a distinção entre os conceitos de raça e de etnia. A definição de raça estaria vinculada à concepção biológica do ser humano. As teorias científicas do século XVIII e início do século XIX, como as de Joseph Arthur de Gobineau (1816-1882), envolvendo questões de etnia dedicavam-se à criação de métodos para diferenciar raças entre grupos humanos por meio, principalmente, de traços fenótipos – cor de pele, cabelos, formato do crânio (Silva, W. C., 2010).

Maria Rita de Jesus Barbosa (2016, p. 261) argumenta que "as teorias raciais elaboradas no século XIX deram *status* científico às desigualdades entre os seres humanos e através da utilização do conceito de raça puderam classificar a humanidade, fazendo uso de sofisticadas formas de separar as 'raças humanas'".

A ideia de raça é frequentemente associada a uma concepção biológica com a sugestão de que as diferenças entre grupos étnicos estão ligadas a predisposições biologicamente inatas. Essa perspectiva surgiu em meados da década de 1930, quando Adolf Hitler defendia uma pressuposta superioridade da "raça branca" em relação às outras.

Após a Segunda Guerra Mundial, entretanto, as teorias raciais se esvaíram. Trabalhos posteriores, como o projeto de mapeamento do genoma humano, auxiliaram na afirmação de que as distinções genéticas entre diferentes grupos humanos, que apresentam diferentes características físicas, não são suficientes para justificar a separação em raças.

Eleidi Alice Chautard-Freire-Maia (1995) esclarece que a América Latina é rica em populações indígenas, assim como em populações das mais diversas origens e graus de miscigenação, cujo estudo já tem contribuído, e ainda contribuirá muito, para o conhecimento dessa diversidade.

No âmbito religioso e teológico, as concepções e práticas também são dos mais diversos. Sob a perspectiva bíblica do Gênesis, no Antigo Testamento, a raça humana é apenas uma a partir de Adão e Eva: "E criou Deus o homem à sua imagem; à imagem de Deus o criou; homem e mulher os criou" (Bíblia. Gênesis, 2018, 1: 27). Embora exista a descrição dos povos que surgiram a partir de Sem, de Cam e de Jafé, não se menciona nenhum tipo de distinção com relação à raça.

Nos escritos do Novo Testamento, após a ressurreição e a ascensão de Jesus, o termo *etnia* passou a ser usado para descrever as pessoas que não tinham sido evangelizadas, sendo, muitas vezes, desprezadas e discriminadas por aqueles que já tinham passado pelo processo de evangelização.

Quando estudamos a respeito da palavra *nações* em Mateus 28: 19 – "fazei discípulos de todas as nações" –, encontramos na língua original grega a forma ἔθνη – *ethnê* (Scholz, 2004). A palavra *gentios* em Atos 13: 47 – "eu te pus para luz dos gentios" – no grego também é ἔθνη – *ethnê* (Scholz, 2004). Desse modo, as descrições que temos tanto em Mateus quanto em Atos nos mostram que a mensagem do Evangelho precisa ser comunicada em meio à cultura de todas as etnias de modo igual.

Em termos teológicos, considerando que todas as etnias têm os mesmos direitos sob todos os aspectos, lembramo-nos das percepções de Paulo Freire (2005) quanto à liberdade para se expressar. Para ele, era preciso dizer a própria palavra, e os teólogos negros assumiram a necessidade de falar a partir de sua etnia, mediante a denúncia das estruturas racistas da Igreja e da sociedade e o anúncio da experiência negra como critério para o fazer teológico.

As teologias negra e ameríndia têm como base os ensinamentos da Bíblia e as características singulares da experiência religiosa tanto de negros quanto de indígenas. Elas encontram na Bíblia um fundamento para o sentido político da libertação, isto é, o êxodo do Egito, embasadas na experiência religiosa dos escravos negros do passado e das tribos indígenas exploradas, manifestada em seus cânticos, sermões e orações que destacam a ressurreição de Jesus, a base para o sentido escatológico ou futurista da libertação (Dunaway, 2018).

As comunidades negras e indígenas têm procurado espaço na reflexão teológica e um lugar de encontro do conhecimento comunitário com o acadêmico. Para compreender a teologia negra no Brasil, é preciso resgatar o quadro social que serve de pano de fundo para a formulação dessa reflexão. Conhecer a história e as desventuras do povo negro é imperioso para identificar continuidades e descontinuidades nas políticas de caráter racista que têm sido desenvolvidas no Brasil.

6.5 Teologia das religiões

Em busca de concluirmos nossos estudos introdutórios sobre a teologia e suas ramificações e depois de abordarmos as teologias da libertação, feminista e étnica, temos como objetivo final analisar a teologia desenvolvida por algumas religiões. Se pesquisarmos a respeito da história do mundo, teremos ao nosso dispor algumas fontes descobertas pelo trabalho realizado por algumas ciências, entre elas, por exemplo, a antropologia e a arqueologia. Com relação aos povos do Oriente, há peculiaridades e, com relação aos do Ocidente, há muita riqueza cultural e histórica. O mundo que conhecemos na atualidade pode ser entendido sob a perspectiva de que ele é resultado de um processo de transformação.

Em termos históricos, temos, por exemplo, as pirâmides construídas no Egito, que ultrapassam cerca de três mil anos de existência. Sobre elas, Margaret Bakos (2004) escreve que sempre despertaram interesse entre as pessoas mais do que os sarcófagos, mas ambos têm as mesmas características simbólicas, chegando a um fim comum.

A concepção dos egípcios entendia a tumba fúnebre como um lugar sob o domínio da morte, um lugar de descanso eterno, impenetrável, mas também como um lugar de renascimento, o qual poderia receber visitações mantendo na memória do povo a importância daquela vida que se foi. O monumento funerário indica a morada dos mortos, o descanso final, eternizado por um suntuoso túmulo de pedra (Bakos, 2004).

Na perspectiva egípcia, identificamos aspectos teológicos relacionados à influência daquilo que os egípcios entendiam por *morte*. A própria forma arquitetônica utilizada por eles comunica que há elementos místicos importantes intrínsecos à sua cultura e à sua religião. Há uma teologia envolvida em todo esse processo. Os egípcios mantinham uma relação espiritual com esses símbolos, e as construções representavam a desejada imortalidade (Bakos, 2004).

A percepção a respeito da morte é entendida de modo diferente na cultura hindu, por exemplo, que considera a imortalidade da alma com base nos ensinamentos da *Bhagavad-gītā*, em duas perspectivas: a de sua transmigração e a de libertação da existência material em direção ao eterno (Valera, 2012). A identidade humana precisa ser entendida como algo à parte do corpo, isto é, a pessoa não é um corpo, mas uma alma espiritual. Esse seria o primeiro passo para transcender a morte e entrar no mundo espiritual que está mais além (Prabhupāda, 1986a).

Os exemplos mencionados acerca das culturas egípcia e hindu no mundo oriental nos mostram aspectos religiosos e teológicos sobre o tema da morte. Há outros temas que poderiam ser abordados, como pecado e salvação. Quando estudamos as religiões, notamos que há diferentes formas de interpretá-las e entendê-las. Inicialmente entendemos que elas fazem parte de uma cultura, mas também podem ser entendidas como as raízes iniciais de determinadas culturas.

Cada religião apresenta uma gama considerável de informações e chega até nós por meio de tradições, doutrinas, celebrações, simbolismos, conceitos, preconceitos e percepções a respeito do divino, do sagrado, do abominável, da moral, da ética e das consequências esperadas caso não se aja da maneira correta. Aliás, as perspectivas em relação ao certo e ao errado também são muito marcantes nesse universo.

Quando estudamos a importância de decretos, leis e mandamentos, lembramo-nos da religião judaica, que, no decorrer dos séculos, tem procurado manter suas tradições independentemente do lugar em que um judeu habite. Seja em sua terra natal (Israel), seja em terra estrangeira, colônias judaicas foram se estabelecendo e se dedicando a obedecer aos ensinamentos recebidos por Moisés no monte Horebe. Quanto ao que se pensa sobre a morte, o *sheol*, para os judeus no Antigo Testamento, é traduzido por "sepultura" (Bíblia. Gênesis, 2018, 37: 35) ou "inferno" (Bíblia. Deuteronômio, 2018, 32: 22), o lugar final da vida (Archer Jr.; Harris; Waltke, 1998).

No que se refere ao cristianismo, há perspectivas distintas. No cenário católico, encontramos espaço para a utilização de esculturas e de pinturas como elementos representativos de pessoas dedicadas à divindade e à sua obra manifesta na história humana. Há uma visão predominante segundo a qual se deve seguir o ensinamento ecumenista sobre a importância de respeitarmos todas as religiões, a valorização da prática das boas obras e a perspectiva universalista sobre a salvação eterna.

No universo protestante, a pretensa liberdade de manuseio das Escrituras Sagradas, podendo-se compartilhá-la em comunidade, sem uma formação acadêmica continuada; a manifestação de dons espirituais na comunidade da fé, que é entendida sob perspectivas diferentes no próprio meio protestante; e a aceitação, ou não, das mulheres no exercício do ministério pastoral são assuntos que revelam haver compreensões teológicas diferentes no âmbito de segmentos religiosos semelhantes, com base na mesma referência, no caso cristão, a Bíblia.

Em princípio, a teologia das religiões que analisamos diz respeito ao que se conhece sob uma perspectiva cristã ocidental. De modo geral, as religiões apresentam peculiaridades quanto às suas crenças, tradições, doutrinas e interpretações e ao modo como se relacionam entre si. Seja sob a perspectiva católica romana, seja sob a protestante, notamos a existência de pontos conflitantes internos, dentro do mesmo segmento, e externos, com outras religiões (Ribeiro; Gonçalves, 2020).

Percebemos que há uma tentativa de se classificarem as posturas teológicas diante do desafio de compreendermos as religiões. Ao investigarmos a teologia das religiões, encontramos posturas ortodoxas, moderadas, fundamentalistas e liberais. Há algumas formas de estudá-las no ambiente acadêmico, mas as mais observadas são as perspectivas exclusivista, inclusivista e pluralista (Paine, 2007). Essas perspectivas podem ser questionadas e debatidas para que suas percepções sejam mais bem compreendidas.

Alguns estudiosos entendem que, mesmo havendo diversas perspectivas, é possível identificar um consenso na pluralidade religiosa que induz a teologia a uma reflexão que contempla três aspectos desse pluralismo: o crítico, o propositivo e o dialógico (Ribeiro; Gonçalves, 2020).

Quando estudamos os denominados *modelos modernos de interpretação*, observamos que há críticas a eles por não se aterem à complexidade e à variedade presentes no universo religioso de cada cultura. Tomando como exemplo a cultura africana e suas peculiaridades, procuremos compreender que a África é um continente formado por uma enormidade de países, compostos por povos distintos, cada qual, em muitos casos, com formas diferentes de entender e cultuar a divindade e se relacionar com outras religiões.

Por esse motivo, não é recomendável generalizar e declarar que a cultura africana apresenta esta ou aquela tradição, porque tal prática ou tradição pode referir-se apenas a uma pequena porção de todo um continente. Em termos teológicos, percebemos que, no cenário africano, há práticas religiosas que conseguiram transpor barreiras em meio à cultura de outros povos e perduram até a presente época, mas há outras que foram combatidas e deixaram de ser praticadas.

Há perspectivas distintas a respeito das formas de espiritualidade encontradas nas religiões: a percepção holística para suprir o ser humano em suas necessidades físicas, emocionais e espirituais; a perspectiva social para se proporcionar acesso à educação e ao trabalho na terra não cultivada; movimentos que têm sido formados para reivindicar direitos com base em compreensões teológicas sobre a pobreza e a desigualdade social.

Em algumas culturas, sob o viés teológico religioso, predomina a escolha por soluções naturais elaborados com o uso de ervas e folhas para tratar da saúde, mantendo-se certa resistência a medicamentos produzidos em laboratórios por meio de combinação química. Por vezes, há compreensões religiosas enraizadas em algumas culturas que não se mostram abertas a discussões teológicas para que, em meio a percepções e convicções diferentes, se possa encontrar um horizonte comum. Essa posição pode ser entendida como fundamentalista.

Quando analisamos a relação que pode haver entre a teologia das religiões e o diálogo inter-religioso, embora seja possível afirmar que as ciências das religiões têm conseguido avançar em suas discussões e que a teologia tem amadurecido em um mundo globalizado, notamos que há percepções e interpretações teológicas que, ao ultrapassarem o âmbito espiritual e a dimensão do debate, se manifestam de modo violento na sociedade. Nesse cenário, a intolerância religiosa ainda encontra espaço em alguns segmentos religiosos.

Há a necessidade de pensarmos sobre critérios para abordarmos as religiões e as teologias que podem ser encontradas em seu desenvolvimento. A relação entre teologia e religiões pode ser conceituada a partir de qual perspectiva religiosa, a cristã ou a judaica, por exemplo? Quanto aos critérios, podemos considerar cinco perspectivas: a histórica, a cultural, a social, a acadêmica e a religiosa.

No aspecto cultural, podemos observar a expressão das artes. Por meio de música, literatura, escultura, pintura e dramaturgia, ensinamentos religiosos são propagados e podem exercer influência marcante em pequenos e grandes grupos de pessoas. Nesse sentido, conceitos e preconceitos teológicos, por vezes, são comunicados por meio da cultura.

No âmbito religioso, no Evangelho de João, há um relato sobre um homem cego que está próximo a Jesus e aos discípulos, que perguntam a Jesus se o homem era cego por ele ter pecado ou por seus pais terem pecado. Tradicionalmente, no cenário religioso judeu, entendia-se que a cegueira era uma espécie de maldição que recaía sobre alguém por haver pecado. Havia um conceito e um preconceito, mas Jesus lhes respondeu que nem aquele homem nem seus pais haviam cometido algum pecado. Aquele homem tinha aquela dificuldade para que nele se manifestassem as obras de Deus (Bíblia. João, 2018, 9: 1-2).

Há aspectos teológicos e históricos envolvendo o texto de João 9: 1-2. Qual seria a teologia central dele? Uma doença nem sempre é adquirida em virtude de termos cometido pecados? Na sequência do Capítulo 9, aquele homem será interrogado algumas vezes. A cura física recebida por ele seria testemunhada como um sinal de Deus realizado por Jesus? No Evangelho de João encontramos sete relatos de curas (sinais), e nele também não é apresentado o nascimento físico de Jesus.

Esse milagre do Capítulo 9 de João está inserido em um todo do livro. Nesse capítulo, fariseus religiosos vão interrogar o homem para saber quem havia feito aquilo e se realmente o que tinha acontecido era verdadeiro (Bíblia. João, 2018, 9: 15). Ao todo, há uma construção teológica no Evangelho de João a ser comunicada aos ouvintes e leitores a respeito da divindade de Jesus e, assim como Deus, ele tinha autoridade para fazer tudo o que fosse necessário e fizesse parte do plano divino para aquele momento histórico.

Há uma perspectiva semelhante na religião islâmica, que entende Maomé como uma pessoa especial, nascida no mundo oriental com uma missão divina, e que essa percepção precisaria ser anunciada a todos os seus contemporâneos. No mundo árabe da época, essa mensagem foi espalhada e avançou nos séculos, chegando ao mundo ocidental. Karen Armstrong (2002), em livro sobre a vida de Maomé, afirma que Voltaire, filósofo iluminista (1694-1778), defendeu Maomé como um grande pensador político de sua época e fundador de uma religião racional.

Em séculos passados, existiram conflitos e guerras em que pessoas lutavam em nome de seu deus ou para defender a honra de seus deuses. No século XX, já sob a perspectiva da formação de um mundo globalizado, as religiões monoteístas começaram a dividir espaço religioso cultural com religiões politeístas tanto na sociedade ocidental quanto na oriental. O pluralismo religioso que conhecemos atualmente é fruto da divulgação ocorrida no século XX, de modo presencial, por práticas missionárias *in loco*, e no século XXI, em grande parte por meio dos recursos midiáticos da presente época.

Abordando do ponto de vista social a relação entre teologias e religiões, destacamos que a expressão usada por Jesus em Mateus 25: 40 pode ser uma definição convergente e unificadora: "Em verdade vos afirmo que, sempre que o fizestes a um destes meus pequeninos irmãos, a mim o fizestes" (Bíblia. Mateus, 2018, 25: 40).

O ato de servir e atender às necessidades sociais das pessoas pode ser um ponto comum na perspectiva sociocomunitária em busca de estender as mãos ao próximo em uma demonstração de altruísmo, generosidade, benevolência e caridade.

Sob o foco teológico, tomamos como referência a escrita do apóstolo Paulo no Capítulo 14 da carta aos cristãos em Roma: "Um faz diferença entre dia e dia; outro julga iguais todos os dias. Cada um tenha opinião bem-definida em sua própria mente" (Bíblia. Romanos, 2018, 14: 5). A liberdade para decidir é a mesma para respeitar decisões diferentes. Doutrinas e particularidades das religiões, por vezes, têm inibido o diálogo teológico entre adeptos de segmentos religiosos diferentes.

Em termos de aprendizado, a academia é um lugar apropriado para analisarmos a relação entre a teologia e as religiões, a começar pela realidade experimentada por meio de debates com pessoas com históricos diferentes, sob o ponto de vista familiar e cultural. A bagagem que cada pessoa traz para a academia e o compartilhar do conhecimento podem gerar um processo rico em crescimento e amadurecimento.

Jefferson Zeferino (2020, p. 94) argumenta sobre a importância da diversidade cultural e religiosa e do diálogo inter-religioso, os quais resultam na produção de textos acerca de tópicos interculturais, da relação entre culturas e religiões e das religiões em suas interfaces. A academia é o ambiente ideal para a produção do conhecimento, que pode levar a uma prática teológico-religiosa equilibrada entre pessoas diferentes na vida em comunidade.

Nossa percepção é que há possibilidade de, em meio à diversidade, manter a liberdade para o exercício da fé. No segmento cristão, baseamo-nos na pressuposição de que Cristo é o elemento central e comum a todos os cristãos de modo exclusivo, tanto para a vida passageira quanto para a eterna. Em outros segmentos religiosos da presente época, há também elementos centrais de devoção, e essa opção precisa ser respeitada.

Em estudo sobre o pluralismo religioso, Oliveira (2019, p. 36-37) destaca que, em uma sociedade plural, aqueles que estudam as religiões, seus ensinamentos e suas práticas são desafiados a se abrir acadêmica e socialmente para conhecer, em muitos casos, perspectivas diferentes de suas convicções e tradições. Elaborar teologias com base em pressupostos inerentes à sua tradição religiosa parece ser mais confortável quando não há a contraposição de outras perspectivas, entretanto "convicções religiosas e verdades consideradas absolutas passam a ser desafiadas, e quando não contrapostas, apresentadas de maneira diferente" (Panasiewicz, citado por Oliveira, 2019, p. 37).

De acordo com Ribeiro e Gonçalves (2020, p. 243), na concepção moderna de religião, é complexo

explicar ou conceber as formas de naturezas holísticas e integradoras dos diferentes aspectos da vida. O conceito moderno de religião concebe as experiências religiosas dentro de uma estrutura rígida de racionalidade, oferecendo a elas [...] um campo restrito e institucionalizado de existência.

A percepção a ser compartilhada em meio às religiões seria a de considerarmos as experiências religiosas na sociedade como um todo, pois elas engendram estilos, culturas e formas diferentes de se manifestar. Essa percepção nos permite investigar e coletar dados. Após a fase inicial desse processo de aprendizado, poderíamos avançar na direção de buscar entender como algumas tradições religiosas se perpetuam em meio à sociedade e, ao mesmo tempo, como outras perdem força e não conseguem atrair novos seguidores.

Por exemplo, por quais razões acontece a migração de uma religião para outra? Do cristianismo católico para o cristianismo evangélico e vice-versa, ou cristianismo evangélico para o grupo religioso conhecido como *testemunhas de Jeová*, ou do cristianismo para o islamismo? Quais fenômenos religiosos provocam essas migrações? Será que as teologias ortodoxas, em alguns grupos religiosos, geram desconforto em seus adeptos a ponto de fazê-los migrar para outros segmentos religiosos?

Ao estudarem o universo religioso asiático, Ribeiro e Gonçalves (2020, p. 243) notaram que "o ponto de partida não é a singularidade de Cristo ou de qualquer outra religião, mas, sim, o diálogo e a cooperação realizados por setores populares a partir das dimensões concretas da vida, que carregam marcas, características e as condições das experiências religiosas". Em episódios envolvendo catástrofes naturais, por exemplo, abre-se espaço para que conceitos teológicos sejam colocados em prática em favor de toda a comunidade.

Karl Barth inclinava-se a uma teologia exclusivista moderada. Mesmo não sendo fundamentalista, ele concebeu "a religião como o esforço da humanidade em buscar a Deus" (Vigil, 2006, p. 75). Se tomarmos o relato joanino, em sua primeira carta encontraremos a ideia de que o ser humano consegue amar porque ele foi amado primeiro por Deus (Bíblia. 1 João, 2018, 4: 19). De acordo com o texto joanino, Deus se aproxima do ser humano de modo que este possa ter uma oportunidade de perceber que há interesse divino em comungar com a humanidade e a partir daí buscar conhecê-lo. Para Claudio Ribeiro (2012, p. 218), a diversidade religiosa tem grande valor quando está firmada no cultivo da tolerância e se prima pela alteridade, reconhecendo o valor da identidade de pessoas, experiências, percepções e práticas diferentes. A busca pelo exercício da religião e da fé de modo equilibrado compreende o valor da unidade e da diversidade.

Em meio ao século XXI, há sinais que podem dar esperança para os estudiosos da teologia. De certa forma, o espaço para reflexões sobre a esperança teológica parece ter se deslocado quanto ao interesse e à exploração acadêmica. Embora na Europa ainda exista quem se dedique ao estudo da teologia, países como a Índia, alguns países da África e outros das Américas têm passado a fazer parte de um novo tempo para a teologia mundial.

O diálogo com as grandes tradições religiosas se mantém, mas surgem novas perspectivas com os orientais e com a tradição afro-indígena do continente americano. Desponta uma esperançosa teologia, um cenário acadêmico promissor para que a criatividade teológica seja exercida nas universidades (Libanio; Murad, 2007).

Entre outras possibilidades, o futuro revelará se a teologia cristã permanecerá radicalmente pluralista ou se redescobrirá um acorde comum que unirá várias vozes, sem obliterá-las.

Síntese

Conforme está escrito no Livro de Daniel, a ciência/o saber iria multiplicar-se, e parece que estamos vivendo dias em que a humanidade, ao menos em parte, tem experimentado um avanço científico que nos impressiona. Em meio à realidade de um convívio global devido ao uso de diversas tecnologias digitais, as questões religiosas se tornaram mais acessíveis, e podemos identificar uma pluralidade de concepções e convicções tanto no universo acadêmico quanto no popular.

Desde o começo do século XX, as teologias e as práticas teológicas se ramificaram e novos movimentos surgiram. Nesse contexto, a teologia ortodoxa de vertentes e grupos religiosos tradicionais passou a ser confrontada por sua virtual irrelevância para a sociedade. No universo acadêmico, em que predominam paradigmas científicos, teóricos e práticos, as novas vertentes teológicas estimularam o desenvolvimento de uma atenção teológica peculiar a grupos específicos, por vezes minoritários, não apenas no âmbito global, mas também no espectro micro.

Entre as teologias contemporâneas, apresentamos a teologia da libertação, que busca proporcionar a reivindicação de direitos iguais, sob diversos aspectos na vida em comunidade.

Abordamos também a teologia feminista e as considerações de Ivone Gebara (2017), uma de suas principais representantes. Segundo ela, o monoteísmo masculino é uma expressão de culturas de dominação pública masculina. Com base na análise da autora, inferimos que a questão de uma imagem feminina de Deus é paradoxal, no entanto alguns autores destacam a importância e a atenção dadas por Deus às mulheres.

Apresentamos, ainda, algumas perspectivas teológicas específicas para pensarmos sobre as etnias, bem como as considerações de Paulo Freire com relação à liberdade de expressão devida a todos na vida em sociedade. Entre essas perspectivas, ressaltamos a função assumida por teólogos negros diante da necessidade de falar a partir de sua etnia, mediante denúncias de racismo na sociedade e a definição de critérios para pensarmos em uma teologia relevante. Com base em um panorama das teologias negra e ameríndia, destacamos que elas se baseiam em ensinamentos bíblicos e características singulares da experiência religiosa.

Tratamos também do liberalismo teológico, da teologia da prosperidade, da teologia natural, da teologia da esperança, da teologia da morte de Deus, entre outras perspectivas surgidas nos séculos XX e XXI.

A teologia das religiões que analisamos diz respeito ao que conhecemos sob uma perspectiva cristã ocidental. Buscamos evidenciar que as religiões também têm suas peculiaridades quanto às suas crenças e práticas e ao modo como se relacionam entre si.

Nossa caminhada foi longa; nela abordamos pensadores com relevância histórica e acadêmica. Convidamos você a continuar pesquisando e compartilhando todas as descobertas. Para fins de resumo, apresentamos, a seguir, um quadro que poderá ser fixado em nossa memória histórico-teológica. Ele contempla o início da Igreja cristã, percorre vários séculos e, no século XX, aponta uma perspectiva dos pontos importantes que notamos até o presente momento do século XXI.

Quadro 6.1 – Panorama histórico-teológico da história da Igreja

Período	Época	Principais autores	Ideias teológicas dominantes	Fatos na história da Igreja
Primitivo	Da formação da Igreja até a morte da primeira geração de discípulos (século I)	Apóstolos Paulo e João e o médico Lucas	A Parousia (Retorno de Cristo) como certeza iminente	Descida do Espírito Santo (Atos 2) Dispersão da Igreja (Atos 8)
Patrístico/Escolástico	Do início do segundo século ao início da Idade Média (século II ao VII)	Justino, Gregório, Tertuliano, Agostinho de Hipona	Cristo é superior à filosofia Cristo é o Deus que salva A Igreja é o corpo vivo de Cristo O Reino de Deus triunfará sobre os infiéis	Conversão de Constantino e consequente estatização da Igreja
Idade Média	Da queda do Império Romano do Ocidente até a Reforma (século VII ao XV)	Tomás de Aquino	A Igreja representa o Reino de Deus na Terra Fora da Igreja não há salvação Surgem os mosteiros como lugar de refúgio O Diabo está solto e é preciso enfrentá-lo	Politização e Burocratização da Igreja Fortalecimento do Movimento Monástico
Reforma Protestante	Das conclusões de Lutero ao surgimento dos movimentos puritano e pietista (século XVI ao XVIII)	Martinho Lutero, João Calvino, Zuínglio e Melanchton	Teologia dos reformadores[4] Principais Teses Pela graça, pela fé, pelas Escrituras	Divisão da Igreja no Ocidente, o que dá origem a grupos protestantes

(continua)

---

[4] Temos como referência a seguinte obra: GEORGE, T. **Teologia dos reformadores**. São Paulo: Vida Nova, 1994.

(Quadro 6.1 – conclusão)

Período	Época	Principais autores	Ideias teológicas dominantes	Fatos na história da Igreja
Puritano/Pietista	Dos movimentos puritanos/ pietistas até as grandes guerras mundiais (século XVIII ao XX)	John Wesley e Charles Finney	É preciso renovar a Igreja e levá-la a uma vida pura e santa. É preciso ganhar o mundo para Cristo por meio da evangelização mundial	Ocorre o maior movimento missionário da Igreja desde o período primitivo
Século XX	Das grandes guerras mundiais ao fim do século	Karl Barth, Paul Tillich, Augustus Strong e Dietrich Bonhoeffer	A teologia cristã tem uma resposta existencial para o ser humano frustrado do século XX	Surgem o fundamentalismo, o Evangelho social e o movimento carismático. Missão integral. Visão holística do ser humano
Século XXI	O avanço da tecnologia. A globalização mundial por meio da mídia e do mundo virtual	John Stott, John Piper e René Padilla	Liberalismo teológico. Apostasia da fé. Mundo pós-cristão	Fortalecimento das ciências das religiões. Movimento ecumênico

Temos consciência de que estudar teologia e ponderar sobre as considerações inerentes a ela nos leva a confessar que se trata de um privilégio acessar tantas contribuições de estudiosos que dedicaram muito tempo de sua vida às tarefas de entender e compartilhar as maravilhas acadêmicas advindas da teologia.

Em meio a concordâncias e embates, as teologias continuam sendo estudadas e desenvolvidas. Cabe-nos relatar que as pesquisas e os debates continuarão. No segmento cristão, Cristo, como referência, pode ser estudado ao mesmo que pode iluminar a todos para que percebam que Deus, por sua graça, proporcionou a todas as gerações até então a possibilidade de conhecê-lo e de anunciar aquilo que Ele permite que se conheça sobre Ele e seus planos.

Atividades de autoavaliação

1. O século XX contou com a contribuição de diversos filósofos e teólogos no debate sobre os temas ligados à pessoa de Deus. Quais foram as principais declarações feitas por Friedrich Nietzsche e Jean-Paul Sartre?

   a) Nietzsche fez a seguinte declaração: "O conceito de Deus foi até aqui a maior objeção contra a existência. Nós negamos Deus, negamos a responsabilidade em Deus: somente com isso redimimos o mundo". Segundo Sartre, "o homem está condenado a ser livre. Condenado porque não se criou a si próprio; e, no entanto, livre porque, uma vez lançado ao mundo, é responsável por tudo quanto fizer".

   b) No entendimento de Nietzsche, "o conceito que temos de Deus prejudica o esforço de entendê-lo melhor; precisamos rever nosso conceito sobre Ele". Sartre, por sua vez, adotou a seguinte posição: "não somos livres, na verdade, Deus em sua soberania não nos dá opção de escolha, ele nos predestinou, ou para salvação, ou para a perdição".

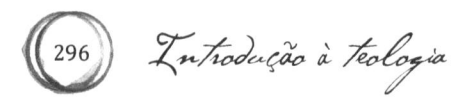

   c) Ao estudar os escritos de Platão, Nietzsche passou a afirmar que "todo ser humano tem um conceito prévio a respeito de Deus, pois desde o ventre, na formação de cada um, Deus colocou no espírito humano o anseio pela eternidade". Depois de consultar o que os reformadores defendiam, Sartre declarou: "Não há como o ser humano escolher fazer o bem; após o pecado original, ele perdeu essa condição. Ele agora precisa receber a revelação para que possa se decidir por Cristo".

d) Influenciado por seu pai, que era filósofo, Nietzsche disse: "Deus está morto, o que vemos de ruim no mundo em que vivemos – maldade, inveja e violência – nos confirma que Deus está morto". Sartre, sob a influência de Martinho Lutero, entendia que a Igreja Católica tinha, por séculos, ocultado o conhecimento de seus fiéis e declarou que "os dogmas cristãos católicos precisam passar por uma reforma para que todos fiquem livres verdadeiramente".

e) Na companhia de Friedrich Schleiermacher, Nietzsche disse, em um encontro de filósofos: "o ser humano em sua maldade intrínseca conseguirá ser livre apenas se ele se autoesvaziar, assim como fez Cristo em seu estado de humilhação". Sartre, influenciado pelo pensamento grego, declarou que "o importante para o ser humano é que ele obtenha a salvação de sua alma, pois a matéria, o corpo carnal humano, para nada aproveita".

2. O século XVIII fez a humanidade experimentar revoluções e gerou embates e transformações na teologia. O tema *revelação* foi muito discutido. Alguns movimentos surgiram na academia e fizeram suas ponderações no universo teológico. Quais foram e o que disseram os seguidores desses movimentos?

a) A teologia do século XVIII ficou marcada pela revolução da modernidade na Europa. Teólogos e filósofos seguidores dos princípios reformistas de Lutero e Calvino colocaram em xeque o existencialismo e o Iluminismo. O tema *revelação* se manteve irredutível em meio à maior parte de teólogos da Europa. Apenas na Alemanha a teologia filosófica encontrou adeptos e prosperou em seus ensinamentos.

b) Os teólogos Karl Barth e Soren Kierkegaard deram início ao movimento da teologia da iluminação, que substituía o termo *revelação* por *iluminação*. Entre algumas de suas defesas apologéticas, destacou-se o embate contra a ortodoxia protestante sobre os temas *salvação* e *condenação*.

c) No século XVIII, o cristianismo foi duramente criticado pelos filósofos alemães. Seguidores do Iluminismo, do positivismo e do existencialismo se posicionaram firmemente por uma sociedade livre, sem influência ou interferência das religiões. O espírito humano é entendido como finito e não se alimenta expectativa a respeito de uma vida pós-morte.

d) As correntes teológicas se proliferaram no século XVIII, mas uma delas se destacou em seu posicionamento: a naturalista. Parte da filosofia da religião, essa teologia lidava com as tentativas de se provar a existência de Deus e outros atributos divinos por meios filosóficos e científicos, sem recorrer a qualquer revelação especial ou sobrenatural.

e) Entre algumas correntes teológicas, surgiu uma que foi chamada de *teologia filosófica*. Basicamente, seus pensadores eram positivistas, modernistas e iluministas e criticaram asperamente o cristianismo. Estudiosos se posicionaram na defesa de suas crenças e descobriram que poderiam fazer uso de métodos filosóficos para defender a revelação divina.

3. No início do século XX, Walter Rauschenbusch idealizou alguns pensamentos a respeito do segmento cristão protestante. Assinale a alternativa correta sobre suas considerações e perspectivas:

a) O protestantismo do século XX passava por transformações e Rauschenbusch, ao lado de Karl Barth, entendia que o individualismo característico dos protestantismos seria abandonado e daria espaço a uma nova geração de cristãos comprometidos com a transformação do mundo segundo os princípios do Reino de Deus. Em sua visão, a prática da solidariedade, principalmente no pós-Segunda Guerra, passaria a reger os pensamentos e práticas da teologia.

b) Rauschenbusch imaginava que o individualismo característico dos protestantismos seria superado e traria à luz uma geração de cristãos comprometidos com a transformação do mundo, segundo os princípios do Reino de Deus. Haveria uma regeneração da vida suprapessoal da espécie e seria desenvolvida uma expressão social daquilo que estava contido na personalidade de Cristo. Nelson L. R. Rodrigues (2019, p. 367) cita em seu trabalho "Uma teologia para um evangelho social" um pensamento de Rauschenbusch: "um deus teológico que não tem interesse na luta pela justiça e fraternidade não é um Deus cristão".

c) O Iluminismo ganhou força após a Primeira Guerra Mundial e fez com que Rauschenbusch imaginasse que a prática da fraternidade se tornaria prioritária em meio aos protestantismos. Essa perspectiva o fez declarar que o Deus dos cristãos seria mais bem entendido e aceito se houvesse uma expressão social relevante que lutasse por justiça social.

d) A teologia desenvolvida por Rauschenbusch supunha que os conceitos dos protestantes seriam divulgados e aceitos pela maior parte dos europeus e isso facilitaria a proclamação do Evangelho para outras nações, como os Estados Unidos. A mensagem de salvação seria divulgada tão rapidamente que, no próprio século XX, o mundo se tornaria melhor para se viver e, em sua maioria, seria protestante.

e) O individualismo em meio à sociedade cresceria de tal forma que resultaria no retorno de Cristo à Terra. A Primeira Guerra Mundial era um prenúncio do juízo divino iminente contra uma geração corrupta e perversa, conforme o apóstolo Paulo escreveu em sua carta aos filipenses: "filhos de Deus inculpáveis no meio de uma geração corrompida e depravada, na qual vocês brilham como estrelas no universo" (Bíblia. Filipenses, 2018, 2: 15).

4. Com relação à teologia da libertação, abordamos algumas perspectivas. Há uma perspectiva bíblica sobre a teologia da libertação que se baseia em alguns textos e também em posicionamentos teológicos acerca do que é debatido no universo acadêmico sobre essa teologia. Assinale a alternativa que indica as perspectivas que estariam de acordo com a origem dela:

a) Em uma das perspectivas, existem três vertentes de pensamento a respeito de sua origem: a primeira afirma que ela seria resultado de um Evangelho social praticado por Igrejas norte-americanas, trazido ao Brasil pelo missionário e teólogo presbiteriano Richard Shaull. A segunda considera que seria fruto do trabalho do teólogo reformado Jürgen Moltmann, com sua teologia da esperança. A terceira, de certa forma, defende que ela teria origem na intenção de atender às necessidades sociais em uma atitude antropo-política, que teria levado à sua oficialização.

b) Em princípio, existem três opções para pensarmos sobre sua origem. Na primeira, ela teria surgido em virtude do que aconteceu na Primeira Guerra Mundial, que deixou povos e famílias inteiras em estado de miséria; teólogos e filósofos teriam se unido e, em meio à prática da fé, ela se estabeleceu. Na segunda, ela seria fruto do trabalho do teólogo reformado Karl Barth, com sua perspectiva teológica de fraternidade. Na terceira, de cunho político, ela teria surgido como restauração após a crise mundial de 1929, quando milhões de pessoas ficaram em estado de vulnerabilidade social.

c) Seu surgimento ocorreu em razão das ramificações desse pensamento que surgiram na Europa, por meio da perspectiva de Karl Marx, contrária ao capitalismo, o que resultou na sistematização de uma doutrina que ficou como conhecida como *teologia da libertação*. Do solo europeu ela migrou para o território norte-americano após a Segunda Guerra Mundial e se fortaleceu quando encontrou apoio irrestrito do Vaticano, em 1962.

d) O surgimento da teologia da libertação aconteceu em meio ao Concílio Vaticano II, no início da década de 1960, quando lideranças religiosas entraram em concordância sobre o fato de a Igreja Católica tornar-se mais atuante, atendendo de modo solidário e fraterno as classes sociais em estado de vulnerabilidade. Essa atitude foi corroborada pelo segmento cristão protestante e migrou da Europa para terras norte-americanas e, algum tempo depois, para a América Latina.

e) A origem dessa corrente teológica ocorreu por meio das ideias e práticas do filósofo e teólogo alemão Jürgen Moltmann, com sua teologia da esperança. Após sua iniciativa e seu progresso, surgiram grupos teológicos solidários a essa teologia que a levaram à frente, o que resultou na participação de grupos políticos também.

5. No século XXI, marcado pela plurirreligiosidade, também devemos considerar que há liberdade, inclusive, para não se professar religião alguma. Em meio às teologias das religiões, encontramos dois grupos específicos que têm desenvolvido suas concepções – a teologia feminista e a teologia negra. Assinale a alternativa correta sobre os posicionamentos dessas duas teologias:

   a) O feminismo, uma concepção norte-americana do amor livre, está por trás das argumentações teológicas de grupos feministas espalhados pelas universidades mundo afora. O posicionamento teológico feminista mais contundente está voltado para a liberação da ordenação feminina para exercer o sacerdócio na Igreja Católica e o pastorado na Igreja Protestante. A teologia negra, por sua vez, ainda sofre com discriminações e desigualdades na sociedade. A igualdade de direitos nas universidades é uma reivindicação social que os teólogos negros têm se esforçado para conquistar.

   b) A teologia feminista desenvolvida na Europa tem reivindicado direitos de fazer parte ativa de missas, celebrações e eventos religiosos da Igreja Católica. Essa perspectiva teológica foi assimilada pelas mulheres norte-americanas, que, por meio da mídia, têm divulgado suas concepções teológicas às mulheres latinas. Quando pensamos em teologia negra, percebemos uma busca legítima por igualdade de direitos nos âmbitos religioso e acadêmico. No religioso, para que se permita a participação e a colaboração em todos os eventos proporcionados pelas Igrejas em geral; no acadêmico, para que mais professores negros no universo religioso tenham as mesmas oportunidades para a docência universitária.

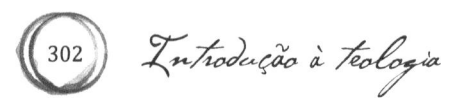

   c) A teologia feminista tem reivindicado mais atenção à sua participação eclesiástica e buscado o direito de que se reconheça a possibilidade de as mulheres exercerem função de liderança religiosa e eclesiástica. Os debates e embates encaminhados pela teologia negra têm sido em torno do antirracismo e da luta por direitos iguais no universo da educação e do trabalho. Em termos teológicos, trata-se da apresentação de concepções que permitam a todas as religiões afrodescendentes professarem sua fé e realizarem livremente suas celebrações.

d) A teologia feminista desenvolvida no Ocidente observa as dimensões culturais e religiosas, como a experiência religiosa das mulheres, a linguagem e o simbolismo inclusivo e pós-moderno. Os debates sobre sexualidade e desigualdades ainda são limitados e insuficientes pela não aceitação de parte da sociedade. A teologia negra busca um espaço na sociedade que respeite e valorize todas as etnias. A dimensão global da atualidade não permite que as diferenças entre culturas, identidades e etnias sejam desrespeitadas. Embora não seja consenso, a perspectiva teológica sobre a criação humana mais indicada seria a de que não há nenhuma outra raça a não ser a humana.

e) A teologia feminista desenvolvida no Brasil tem passado por dificuldades para ser aceita, pois o universo brasileiro é marcado pela discriminação e pelo desprezo à figura feminina. No campo da teologia, as discriminações são ainda maiores. As teólogas brasileiras formam um grupo irrelevante e apresentam argumentos feministas frágeis, como se fossem de um segmento político reivindicando seus direitos. As religiões afrodescendentes, embora busquem seu espaço, são irrelevantes e inócuas. As concepções teológicas apresentadas pelos adeptos da teologia negra não são fundamentadas na Bíblia, mas em concepções político-sociais.

Atividades de aprendizagem

Questões para reflexão

1. A percepção a respeito da morte é entendida de modo diferente em cada cultura. Em termos teológicos, qual é a importância do tema *morte* para as religiões? A forma como cada pessoa trata esse tema reflete, de alguma maneira, seu estilo de vida em relação a seu semelhante? Reflita se é possível elaborar uma teologia pensando nessas indagações. Anote suas considerações em um texto escrito e compartilhe-o com seus colegas de estudo.

2. Quando pensamos sobre a escolástica, encontramos em Tomás de Aquino uma de suas principais referências. Para ele, a revelação a respeito de Deus estava prioritariamente na natureza e, por meio da razão corretamente dirigida, seria possível conhecer o Criador. No Evangelho de Lucas, está escrito: "Tudo me foi entregue por meu Pai. Ninguém sabe quem é o Filho, senão o Pai; e também ninguém sabe quem é o Pai, senão o Filho, e aquele a quem o Filho o quiser revelar" (Bíblia. Lucas, 2018, 10: 22). Como podemos entender essas duas afirmações a respeito da revelação? Podemos explicar esse tema teologicamente? Elabore um texto escrito com suas reflexões e compartilhe-o com seus colegas de estudo.

Atividade aplicada: prática

1. Na atualidade, há concepções teológicas diversas e elas estão bem presentes na vida sociorreligiosa na pós-modernidade. Em termos teológicos, como os atuais candidatos a sacerdotes e ministros poderiam aperfeiçoar seu aprendizado para exercerem suas funções eclesiásticas de modo respeitoso com todas as vertentes teológicas existentes na atualidade? Procure elaborar uma breve teologia que aborde essa indagação com possíveis sugestões para superarmos esse desafio. Depois, compartilhe-a com seu grupo de estudo.

Considerações finais

Nesta obra, dedicamo-nos a abordar a teologia sob perspectivas distintas, percorrendo vários períodos da história. Com base na pesquisa de diversos autores, notamos que a teologia e sua história têm um roteiro com um eixo central, Jesus Cristo, do qual partimos para fazer uma ampla investigação e analisar aspectos importantes do universo da teologia. Como descobrimos, estudar sobre Deus informa, ilumina, alegra e nos norteia acadêmica e culturalmente.

Reconhecemos que há indagações inexplicáveis quando estudamos a relação histórica do ser humano com Deus, consigo mesmo e com seu semelhante, por isso procuramos oferecer ao leitor um conteúdo fundamentado na opinião de teólogos e de filósofos diversos, a qual se estabeleceu em um período anterior a Cristo e culminou no século presente.

A teologia é considerada uma ciência humana que tem Deus como centro, mas ainda provoca debates tanto na academia quanto na sociedade. Diante desse contexto, apontamos como a fé faz parte do processo de aprendizado teológico, relacionando-a a cada conteúdo enfocado.

Inicialmente, apresentamos os fundamentos, os conceitos e a natureza da teologia, investigando seus elementos básicos. Tratamos da relação que há entre teologia e fé, das influências filosóficas e de alguns princípios comuns entre teologia e filosofia. Indicamos algumas boas práticas a serem adotadas pelos interessados em conhecer melhor a teologia e se dedicar ao seu estudo.

Discorremos, então, sobre a inter-relação entre a teologia e outras ciências, como a arqueologia, a antropologia e até a história da arquitetura. Abordamos como ocorrem os contínuos encontros da teologia e da filosofia e como a Escritura Sagrada fundamenta e alimenta a teologia.

Mostramos que na teologia há espaço para pensarmos a relação entre a razão e a palavra e destacamos quão importante é ter conhecimento dos debates de temas complexos que envolveram a teologia. Tendo como base a Bíblia, verificamos a importância das perspectivas teológicas e filosóficas consultadas. Acreditamos que todas produzem reflexões que podem levar à formação de teólogos comprometidos e desejosos de sempre conhecer e aprender um pouco mais.

Acima da fé e de todos está a razão da existência da teologia, Jesus Cristo, sua raiz impecavelmente profunda. Aliás, em sua humanidade e divindade, Jesus foi aprovado por meio de um sacrifício vicário e com validade eterna. Em meio a uma diversidade de nomes importantes e famosos, a teologia passou de porta em porta sofrendo ajustes, retoques e até mesmo trocando de vestes – ora predestinada, ora livre para decidir, ora ortodoxa, ora liberal, ora natural, ora secular, ora literal, ora mitológica, ora sistemática, ora, por fim, prática.

No universo do místico, a teologia foi, algumas vezes, debatida ao extremo, confrontada em suas convicções. Foi defendida pelos seus pais (patrística) e amplamente divulgada por seguidores da filosofia aristotélica (escolástica). A junção entre fé e razão ganhou centralidade. Pela teologia passaram reformadores, iluministas, existencialistas, modernistas, radicais e liberais.

Por fim, tratamos do encontro da teologia com a espiritualidade, o qual gerou raízes e se alastrou pelos cantos da terra. A teologia gerou filhos e filhas, exegetas e apologistas. Etnias têm sido estudadas e abraçadas por ela. As mulheres, amigas especiais, começaram a dar sinais de coragem para se manifestar. A libertação e a prosperidade chegaram.

Nesta obra, apresentamos apenas uma fração da teologia, porque nosso trabalho consistiu em fazer uma breve introdução dessa área de estudo. Desejamos que possamos nos ver novamente, se Deus quiser.

Referências

ABBAGNANO, N. **Dicionário de filosofia**. São Paulo: M. Fontes, 2007.

AGOSTINHO, Santo. **A cidade de Deus**. Lisboa: Fundação Calouste Gulbenkian, 2000. v. 3.

AGOSTINHO, Santo. **A continência**. Tradução de Gerson F. de Arruda Jr. e Marcos Roberto N. Costa. São Paulo: Paulus, 2013a. (Coleção Patrística, 32).

AGOSTINHO, Santo. **A disciplina cristã**. Tradução de Fabrício Gerardi. São Paulo: Paulus, 2013b. (Coleção Patrística, 32).

AGOSTINHO, Santo. **A fé e o símbolo**. Tradução de Fabrício Gerardi. São Paulo: Paulus, 2013c. (Coleção Patrística, 32).

AGOSTINHO, Santo. **A música**. Tradução de Érico Nogueira. São Paulo: Paulus, 1997.

AGOSTINHO, Santo. **Primeira catequese aos não cristãos**. Tradução de D. Paulo A. Mascarenhas, Roxo, Opraem. São Paulo: Paulus, 2013d. (Coleção Patrística, 32).

AGRELA, L. Evidência científica é encontrada a partir de história da Bíblia. **Exame**, 9 nov. 2017. Disponível em: <https://exame.com/ciencia/evidencia-cientifica-e-encontrada-a-partir-de-historia-da-biblia/>. Acesso em: 20 jan. 2023.xo, Opraem. São Paulo: Paulus, 2013d. (Coleção Patrística, 32).

ALLEN, R.; BORROR, G. **Teologia da adoração**: o verdadeiro sentido da adoração. São Paulo: Vida Nova, 2002.

ALMEIDA, C. P de. Reflexões sobre o papel da linguagem em Aristóteles e Wittgenstein. **Rónai**, v. 4, n. 2, p. 89-100, 2017. Disponível em: <https://periodicos.ufjf.br/index.php/ronai/article/view/23183/12820>. Acesso em: 20 jan. 2023.

ALMEIDA, J. J. R. L. de. A luz como metáfora na teologia e na filosofia. **Ciência e Cultura**, v. 67, n. 3, p. 43-47, jul./set. 2015. Disponível em: <http://cienciaecultura.bvs.br/pdf/cic/v67n3/v67n3a14.pdf>. Acesso em: 20 jan. 2023.

ALMEIDA, R. M. de. A educação e a vida intelectual na primeira escolástica. **Filosofia e Educação**, v. 10, n. 2, p. 264-286, 2018. Disponível em: <https://www.researchgate.net/publication/328374006_A_educacao_e_a_vida_intelectual_na_Primeira_Escolastica>. Acesso em: 20 jan. 2023.

ALMEIDA, R. M. de. Teologia, filosofia e ciência. **Veritas**, Porto Alegre, v. 59, n. 3, p. 450-468, 2014.

ALMEIDA, S. C. P. de. **Hermenêutica em conflito**: perspectivas de Mircea Eliade e Rudolf Bultmann sobre o mito. São Bernardo do Campo: Umesp, 2017.

ALMEIDA. T. B. de. **As linguagens em Pascal**: carne, espírito e caridade. 182 f. Dissertação (Mestrado em Filosofia) – Universidade Federal de Minas Gerais, Belo Horizonte, 2012. Disponível em: <https://repositorio.ufmg.br/bitstream/1843/BUBD-AHFNWA/1/thiago_borges__disserta_o__pascal.pdf>. Acesso em: 20 jan. 2023.

ALVES, A. P. **"Angolano segue em frente"**: um panorama do cenário musical urbano de Angola entre as décadas de 1940 e 1970. 216 f. Tese (Doutorado em História) – Universidade Federal Fluminense, Niterói, 2015. Disponível em: <https://www.historia.uff.br/stricto/td/1773.pdf>. Acesso em: 20 jan. 2023.

ALVES, P. A. Caridade como experiência na Patrística. **Semanário Ecclesia**, n. 1447, p. 20-24, 2014. Moscavide: Agência Ecclesia. Disponível em: <https://repositorio.ucp.pt/bitstream/10400.14/15230/1/Ecclesia1447_pp020-024-PauloAlexandreAlves.pdf>. Acesso em: 20 jan. 2023.

AQUINO, F. **Teologia da libertação**. Lorena: Cleofas, 2015.

ARCHER JR., G. L.; HARRIS, R. L.; WALTKE, B. K. **Dicionário internacional de teologia do Antigo Testamento**. São Paulo: Vida Nova, 1998.

ARISTÓTELES. **Metafísica**. São Paulo: Loyola, 2002. Livro I.

ARMSTRONG, K. **Maomé**: uma biografia do profeta. São Paulo: Companhia das Letras, 2002.

ARRUDA, F. S. A dimensão pastoral do IV Concílio de Latrão. In: CONGRESSO INTERNACIONAL DE HISTÓRIA, 5., 2011, Maringá. **Anais...** Maringá: UEM, 2011. p. 2369-2376.

ATANÁSIO, Santo. **Contra os pagãos**: a encarnação do Verbo, apologia ao imperador Constâncio, apologia de sua fuga e vida e conduta de S. Antão. São Paulo: Paulus, 2002.

BAKOS, M. M. **Egiptomania**: o Egito no Brasil. São Paulo: Contexto: 2004.

BARBOSA, M. F. O sagrado no Egito Antigo. **Diversidade Religiosa**, v. 3., n. 1, 3 jan. 2013. Disponível em: <https://periodicos.ufpb.br/ojs/index.php/dr/article/view/15376/8737>. Acesso em: 20 jan. 2023.

BARBOSA, M. R. de J. A influência das teorias raciais na sociedade brasileira (1870-1930) e a materialização da Lei n. 10.639/03. **Revista Eletrônica de Educação**, v. 10, n. 2, p. 260-272, 2016. Disponível em: <https://www.reveduc.ufscar.br/index.php/reveduc/article/view/1525/502>. Acesso em: 20 jan. 2023.

BARBUTO, J. M. B. M. **O conceito de pessoa em Santo Tomás de Aquino**: possibilidade de fundamentação metafísica do ordenamento jurídico como limite à atuação do Estado. 168 f. Dissertação (Mestrado em Direito Político e Econômico) – Universidade Presbiteriana Mackenzie, 2012. Disponível em: <https://dspace.mackenzie.br/bitstream/handle/10899/23773/Jose%20Mario%20Buck%20Marzagao%20Barbuto. pdf?sequence=1&isAllowed=y>. Acesso em: 20 jan. 2023.

BARCELOS, D. R. Fé e prática: um contraponto entre dogma da Igreja Católica Apostólica Romana e o segundo tratado de Lazarillo. **Multidebates**, v. 3, n. 2, p. 254-258, 2019.

BARTH, K. **Introdução à teologia evangélica**. São Leopoldo: Sinodal, 1996.

BASTOS, P. S. dos S. **Histórico e principais elementos estruturais de concreto armado**. Bauru: Unesp, 2006. Notas de aula.

BAUCHWITZ, O. F. Intelecto e teofania: o homem como interlocutor do nada. **Mediaevalia – Texto e Estudos**, v. 21, p. 9-19, 2002. Disponível em: <https://ojs.letras.up.pt/index.php/mediaevalia/article/view/915/875>. Acesso em: 20 jan. 2023.

BAYER, O. **A teologia de Martinho Lutero**: uma atualização. São Leopoldo: Sinodal, 2007.

BERALDI, A. **Teleologia e esperança em Kant**: o encontro do pensamento ocidental. Vitória: Ufes, 2012.

BERGSON, H. **L'évolution créatrice**. 11. ed. Paris: Quadrige/PUF, 2008.

BESEN, J. A. O Tribunal da Inquisição: um equívoco em nome da verdade. **Encontros Teológicos**, v. 11, n. 2, p. 76-85, 1996. Disponível em: <https://facasc.emnuvens.com.br/ret/article/view/1222>. Acesso em: 20 jan. 2023.

BÍBLIA. **Bíblia Sagrada Nova Almeida Atualizada**. Barueri: SBB, 2018.

BLANC, C. **O grande livro da mitologia egípcia**. São Paulo: Camelot, 2021.

BOBBIO, N. **Thomas Hobbes**. México: Fondo de Cultura Economica, 1992.

BOFF, L. **A teologia da libertação**: balanço e perspectivas. São Paulo: Ática, 1996.

BOGAZ, A.; COUTO, M. A.; HANSEN, J. H. **Patrística**: caminhos da tradição cristã. São Paulo: Paulus, 2016.

BORTOLANZA, J. **Trajetória do ensino superior brasileiro**: uma busca da origem até a atualidade. In: COLÓQUIO INTERNACIONAL DE GESTÃO UNIVERSITÁRIA, 17., 2017, Mar del Plata, Argentina. Disponível em: <https://repositorio.ufsc.br/xmlui/bitstream/handle/123456789/181204/101_00125.pdf?sequence=1&isAllowed=y>. Acesso em: 20 jan. 2023.

BOSCH, D. J. **Missão transformadora**: mudanças de paradigma na teologia da Missão. São Leopoldo: Sinodal, 2002.

BOYER. O. S. **Heróis da fé**: vinte homens extraordinários que incendiaram o mundo. 34 ed. Rio de Janeiro: CPAD, 2005.

BRANDT, H. Leonardo Boff como teólogo protestante: um balanço pessoal. **Estudos Teológicos**, v. 48, n. 2, p. 5-26, 2008. Disponível em: <http://periodicos.est.edu.br/index.php/estudos_teologicos/article/view/386>. Acesso em: 20 jan. 2023.

BRANDT, H. Por que teologia científica? **Estudos Teológicos**, v. 12, n. 2, p. 94-99, 1972. Disponível em: <http://periodicos.est.edu.br/index.php/estudos_teologicos/article/view/1472>. Acesso em: 20 jan. 2023.

BRASIL. Constituição (1988). **Diário Oficial da União**, Brasília, DF, 5 out. 1988.

BRASIL. Ministério da Educação. Coordenação de Aperfeiçoamento de Pessoal de Nível Superior. Diretoria de Avaliação. **Área 44**: Ciências da Religião e Teologia. Brasília: MEC, 2019. Disponível em: <https://www.gov.br/capes/pt-br/centrais-de-conteudo/ciencia-religiao-teologia-pdf>. Acesso em: 20 jan. 2023.

BRUCE, F. F. **Paulo, o apóstolo da graça**: sua vida, cartas e teologia. São Paulo: Shedd Publicações, 2003.

BRUNELLI, W. **Curso intensivo de teologia**. São Paulo: Ministério Ide, 1999.

BUENO, F. S. **Minidicionário escolar da língua portuguesa**. São Paulo: DCL, 2010.

CALABI, F. **Fílon de Alexandria**. São Paulo: Paulus, 2014.

CAPRA, F.; LUISI, P. L. **A visão sistêmica da vida**: uma concepção unificada e suas implicações filosóficas, políticas, sociais e econômicas. São Paulo: Cultrix, 2014.

CARDOSO, C. F. S. A adivinhação no Egito faraônico. **Revista Clássica**, São Paulo, n. 4, p. 53-65, dez. 1991. Disponível em: <https://revista.classica.org.br/classica/article/view/576/519>. Acesso em: 20 jan. 2023.

CARLOS JOSAPHAT, Frei. Fé e razão. **Ide**, v. 36, n. 56, p. 71-90, 2013. Disponível em: <http://pepsic.bvsalud.org/scielo.php?script=sci_arttext&pid=S0101-31062013000200005&lng=pt&nrm=iso>. Acesso em: 20 jan. 2023.

CARSON, C. **A autobiografia de Martin Luther King**. Rio de Janeiro: J. Zahar, 2014.

CARSON, D. A. **Comentário Bíblico Vida Nova**. São Paulo: Vida Nova, 2009.

CASORETTI, A. M. **Pico Della Mirandola**: o esoterismo como categoria filosófica. 192 f. Tese (Doutorado em Filosofia) – Pontifícia Universidade Católica de São Paulo, 2020. Disponível em: <https://tede2.pucsp.br/bitstream/handle/23124/4/Anna%20Maria%20Casoretti.pdf>. Acesso em: 20 jan. 2023.

CHAUTARD-FREIRE-MAIA, E. A. Mapeamento do genoma humano e algumas implicações éticas. **Educar em Revista**, n. 11, p. 15-26, 1995.

CHWARTZ, S. Entre o deserto e o mar. **Cadernos de Língua e Literatura Hebraica**, São Paulo, n. 15, p. 176-185, 2017.

CLARK, G. H. **Introdução à filosofia cristã**. Brasília: Monergismo, 2017.

COLARES, C. C. N.; GONÇALVES, F. J. M. Fé e razão. **Encontros Universitários da UFC**, v. 4, n. 2, p. 1498, 2019. Disponível em: <http://www.periodicos.ufc.br/eu/article/view/58895>. Acesso em: 20 jan. 2023.

COLLOT, N. F.; GIESE, N.; MENESES, A. M. **Teologia e deficiência**. São Leopoldo: Sinodal, 2010.

COMBLIN, J. A virada da teologia cristã. **Mandrágora**, v. 20, n. 20, p. 85-100, 2014. Disponível em: <https://www.metodista.br/revistas/revistas-metodista/index.php/MA/article/view/5174/4337>. Acesso em: 20 jan. 2023.

CONCÍLIO VATICANO I. Constituição Dogmática sobre a fé católica. **Veritatis Splendor**. Disponível em: <https://www.veritatis.com.br/constituicao-dogmatica-dei-filius-24-04-1870/>. Acesso em: 20 jan. 2023.

CONFISSÃO de fé de Westminster. **Capítulo I**: da Escritura Sagrada. Disponível em: <https://ipheliopolis.org.br/confissao-de-fe/>. Acesso em: 28 abr. 2023.

CONSTANZA, J. R. da S. As raízes históricas do liberalismo teológico. **Fides Reformata**, v. 10, n. 1, p. 79-99, 2005. Disponível em: <https://cpaj.mackenzie.br/fileadmin/user_upload/4-As-ra%C3% ADzes-hist%C3%B3ricas-do-liberalismo-teol%C3%B3gico-Jos%C 3%A9-Roberto-da-Silva-Costanza.pdf>. Acesso em: 20 jan. 2023.

CORNWALL, J. **Adoração como Jesus ensinou**: aprenda com Jesus a ser um adorador que agrada ao coração do pai. Curitiba: Betânia, 1995.

CORREIA, B. C. F. de B. **Cenários de contra-hegemonia no protestantismo brasileiro no contexto da pós-modernidade**. 181 f. Tese (Doutorado em Ciências Sociais) – Universidade Federal do Rio Grande do Norte, 2015. Disponível em: <https://repositorio. ufrn.br/bitstream/123456789/21149/1/Cen%c3%a1riosContra-hegemoniaProtestantismo_Correia_2015.pdf>. Acesso em: 20 jan. 2023.

COSTA, C. J.; MARTINS, F. J. de S. Análise histórica, religiosa e educacional sobre o catecismo do Santo Concílio de Trento. **Revista Brasileira de História das Religiões**, v. 2, n. 6, p. 85-103, jan. 2010. Disponível em: <https://periodicos.uem.br/ojs/index.php/ RbhrAnpuh/article/view/30309>. Acesso em: 20 jan. 2023.

CROATTO, J. S. **As linguagens da experiência religiosa**. São Paulo: Paulinas, 2001.

DAMINELI, A.; STEINER, J. **O fascínio do universo**. São Paulo: Odysseus, 2010.

DAVIDSON, F. O novo comentário da Bíblia. São Paulo: Vida Nova, 1997.

DAWSON, C. **A formação da cristandade**. São Paulo: É Realizações, 2014.

DEJORGE, A. **Pensadores da teologia**. Edição do autor, 2020.

DOANE, T. W. **Bible Myths and Their Parallels in Other Religions**. New York: J. W. Bouton, 1884.

DORRIEN, G. **The Making of American Liberal Theology**: Imagining Progressive Religion, 1805-1900. Loiusville, KY: Westminster John Knox Press, 2001. v. 1.

DOUGLAS, J. D. **O novo dicionário da Bíblia**. São Paulo: Vida Nova, 1995.

DREHER, L. H. **O método teológico de Friedrich Schleiermacher**. São Leopoldo: Sinodal, 1995.

DUNAWAY, F. **A teologia negra**: uma introdução. São Paulo: Faculdade Teológica Batista do Paraná, 2018.

EBER, J. Sagrada escritura e tradição. **Teologia Brasileira**, 11 maio. 2013. Disponível em: <https://teologiabrasileira.com.br/sagrada-escritura-e-tradicao/>. Acesso em: 20 jan. 2023.

EICHRODT, W. **Teologia do Antigo Testamento**. São Paulo: Hagnos, 2004.

EMÍLIO, G. E. Ser-em-si e símbolo: a forma e a dinâmica da teologia sistemática de Paul Tillich. **Revista Eletrônica Correlatio**, v. 9, n. 17, p. 154-177, 2010. Disponível em: <https://www.metodista.br/revistas/revistas-ims/index.php/COR/article/view/2088/2133>. Acesso em: 20 jan. 2023.

ENCONTRADA a cidade de Sarepta. 19 fev. 2013. Disponível em: <http://iadrn.blogspot.com/2013/02/encontrada-cidade-de-sarepta.html>. Acesso em: 20 jan. 2023.

ERICKSON, M. J. **Introdução à teologia sistemática**. São Paulo: Vida Nova, 1997.

ERICKSON, M. J. **Teologia sistemática**. São Paulo: Vida Nova, 2015.

ESPÍRITO SANTO, R. C. do. Da imanência à transcendência num processo de construção do conhecimento. **Interespe**, n. 12, p. 1-70, jun. 2019.

ESTEVÃO, J. C. Guilherme de Ockham e a ruptura da tradição política medieval. **Em Curso**, v. 1, n. 1, p. 5-27, 2014. Disponível em: <https://www.emcurso.ufscar.br/index.php/emcurso/article/view/2>. Acesso em: 20 jan. 2023.

EUFRÁSIO, T. de M.; GOMES, T. de F. Fides quaerens intellectum: o fundamento da teologia e a teologia fundamental na esfera pública. **Encontros Teológicos**, Florianópolis, v. 33, n. 1, p. 165-182, jan.-abr. 2018.

FARRIS, J. R. O que é teologia prática? **Caminhando**, v. 6, n. 1, p. 56-68, 2010.

FERNANDES, M. A. Fenomenologia e teologia em Martin Heidegger. **Reflexão**, n. 40, v. 1, p. 95-108, jan./jun. 2015. Disponível em: <https://periodicos.puc-campinas.edu.br/reflexao/article/view/3234/2146>. Acesso em: 20 jan. 2023.

FERNANDEZ, G. C. **A água como símbolo de passagem da morte para a vida**. Goiânia: PUC Goiás, 2018.

FERREIRA, F.; MYATT, A. **Teologia sistemática**: uma análise histórica, bíblica e apologética para o contexto atual. São Paulo: Vida Nova, 2007.

FERREIRA, R.; SOUZA, N. A teologia, os teólogos e o pontificado de Francisco. **Revista de Cultura Teológica**, n. 91, ano 26, p. 187-208, 2018. Disponível em: <https://revistas.pucsp.br/index.php/culturateo/article/view/rct.i91.37793/pdf>. Acesso em: 20 jan. 2023.

FERREIRA, V. A. **Protestantismo e modernidade no Brasil**. 246 f. Tese (Doutorado em Sociologia) – Universidade de São Paulo, São Paulo, 2008. Disponível em: <https://teses.usp.br/teses/disponiveis/8/8132/tde-30072008-103130/publico/TESE_VALDINEI_APARECIDO_FERREIRA.pdf>. Acesso em: 20 jan. 2023.

FESKE, M. C. Feminist Theologies and the Possibility of God-Talk. **Quarterly Review**, v. 22, n. 2, p. 138-151, Summer 2002. Disponível em: <https://www.academia.edu/21257722/Feminist_Theologies_and_the_Possibility_of_God>. Acesso em: 20 jan. 2023.

FONTANA, J. Paul Tillich e a busca pelo Jesus histórico. **Revista Eletrônica Correlatio**, v. 5, n. 10, p. 126-151, 2006. Disponível em: <https://www.metodista.br/revistas/revistas-ims/index.php/COR/article/view/1715/1707>. Acesso: 20 jan. 2023.

FONTANA, J. Teologia, ciência ou metafísica? **Revista Eletrônica Correlatio**, v. 7, n. 14, p. 171-194, dez. 2008. Disponível em: <https://www.metodista.br/revistas/revistas-ims/index.php/COR/article/view/1158/1169>. Acesso em: 20 jan. 2023.

FORTE, B. **Teologia em diálogo**: para quem quer e para quem não quer saber nada disso. São Paulo: Loyola, 2002.

FOX, J. **O livro dos mártires**: a história dos sofrimentos e morte dos cristãos primitivos e dos mártires protestantes. Rio de Janeiro: CPAD, 2004.

FREIRE, P. **Pedagogia do oprimido**. 42. ed. Rio de Janeiro: Paz e Terra, 2005.

FREITAS, M. C. Razão e fé no pensamento de Santo Agostinho. **Didaskalia**, v. 29, n. 1-2, p. 244-255, 1999. Disponível em: <https://revistas.ucp.pt/index.php/didaskalia/article/view/1428>. Acesso em: 20 jan. 2023.

FURLIN, N. Teologia feminista: uma voz que emerge nas margens do discurso teológico hegemônico. **Rever**, ano 11, n. 1, p. 139-164, jan./jun. 2011. Disponível em: <https://revistas.pucsp.br/index.php/rever/article/view/6034/4380>. Acesso em: 20 jan. 2023.

GABATZ, C. Religião e multiculturalismo: o diálogo como categoria central na teologia contemporânea. **Revista de Cultura Teológica**, v. 23, n. 86, p. 231-250, jul./dez. 2015. Disponível em: <https://revistas.pucsp.br/index.php/culturateo/article/view/rct.v0i86.24012/18675>. Acesso em: 20 jan. 2023.

GARRAFFONI, R. S. Império Romano: história antiga e política moderna. In: SEMINÁRIO FACETAS DO IMPÉRIO NA HISTÓRIA, 2006, Curitiba. **Anais**... Disponível em: <https://docs.ufpr.br/~andreadore/renata.pdf>. Acesso em: 20 jan. 2023.

GEBARA, I. **O que é teologia feminista**. São Paulo: Brasiliense, 2017. (Coleção Primeiros Passos).

GHISALBERTI, A. **As raízes medievais do pensamento moderno**. 2. ed. São Paulo: Instituto Brasileiro de Filosofia e Ciência Raimundo Lúlio, 2011.

GILSON, E. **A filosofia na Idade Média**. Tradução de Eduardo Brandão. São Paulo: M. Fontes, 1995.

GINGRICH, F. W.; DANKER, F. W. **Léxico do Novo Testamento grego/português**. São Paulo: Vida Nova, 2003.

GOLDSWORTHY, G. **Introdução à teologia bíblica**: o desenvolvimento do evangelho em toda a Escritura. São Paulo: Vida Nova, 2018.

GOMES, L. B. et al. As origens do pensamento sistêmico: das partes para o todo. **Pensando Famílias**, v. 18, n. 2, p. 3-16, 2014. Disponível em: <http://pepsic.bvsalud.org/pdf/penf/v18n2/v18n2a02.pdf>. Acesso em: 20 jan. 2023.

GOMES, S. B. Fé e razão em São Tomás de Aquino e sua importância na construção do conhecimento e da felicidade. **Revista Científica Cognitionis**, 2020. Disponível em: <https://unilogos.org/revista/wp-content/uploads/2020/11/F%C3%89-E-RAZ%C3%83O-EM-S%C3%83O-TOM%C3%81S-DE-AQUINO-E-SUA-IMPORT%C3%82NCIA-NA-CONSTRU%C3%87%C3%83O-DO-CONHECIMENTO-E-DA-FELICIDADE.pdf>. Acesso em: 20 jan. 2023.

GONÇALVES, W. C. A tradição apofática: perspectivas filosófica, teológica e mística do apofatismo. **Interações**, Belo Horizonte, v. 17, n. 1, p. 89-110, jan./jul. 2022. Disponível em: <http://periodicos. pucminas.br/index.php/interacoes/article/view/25791/19684>. Acesso em: 20 jan. 2023.

GONZÁLEZ, J. L.; PÉREZ, Z. M. **Introdução à teologia cristã**. São Paulo: Hagnos, 2008.

GRÄB, W. Praktische Theologie als Theorie der Kirchenleitung: Friedrich Schleiermacher. In: GRETHLEIN, C.; MEYER-BLANCK, M. **Geschichte der praktischen Theologie**. Berlin: Evangelische Verlagsanstalt, 1999. p. 67-110.

GRUDEM, W. **Teologia sistemática**: atual e exaustiva. São Paulo: Vida Nova, 2020.

GUERREIRO, S. Antropologia da religião. In: PASSOS. J. D.; USARSKI, F. (Org). **Compêndio da ciência da religião**. São Paulo: Paulinas; Paulus, 2013. v. 1. p. 243-256.

GUSDORF, G. **Mythe et métaphysique**. Paris: Champs; Flammarion, 1984.

GUTIÉRREZ, G. **Teologia da libertação**: perspectivas. Petrópolis: Vozes, 1975.

GUTIÉRREZ, G. **Teologia da libertação**: perspectivas. São Paulo: Loyola, 2000.

HÄGGLUND, B. **História da teologia**. Porto Alegre: Concórdia, 2003.

HAMMES, E. J. Pode teologia ser ciência? **Teocomunicação**, v. 36, n. 153, p. 541-554, set. 2006. Disponível em: <https://revistaseletronicas. pucrs.br/index.php/teo/article/view/1747/1280>. Acesso em: 20 jan. 2023.

HEIDEGGER, M. **Carta sobre o humanismo**. Tradução de Rubens Eduardo Frias. São Paulo: Moraes, 1991.

HIEBERT, P. G. **O Evangelho e a diversidade das culturas**: um guia de antropologia missionária. São Paulo: Vida Nova, 2001.

HOCH, L. C. O lugar da teologia prática como disciplina teológica. **Estudos Teológicos**, v. 32, n. 2, p. 100-112, 1992.

HORSLEY, R. A. **Arqueologia, história e sociedade na Galileia**: o contexto social de Jesus e dos Rabis. São Paulo: Paulus, 2000.

HUME, D. **Diálogos sobre a religião natural**. Tradução de Bruna Fracolla. Salvador: Ed. da UFBA, 2016.

INPE – Instituto Nacional de Pesquisas Espaciais. **Introdução à astronomia e astrofísica**. São José dos Campos: Inpe, 2018.

INTERSABERES (Org.). **História das religiões, apocalipse e história de Israel**. Curitiba: InterSaberes, 2016.

INSTITUTO SANTO ATANÁSIO. **Paradoxos do catolicismo**: fé e razão. 27 mar. 2019. Disponível em: <https://institutosantoatanasio.org/blog/item/98-paradoxos-do-catolicismo-fe-e-razao>. Acesso em: 20 jan. 2023.

JOINER, E. **Manual prático de teologia**. Rio de Janeiro: Central Gospel, 2004.

JORGE, A. M. **A religião como fator civilizatório no Egito Antigo**. 56 f. Trabalho de Conclusão de Curso (Licenciatura em História) – Universidade do Sul de Santa Catarina, Tubarão, 2018. Disponível em: <https://repositorio.animaeducacao.com.br/bitstream/ANIMA/9100/4/TCC%20Arthur%20Marques%20Jorge.pdf>. Acesso em: 20 jan. 2023.

JUSTINO, A. A. **Teologia da libertação e marxismo**: religião e lutas emancipatórias. Florianópolis: Ed. da UFSC, 2017.

KALIL, S. Madre Teresa de Calcutá: imagem, santificação e presença. **Mediação**, v. 19, n. 25, p. 87-101, 2017. Disponível em: <http://revista.fumec.br/index.php/mediacao/article/view/5419>. Acesso em: 20 jan. 2023.

KARDEC, A. **A Gênese**: os milagres e as predições segundo o espiritismo. Brasília: FEB, 2013.

KARDEC, A. **Introdução ao estudo do espiritismo e estudo da obra clássica**. Brasília: FEB, 2016.

KÄSER, L. **Diferentes culturas**: uma introdução à etnologia. Londrina: Descoberta, 2004.

KAUTSKY, K. **Der Ursprung des Christentums**. Stuttgart: J. H. M Dietz Nachfolger, 1908.

KONINGS, J. A teologia como ciência e a universidade brasileira. **Perspectiva Teológica**, v. 39, n, 108, p. 239-245, jan. 2007. Disponível em: <https://www.faje.edu.br/periodicos/index.php/perspectiva/article/view/785/1217>. Acesso em: 20 jan. 2023.

KUZMA, C. A. A esperança cristã na "teologia da esperança": 45 anos da teologia da esperança de Jürgen Moltmann: sua história, seu caminho, sua esperança. **Pistis & Praxis: Teologia Pastoral**, v. 1, n. 2, p. 443-467, 2009. Disponível em: <https://www.redalyc.org/pdf/4497/449749241010.pdf>. Acesso em: 20 jan. 2023.

KUZMA, C. A. O teólogo Jürgen Moltmann e o seu caminhar teológico realizado na esperança: acenos teo-biográficos. **Atualidade Teológica**, v. 17, n. 43, p. 15-38, jan.-abr. 2013. Disponível em: <https://www.maxwell.vrac.puc-rio.br/22671/22671.PDF>. Acesso em: 20 jan. 2023.

KWOK, P. **Feminist Theology and the New Imperialism**. Cambridge: Emory University, 2007.

LAERTIUS, D. **The Lives and Opinions of Eminent Philosophers**. Bohn: G. Bell, 1909. v. 1.

LANGFORD, M. J. **A Liberal Theology for the Twenty-First Century**: a Passion for Reason. London: Routledge, 2017.

LANGSTON, A. B. **Esboço de teologia sistemática**. Rio de Janeiro: Juerp, 2019.

LEMOS, C. S. Teologia da prosperidade e sua expansão pelo mundo. **Reveleteo**, v. 11, n. 20, p. 80-96, 2017. Disponível em: <https://revistas.pucsp.br/index.php/reveleteo/article/view/35992/24781>. Acesso em: 20 jan. 2023.

LIBANIO, J. B. **Introdução à teologia fundamental.** São Paulo: Paulus, 2014.

LIBANIO, J. B.; MURAD, A. **Introdução à teologia**: perfil, enfoques, tarefas. São Paulo: Loyola, 2007.

LIBRARY OF CONGRESS. **Gutenberg Bible.** Disponível em: <https://www.loc.gov/item/2021666734/>. Acesso em: 20 jan. 2023.

LOPES, A. N. A teologia da tragédia. **Defesa da Fé**, n. 91, maio/jun. 2011. Disponível em: <https://www.icp.com.br/df91materia5.asp>. Acesso em: 20 jan. 2023.

MACEDO, J. R. Os filhos de Cam: a África e o saber enciclopédico medieval. **Signum**, v. 3, p. 101-132, 2001.

MACHADO, J. Jesus: profeta milagreiro dos necessitados. **Revista Teológica**, n. 7, v. 6, p. 24-33, mar. 2016. Disponível em: <http://ead.teologica.net/revista/index.php/teologicaonline/article/view/41>. Acesso em: 20 jan. 2023.

MACHADO, R. da S. Teologia e experiência: uma abordagem sobre a centralidade da experiência para a teologia. **Atualidade Teológica**, v. 16, n. 40, p. 87-100, jan.-abr. 2012. Disponível em: <https://www.maxwell.vrac.puc-rio.br/21632/21632.PDFXXvmi=>. Acesso em: 20 jan. 2023.

MAGALHÃES, E. dos S. As relações entre a ontologia grega e a formação da teologia cristã: uma abordagem panorâmica. **Revista Batista Pioneira**, Ijuí, v. 7, n. 2, p. 487-514, 2018.

MARASCHIN, J. A teologia dos filósofos gregos e a teologia cristã. **Correlatio**, v. 3, n. 5, p. 13-26, 2004. Disponível em: <https://www.metodista.br/revistas/revistas-metodista/index.php/COR/article/view/1779/1764>. Acesso em: 20 jan. 2023.

MARSHALL, I. H. **Teologia do Novo Testamento**: diversos testemunhos, um só Evangelho. São Paulo: Vida Nova, 2007.

MARX, K.; ENGELS, F. **Manifesto comunista**. Tradução de Álvaro Pina e Ivana Jinkings. São Paulo: Boitempo, 2010.

MATOS, A. S. **Fundamentos da teologia histórica**. São Paulo: Mundo Cristão, 2018.

MATTOS, L. A. A ética teológica cristã e o princípio misericórdia. **Teologia em Questão**, n. 35, p. 38-53, 2019. Disponível em: <https://tq.dehoniana.com/tq/index.php/tq/article/view/254/216>. Acesso em: 20 jan. 2023.

MAUGANS, T. A. The Spiritual History. **Archives of Family Medicine**, n. 5, v. 1, p. 11-16, 1996.

MAURÍLIO, G.; KUNZ, M. Z. As origens norte-americanas da teologia da prosperidade, seus ensinos e sua influência no contexto brasileiro. **Revista Via Teológica**, v. 19, n. 37, jun. 2018. Disponível em: <https://www.fabapar.com.br/blog/as-origens-norte-americanas-da-teologia-da-prosperidade-seus-ensinos-e-sua-influencia-no-contexto-brasileiro/>. Acesso em: 20 jan. 2023.

MEDEIROS, A. Filosofia cristã: interioridade e dever. **Sabedoria Política**, abr. 2016. Disponível em: <https://www.sabedoriapolitica.com.br/products/filosofia-crista-interioridade-e-dever/>. Acesso em: 20 jan. 2023.

MENEZES, J. M. de. As teologias sociais. **Josias Moura**, 23 out. 2008. Blog. Disponível em: <https://josiasmoura.wordpress.com/2008/10/23/as-teologias-sociais/>. Acesso em: 20 jan. 2023.

MEYERS, R. G. **Empirismo**. Petrópolis: Vozes, 2017.

MOLINARI, R. **Entre a fé e a razão**: o amor. Capivari, SP: Ed. EME, 2018.

MOLTMANN, J. **Teologia da esperança**: estudos sobre os fundamentos e as consequências de uma escatologia cristã. São Paulo: Loyola, 2005.

MONTANER, V.-M. C. i. **Liberación y divinización del hombre**: teología de la gracia. Salamanca: Gráficas Cervantes, 1994. Tomo II: Estudio sistemático.

MORA, U. A. Desafios atuais da teologia contemporânea. Tradução de Sandro Pereira. **Eclesy**, 27 jun. 2021. Disponível em: <https://eclesy.com/desafios-atuais-da-teologia-contemporanea/>. Acesso em: 20 jan. 2023.

MORRIS, A. E. J. **History of Urban Form**: Before the Industrial Revolution. Londres: George Godwin Limited, 1972.

MYATT, A.; FERREIRA, F. **Teologia sistemática**. Rio de Janeiro: Seminário Teológico Batista do Rio de Janeiro; São Paulo: Faculdade Teológica Batista de São Paulo, 2002. Disponível em: <https://www.faberj.edu.br/cfb-2015/downloads/biblioteca/estudos_biblicos/Teologia_Sistematica.pdf>. Acesso em: 20 jan. 2023.

NASCIMENTO, A.; SILVA, J. F. da. **Missão, missões, antimissão**: o projeto de Deus e os empreendimentos humanos. São Paulo: Reflexão, 2011.

NASCIMENTO, D. F. M. P. Fílon de Alexandria e a tradição filosófica. **Metavóia**, n. 5, p. 55-80, jul. 2003. Disponível em: <https://ufsj.edu.br/portal-repositorio/File/lable/revistametanoia_material_revisto/revista05/texto05_filondealexandria_tradicaofilosofica.pdf>. Acesso em: 20 jan. 2023.

NORONHA, C. U. A. Teologia da libertação: origem e desenvolvimento. **Fragmentos de Cultura**, Goiânia, v. 22, n. 2, p. 185-191, abr./jun. 2012. Disponível em: <http://seer.pucgoias.edu.br/index.php/fragmentos/article/view/2307/1410>. Acesso em: 20 jan. 2023.

OLIVEIRA, C. E. **Entre a filosofia e a teologia**: os futuros contingentes e a predestinação divina segundo Guilherme de Ockham. São Paulo: Paulus, 2014.

OLIVEIRA, D. S. Teologia filosófica de Kant: prospecto e atualidade. **Numen**, v. 20, n. 2, p. 17-29, jul./dez. 2017. Disponível em: <https://periodicos.ufjf.br/index.php/numen/issue/view/928>. Acesso em: 20 jan. 2023.

OLIVEIRA, F. de A. Reflexões críticas sobre weltanschauung: uma análise do processo de formação e compartilhamento de cosmovisões numa perspectiva teo-referente. **Fides Reformata**, v. 13, n. 1, p. 31-52, 2008. Disponível em: <https://cpaj.mackenzie. br/fileadmin/user_upload/2-Uma-an%C3%A1lise-do-processo-deforma%C3%A7%C3%A3o-e-compartilhamento-de-cosmovis% C3%B5es-numa-perspectiva-teo-referente-Fabiano-de-Almeida-Oliveira.pdf>. Acesso em: 20 jan. 2023.

OLIVEIRA, G. V. Críticas à teologia dualista. **Revista Eletrônica de Teologia e Ciências das Religiões**, Vitória, v. 5, n. 2, p. 285-301, 2017.

OLIVEIRA, M. V. F. Teologia das religiões: por que não pluralismo? **Caminho de Diálogo**, v. 7, n. 10, p. 36-47, 2019. Disponível em: <https://www.researchgate.net/publication/343806669_Teologia_ das_religioes_por_que_nao_o_pluralismo>. Acesso em: 20 jan. 2023.

OLIVEIRA, R. C. **Caminhos da identidade**: ensaios sobre etnicidade e multiculturalismo. São Paulo: Unesp, 2006.

OLIVEIRA, T. A escolástica como filosofia de método de ensino na universidade medieval: uma reflexão sobre o Mestre Tomás de Aqui no. **Notandum**, n. 32, p. 37-50, maio-ago. 2013. Disponível em: <http://www.hottopos.com/notand32/03terezinha.pdf>. Acesso em: 20 jan. 2023.

OLIVEIRA, V. **A arquitetura suméria e chinesa**: aulas de história e teoria. Porto: Universidade do Porto, 1981.

OLSON, R. E. Teologia arminiana: mitos e realidades. **Azusa**, São Paulo, v. 5, n. 2, p. 211-218, 2013.

PADILLA, R. C. **Missão integral**: o reino de Deus e a Igreja. Viçosa, MG: Ultimato, 2014.

PADOVESE, L. **Introdução à teologia patrística**. São Paulo: Loyola, 1999.

PÁDUA, L. P. de. Espiritualidade e Bíblia: integração e humanização geradas por um livro vivo. **Atualidade Teológica**, v. 46, p. 58-80, jan./abr. 2014. Disponível em: <https://www.maxwell.vrac.puc-rio.br/23287/23287.PDF>. Acesso em: 20 jan. 2023.

PAINE, S. R. Exclusivismo, inclusivismo e pluralismo religioso. **Revista Brasileira de História das Religiões**, Brasília, ano I, n. 1, p. 100-110, 2007.

PALÁCIO, C. Que significa crer em Jesus Cristo hoje? Preâmbulos para uma fé sensata e responsável. **Revista de Estudos de Teologia e Ciências**, Belo Horizonte, v. 1, n. 1, p. 41-54, 1997.

PANASIEWICZ, R. Fundamentalismo religioso: história e presença no cristianismo. In: SIMPÓSIO DA ASSOCIAÇÃO BRASILEIRA DE HISTÓRIA DAS RELIGIÕES, 10., 2008, Assis (SP). **Anais**... Assis: ABHR, 2008a.

PANASIEWICZ, R. Olhar hermético ou hermenêutico: fundamentalismo religioso, origens e desafios. In: SIMPÓSIO INTERNACIONAL PUC-RIO, 1., 2008, Rio de Janeiro. **Anais**... Rio de Janeiro: PUCRJ, 2008b. Disponível em: <https://www2.dbd.puc-rio.br/pergamum/docdigital/simposioteologia/comicacoes.htm>. Acesso em: 20 jan. 2023.

PANASIEWICZ, R. Os níveis ou formas de diálogo inter-religioso: uma leitura a partir da teologia cristã. **Horizonte**, v. 2, n. 3, p. 39-54, 1º ago. 2003. Disponível em: <http://periodicos.pucminas.br/index.php/horizonte/article/view/597/624>. Acesso em: 20 jan. 2023.

PASSOS, J. D. **Concílio Vaticano II**: reflexões sobre um carisma em curso. São Paulo: Paulus, 2014.

PASSOS, J. D. **Teologia e outros saberes**: uma introdução ao pensamento teológico. São Paulo: Paulinas, 2010.

PASSOS, J. D. Teologia que fala à universidade. **Revista de Cultura Teológica**, São Paulo, v. 14, n. 54, p. 19-37, jan./mar. 2006.

PAULO VI, Papa. **Constituição Dogmática Dei Verbum**. Roma, 18 nov. 1965. Disponível em: <https://www.vatican.va/archive/hist_councils/ii_vatican_council/documents/vat-ii_const_19651118_dei-verbum_po.html>. Acesso em: 20 jan. 2023.

PAULY, L. E. O novo rosto do ensino de teologia no Brasil: números, normas legais e espiritualidade. **Revista Eletrônica do Núcleo de Estudos e Pesquisa do Protestantismo**, São Leopoldo, v. 10, p. 20-35, 2006.

PEINADO, M. R. S. de S. O ensino do Trivium e do Quadrivium, a linguagem e a história na proposta de educação agostiniana. **Imagens da Educação**, v. 2, n. 1, p. 1-10, 2012.

PENKALA, R. Heinrich Eberhard Gottlob Paulus. **Biografias alemãs**. Disponível em: <https://www-biografie--niemieckie-pl.translate.goog/heinrich-eberhard-gottlob-paulus?_x_tr_sl=pl&_x_tr_tl=pt&_x_tr_hl=pt-BR&_x_tr_pto=sc>. Acesso em: 20 jan. 2023.

PESSANHA, J. A. M. **Sócrates**: vida e obra. São Paulo: Nova Cultural, 1987. (Coleção Os Pensadores).

PESSINI, L. A espiritualidade interpretada pelas ciências e pela saúde. **Mundo da Saúde**, n. 31, v. 2, p. 187-195, 2007. Disponível em: <https://revistamundodasaude.emnuvens.com.br/mundodasaude/article/view/894/831>. Acesso em: 20 jan. 2023.

PEZZINI, L. A. P. **Teologia social**. Curitiba: InterSaberes, 2016.

PIGOZZO, D.; LIMA, N. W.; NASCIMENTO, M. M. A filosofia sistêmica de Fritjof Capra: um olhar ecológico para a física e para o ensino de física. **Caderno Brasileiro de Ensino de Física**, v. 36, n. 3, p. 704-734, 2019. Disponível em: <https://periodicos.ufsc.br/index.php/fisica/article/view/2175-7941.2019v36n3p704/42066>. Acesso em: 20 jan. 2023.

PINHEIRO, M. P. F. A atracção pelo Egipto na literatura grega. **Humanitas**, v. 47, tomo I, p. 441-468, 1995. Disponível em: <https://www.uc.pt/fluc/eclassicos/publicacoes/ficheiros/humanitas47/31_Futre_Pinheiro.pdf>. Acesso em: 20 jan. 2023.

PINHO, A. de. Da cruz de Cristo à natureza de Deus. **Humanística e Teologia**, Lisboa, v. 33, n. 1, p. 23-30, 2012.

PIPER, J. **Alegrem-se os povos**: a supremacia de Deus em missões. São Paulo: Cultura Cristã, 2001.

PIPER, J.; MATHIS, D. **Cumprindo a missão**: levando o Evangelho aos não alcançados e aos não engajados. Rio de Janeiro: CPAD, 2015.

PIRES, F. P. Liberdade e religião no existencialismo de Jean-Paul Sartre. **Sacrilegens**, v. 2, n. 1, p. 2-21, 2005.

PLATÃO. **Eutidemo**. São Paulo: Loyola, 2011.

POIARES, C. A. Liberdade, igualdade e fraternidade: ontem e hoje. **Res-Publica**, Porto, n. 1, p. 155-164, 2005. Disponível em: <https://recil.ensinolusofona.pt/bitstream/10437/369/1/artigos_3.pdf>. Acesso em: 20 jan. 2023.

PORTE JR., W. Credo ut intelligam I: Anselmo de Cantuária e o argumento ontológico. **Teologia Brasileira**, 12 dez. 2012. Disponível em: <https://teologiabrasileira.com.br/credo-ut-intelligam-i-anselmo-de-cantuaria-e-o-argumento-ontologico/>. Acesso em: 20 jan. 2023.

PRABHUPĀDA, A. C. **Além do nascimento e da morte**. São Paulo: Bhaktivedanta Book Trust Brasil, 1986a.

PRABHUPĀDA, A. C. **Bhaktivedanta Swami**: o Bhagavad-Gita como ele é. São Paulo: Bhaktivedanta Book Trust Brasil, 1986b.

PRESBÍTEROS.ORG.BR. **Fé e teologi**a. Disponível em: <https://presbiteros.org.br/fe-e-teologia/>. Acesso em: 20 jan. 2023.

PROVINCIATTO, L. G.; KIRCHNER, R. O caráter científico da teologia a partir da conferência *Fenomenologia e Teologia* de Martin Heidegger. **Estudos da Religião**, v. 31, n. 2, p. 127-151, 2017. Disponível em: <https://www.metodista.br/revistas/revistas-ims/index.php/ER/article/view/7175/5919>. Acesso em: 20 jan. 2023.

PUNTEL, L. B. A teologia cristã em face da filosofia contemporânea. **Síntese**, v. 28, n. 92, p. 359-389, 2001. Disponível em: <https://www.faje.edu.br/periodicos/index.php/Sintese/article/view/548/971>. Acesso em: 20 jan. 2023.

QUEIROZ, T. A. P. de. **O Renascimento**. São Paulo: Edusp, 1995.

RASOR, P. **Faith without Certainty**: Liberal Theology in the 21st Century. Boston: Skinner House Books, 2005.

RAUSCHENBUSCH, W. **Uma teologia para o evangelho social**. Vitória: Unida; São Paulo: Astes, 2019.

REEGEN, J. G. J. ter; SILVA, F. G. P. da. Notas de Ibn Sina sobre a teologia de Aristóteles. **Kairós**, v. 12, p. 160-172, 2021. Disponível em: <https://ojs.catolicadefortaleza.edu.br/index.php/kairos/article/view/111>. Acesso em: 20 jan. 2023.

REILLY, A. J. **Os mártires do Coliseu**: o sofrimento dos cristãos no grande anfiteatro romano. Rio de Janeiro: CPAD, 2005.

RIBEIRO, A. C. Teologia da cruz: a coragem de dizer a verdade. **Atualidade Teológica**, n. 29, p. 270-275, 2008. Disponível em: <https://www.maxwell.vrac.puc-rio.br/18363/18363.PDF>. Acesso em: 20 jan. 2023.

RIBEIRO, C. de O. O que um cristão precisa saber sobre a teologia da prosperidade. **Caminhando**, São Paulo, v. 12, n. 1, p. 41-56, 2007. Disponível em: <https://www.metodista.br/revistas/revistas-metodista/index.php/Caminhando/issue/view/89>. Acesso em: 20 jan. 2023.

RIBEIRO, C. de O. Pluralismo e religiões: bases ecumênicas para uma teologia das religiões. **Estudos de Religião**, v. 26, n. 42, p. 209-237, jan./jun. 2012. Disponível em: <https://www.metodista.br/revistas/revistas-ims/index.php/ER/article/viewFile/2983/3098>. Acesso em: 20 jan. 2023.

RIBEIRO, C. de O.; GONÇALVES, A. Modelos de interpretação teológica das religiões: crítica e proposição. **Revista de Cultura Teológica**, n. 96, p. 340-366, maio-ago. 2020. Disponível em: <https://revistas.pucsp.br/index.php/culturateo/article/view/47638/html>. Acesso em: 20 jan. 2023.

RICHARD, P. A teologia da libertação na nova conjuntura: temas e novos desafios para a década de noventa. **Estudos Teológicos**, v. 31. n. 3, p. 206-220, 1991. Disponível em: <http://periodicos.est.edu.br/index.php/estudos_teologicos/article/view/1001/967>. Acesso em: 20 jan. 2023.

RICHARDSON, D. **O fator Melquisedeque**: o testemunho de Deus nas culturas através do mundo. Tradução de Neyd Siqueira. São Paulo: Vida Nova, 1995.

RIENECKER, F.; ROGERS, C. **Chave linguística do Novo Testamento grego**. São Paulo: Vida Nova, 1995.

RIVEROS, J. M. O legado de Niels Bohr. **Química Nova**, São Paulo, v. 36, n. 7, p. 931-932, 2013.

ROCHA, A. S. Provocações pós-humanistas à teologia cristã. **Perspectiva Teológica**, Belo Horizonte, v. 50, n. 3, p. 453-472, 2018.

ROCHA, M. C. C. F. Os significados dos mitos na civilização grega. **Biblos**, v. 6, p. 59-67, 1994.

RODRIGUES, E. H. S. **Introdução à teologia**. Indaial: Grupo Uniasselvi, 2009. Disponível em: <https://www.uniasselvi.com.br/extranet/layout/request/trilha/materiais/livro/livro.php?codigo=24941>. Acesso em: 20 jan. 2023.

RODRIGUES, N. L. R. Uma teologia para o evangelho social. **Estudos de Religião**, v. 33, n. 3, p. 367-373, set./dez. 2019. Resenha. Disponível em: <https://www.metodista.br/revistas/revistas-metodista/index.php/ER/article/view/10043/7127>. Acesso em: 20 jan. 2023.

ROEDEL, H. Do mito de Cam ao racismo estrutural: uma pequena contribuição ao debate. **Projeto Afro-Port – Afrodescendência em Portugal**, n. 2, p. 1-19, 2017. Disponível em: <https://cesa.rc.iseg.ulisboa.pt/afroport/wp-content/uploads/2020/07/ROEDEL-H-Do-Mito-de-Cam-ao-Racismo.pdf>. Acesso em: 20 jan. 2023.

ROSA, W. P. da. **O dualismo na teologia cristã**: a deformação da antropologia bíblica e suas consequências. São Leopoldo: EST, 2010.

ROSS, L. The Spiritual Dimension: Its Importance to Patients Health, Well-Being and Quality of Life and Its Implications for Nursing Practice. **International Journal of Nurse Studies**, n. 32, p. 457-468, 1995.

RUST, L. D. O Concílio, o papado e o tempo: ou algumas considerações críticas sobre a institucionalização do papado medieval (1050-1270). **História: Questões & Debates**, Curitiba, n. 46, p. 163-187, 2007.

RYRIE, C. C. **A Bíblia anotada**. São Paulo: Mundo Cristão, 1994.

SAAD, M.; MASIERO, D.; BATTISTELLA, L. R. Espiritualidade baseada em evidências. **Acta Fisiátrica**, São Paulo, v. 8, n. 3, p. 107-112, 2001. Disponível em: <https://www.revistas.usp.br/actafisiatrica/article/view/102355/100673>. Acesso em: 20 jan. 2023.

SALDANHA, V.; SIMÃO, M. Resiliência e o desenvolvimento de valores: espiritualidade e ações sob a ótica da abordagem integrativa transpessoal (AIT). In: FERREIRA, A. L. et al. (Org.). **Tratado de psicologia transpessoal**: perspectivas atuais em psicologia. Recife: Ed. da UFPE, 2019. p. 228-253. v. 2. Disponível em: <https://editora.ufpe.br/books/catalog/view/97/107/287>. Acesso em: 20 jan. 2023.

SANCHES, S. de M. A contextualização da teologia: conceitos, história, tensões, métodos e possibilidades. **Revista Tecer**, Belo Horizonte, v. 2, n. 3, p. 1-20, 2009.

SANTANA FILHO, M. B. **Palavra de Deus e ação profética na teologia de Karl Barth**: a renovação da Igreja a partir de sua vocação para o serviço à comunidade. 175 f. Dissertação (Mestrado em Teologia) – Pontifícia Universidade Católica do Rio de Janeiro, Rio de Janeiro, 2007. Disponível em: <https://www.maxwell.vrac.puc-rio.br/colecao.php?strSecao=resultado&nrSeq=11580@1>. Acesso em: 20 jan. 2023.

SANTIAGO, F. S. Deuses e deusas na formação cultural de Israel. In **Totum**, v. 4, n. 2, p. 70-73, 2017. Disponível em: <https://www.metodista.br/revistas-izabela/index.php/tec/article/view/177>. Acesso em: 20 jan. 2023.

SANTOS, B. dos. O ensino da teologia. **Revista de Cultura Teológica**, n. 7, p. 9-12, 1994. Disponível em: <https://revistas.pucsp.br/index.php/culturateo/article/view/14128/14979>. Acesso em: 20 jan. 2023.

SANTOS, M. F. dos. **Filosofia da afirmação e da negação**. São Paulo: É Realizações, 2017.

SANTOS, P. V. dos. **Religião e sociedade no Egito Antigo**: uma leitura do mito de Ísis e Osíris na obra de Plutarco (I d.C.). 150 f. Dissertação (Mestrado em História) – Universidade Estadual Paulista "Júlio de Mesquita Filho", Assis, 2003.

SARTRE, J. P. **O existencialismo é um humanismo**. Tradução de Vergílio Ferreira. São Paulo: Abril, 1973.

SBB – Sociedade Bíblica do Brasil. **Bíblia Sagrada**: nova tradução na linguagem de hoje. Barueri: SBB, 2018.

SCHMIDT, E. Autoridade da Sagrada Escritura e interpretação científica. **Estudos Teológicos**, v. 19, n. 2, p. 85-94, 1979. Disponível em: <http://periodicos.est.edu.br/index.php/estudos_teologicos/article/view/1365>. Acesso em: 20 jan. 2023.

SCHMITT, F. Método histórico-crítico: um olhar em perspectiva. **Estudos Teológicos**, v. 59, n. 2, p. 325-339, 2019.

SCHNEIDER-HARPPRECHT, C.; ZWETSCH, R. E. (Org.). **Teologia prática no contexto da América Latina**. 3. ed. São Leopoldo: Sinodal, 2011.

SCHNEIDERS, S. **Critical Exegesis, and the Theological Interpretation of Scripture**. Cambridge: Cambdrige University Press, 2021.

SCHOLZ, V. **Novo Testamento interlinear grego-português**. Barueri: Sociedade Bíblica do Brasil, 2004.

SCHÜSSLER-FIORENZA, E. Deus trabalha em meio a nós: de uma política de identidade para uma política de luta. Tradução de Neusa Steiner e João Edênio Valle. **Revista de Estudos das Religiões**, n. 1, p. 56-77. 2002. Disponível em: <http://www4.pucsp.br/rever/rv1_2002/p_fioren.pdf>. Acesso em: 20 jan. 2023.

SEVERA, Z. A. **Manual de teologia sistemática**. Curitiba: ADSantos, 1999.

SEVERO, C. G. **Línguas de Angola**. 2022. Disponível em: <https://kadila.net.br/linguas-de-angola/>. Acesso em: 20 jan. 2023.

SHEDD, R. P. **Bíblia Shedd**. Barueri: Sociedade Bíblica do Brasil, 1997.

SILVA, A. O. O perfil profissional e as competências do teólogo nas diretrizes curriculares nacionais para o curso de graduação em teologia. **Revista Via Teológica**, Curitiba, v. 22, n. 43, p. 186-200, 2021. Disponível em: <https://periodicos.fabapar.com.br/index.php/vt/article/view/232/298>. Acesso em: 20 jan. 2023.

SILVA, B. F. de; JUNQUEIRA, S. R. Z. Os limites de uma teologia pública e suas implicações na caracterização da profissão do teólogo. **Caderno Teológico da PUCPR**, v. 2, n. 2, p. 71-80, 2014.

SILVA, J. A. da. A teologia nas universidades. **Revista de Cultura Teológica**, São Paulo, p. 73-84, 2010.

SILVA, J. B. da; SILVA, L. B. da. Relação entre religião, espiritualidade e sentido da vida. **Revista Logos & Existência**, v. 3, n. 2, p. 203-215, 2014. Disponível em: <https://periodicos.ufpb.br/ojs2/index.php/le/article/view/22107>. Acesso em: 20 jan. 2023.

SILVA, P. H. P. **A distinção entre os saberes da filosofia e da teologia na discussão da eternidade do mundo em Boécio de Dácia**: conflitos nas Faculdades de Artes e Teologia de Paris do século XIII. 109 f. Dissertação (Mestrado) – Universidade Federal de São João Del-Rey, 2021. Disponível em: <https://www.ufsj.edu.br/portal2-repositorio/File/pghis/DissertacaoPedroHenriquePSilva.pdf>. Acesso em: 20 jan. 2023.

SILVA, S. R. F. da **Teologia da libertação**: revolução e reação interiorizadas. 142 f. Dissertação (Mestrado em História) – Universidade Federal Fluminense, Niterói, RJ, 2006. Disponível em: <https://www.historia.uff.br/stricto/td/924.pdf>. Acesso em: 20 jan. 2023.

SILVA, T. C. da. A tradição e a iconografia do profeta Elias, no Ocidente e Oriente Tardo-Antigo e Medieval. In: SIMPÓSIO NACIONAL DE TEOLOGIA ORIENTAL, 1., 2013, Curitiba. **Anais**... Curitiba: Fasbam, 2013. v. 1, n. 1, p. 123-138. Disponível em: <https://fasbam.edu.br/pesquisa/periodicos/index.php/teologia-oriental/article/view/52/27>. Acesso em: 20 jan. 2023.

SILVA, W. C. O panorama histórico-filosófico no tempo de Paulo: o helenismo. **Revista de Cultura Teológica**, São Paulo, v. 18, n. 72, p. 23-53, 2010.

SILVEIRA, F. L. da. A teoria do conhecimento de Kant: o idealismo transcendental. **Caderno Brasileiro de Ensino de Física**, v. 19, número especial, p. 28-51, mar. 2002. Disponível em: <https://www.if.ufrgs.br/~lang/Textos/KANT.pdf>. Acesso em: 20 jan. 2023.

SIMPSON, J. A.; WEINER, E. S. **The Oxford Encyclopaedic English Dictionary**. 2. ed. Oxford: Clarendon Press, 1989. v. 20.

SINNER, R. E. von. Teologia como ciência. **Estudos Teológicos**, v. 47, n. 2, p. 57-66, 2007. Disponível em: <http://periodicos.est.edu.br/index.php/estudos_teologicos/article/view/447>. Acesso em: 20 jan. 2023.

SOUZA, M. Uma teologia transreligiosa e libertadora. In: ARAGÃO, G.; VICENTE, M. (Org.). **Espiritualidades, transdisciplinaridade e diálogo**. Recife: Observatório Transdisciplinar das Religiões no Recife, 2015. v. 1. p. 162-173. E-book. Disponível em: <https://www1.unicap.br/observatorio2/wp-content/uploads/2018/10/E-book_Espiritualidades-transdisciplinaridade-e-di%C3%A1logo.pdf>. Acesso em: 20 jan. 2023.

SOUZA, V. C. "O inferno está vazio e os demônios estão aqui": uma reflexão existencialista sobre a História dos Infernos em diálogo com o demoníaco em Paul Tillich. **Revista Eletrônica Correlatio**, v. 10, n. 20, p. 43-65, dez. 2011. Disponível em: <https://www.metodista.br/revistas/revistas-ims/index.php/COR/article/view/2973/2871>. Acesso em: 20 jan. 2023.

SPINELLI, M. **Questões fundamentais da filosofia grega**. São Paulo: Loyola, 2006.

STORCK, A. **Filosofia medieval**. Rio de Janeiro: J. Zahar, 2003. (Coleção Filosofia Passo a Passo).

STOTT, J. **A mensagem de Atos**: até os confins da Terra. São Paulo: Abu, 2000.

STOTT, J. R. W. **Contracultura cristã**: a mensagem do Sermão do Monte. Tradução de Yolanda M. Krievin. São Paulo: Abu, 1981.

STROK, N. S. Dionisio Areopagita y Juan Escoto Eriugena en torno a la teología afirmativa y negativa: el peso de la fuente. **Argumentos**, v. 1, n. 2, p. 33-42, 2009. Disponível em: <http://periodicos.ufc.br/argumentos/article/view/18938/pdf>. Acesso em: 20 jan. 2023.

STRONG, A. H. **Systematic Theology**. Philadelphia: ABP, 1967.

SZKLARZ, E. Inspiração divina. **Superinteressante**, 28 fev. 2002. Disponível em: <https://super.abril.com.br/historia/inspiracao-divina/>. Acesso em: 20 jan. 2023.

TABORDA, S. J. F. Lex Orandi – Lex Credendi: origem, sentido e implicações de um axioma teológico. **Perspectiva Teológica**, Belo Horizonte, v. 35, n. 95, p. 71-86, 2003.

TILLICH, P. **Dinâmica da fé**. 6. ed. São Leopoldo: Sinodal, 2001.

TILLICH, P. **Gesammelte Werke**. 2. Aufl. Stuttgart: Evangelisches Verlagwerk: 1959. v. 1.

TILLICH, P. **Teologia sistemática**. 5. ed. São Leopoldo: Sinodal, 2005.

TIMOTHY, G. **Fiel testemunha**: a vida e a obra de William Carey. São Paulo: Vida Nova, 1997.

TUOHY, A. Rhetoric and Transformation: the Feminist Theology of Elisabeth Schüssler Fiorenza. **Australian Ejournal of Theology**, n. 5, p. 1-15, Aug. 2005. Disponível em: <https://acuresearchbank.acu.edu.au/download/91eed47573fdab3140854dde5941354cd1154d57f9fb3566948acf35dacb0cd5/644575/OA_Tuohy_2005_Rhetoric_and_transformation_the_feminist.pdf>. Acesso em: 20 jan. 2023.

VAISMAN, E. A ideologia e sua determinação ontológica. **Verinotio**, n. 12, p. 40-63, 2010. Disponível em: <http://www.verinotio.org/sistema/index.php/verinotio/article/view/100/90>. Acesso em: 20 jan. 2023.

VALERA, L. Morte no hinduísmo: transmigração e libertação. **Religare**, n. 9, v. 2, p. 195-204, dez. 2012. Disponível em: <https://periodicos.ufpb.br/ojs2/index.php/religare/article/view/15877/9088>. Acesso em: 20 jan. 2023.

VAZ, A. S. No princípio da Bíblia está o mito: a espiritualidade dos mitos de criação. **Didaskalia**, v. 37, n. 1, p. 45-73, 2007. Disponível em: <https://revistas.ucp.pt/index.php/didaskalia/issue/view/130>. Acesso em: 20 jan. 2023.

VERCOUTTER, J. **O Egito Antigo**. Tradução de Francisco G. Veidemann. São Paulo: Difel, 1980.

VERNANT, J. P. **As origens do pensamento grego**. Rio de Janeiro: Difel, 2002.

VIGIL, J. M. **Teologia do pluralismo religioso**: para uma releitura pluralista do cristianismo. São Paulo: Paulus, 2006.

VILLAS BOAS, A. **Teologia em diálogo com a literatura**: origem e tarefa poética da teologia. São Paulo: Paulus, 2017.

VOIGT, E. Messias e reino de Deus: aspectos da expectativa escatológica em escritos judaicos dos séculos 2 aC a 1 dC. **Estudos Bíblicos**, São Paulo, v. 25, n. 93, p. 65-76, 2007.

XAVIER, J. **Teologia contemporânea**. Joinville: Clube de autores, 2016. E-book.

WAKÚLENKO, S. Projecção da filosofia escolástica portuguesa na Polônia seiscentista. **Revista Filosófica de Coimbra**, n. 30, p. 343-381, 2006. Disponível em: <https://www.uc.pt/fluc/dfci/publicacoes/projeccao_da_filosofia_escolastica>. Acesso em: 20 jan. 2023.

WESTFALL, R. S. **The Life of Isaac Newton**. Cambridge: University Press, 1993.

WESTPHAL, E. R. Teologia como fé inteligente: aspectos teológico-filosóficos. **Vox Scripturae**, v. 18, n. 1, p. 77-109, maio 2010.

WHITE, E. **Testemunhos seletos**: a observância do sábado. Curitiba: CPB, 2019.

WILKINSON, T. **The Rise and Fall Of Ancient Egypt**. Cambridge: Cambridge University, 2013.

WILLERMOZ, J. B. **O homem-Deus**: tratado das duas naturezas – divina e humana. Joinville: Clube de Autores, 2016. E-book.

WUNENBURGER, J. J. **La vie des images**. Strasburg: Presses Universitaires de Strasbourg, 1995.

ZEFERINO, J. A teologia pública no Brasil: análise de um mapeamento. **Interações**, v. 15, n. 1, p. 90-107, 2020.

ZILLES, U. Espiritualidade cristã. In: TEIXEIRA, E. F. B.; MÜLLER, M. C.; SILVA, J. D. T. da. (Org.). **Espiritualidade e qualidade de vida**. Porto Alegre: EDIPUCRS, 2004. p. 10-22. Disponível em: <https://docplayer.com.br/2854746-Espiritualidade-e-qualidade-de-vida.html>. Acesso em: 20 jan. 2023.

ZILLES, U. Fé e razão na filosofia e na ciência. **Teocomunicação**, Porto Alegre, v. 35, n. 149, p. 457-479, set. 2005. Disponível em: <https://revistaseletronicas.pucrs.br/index.php/teo/article/view/1697/1230>. Acesso em: 20 jan. 2023. iritualidade-e-qualidade-de-vida.html>. Acesso em: 20 jan. 2023.

ZILLES, U. Filosofia e teologia na Idade Média. **Teocomunicação**, Porto Alegre, v. 43, n. 1, p. 106-129, jan./jun. 2013. Disponível em: <https://revistaseletronicas.pucrs.br/ojs/index.php/teo/article/view/14188/9426>. Acesso em: 20 jan. 2023.

ZILLES, U. O perfil do teólogo hoje. **Teocomunicação**, Porto Alegre, v. 38, n. 161, p. 338-447, set./dez. 2008.

Bibliografia comentada

EICHRODT, W. **Teologia do Antigo Testamento**. São Paulo: Hagnos, 2004.

Considerando que a teologia é uma ciência e que, no mundo científico, sempre há algo novo a descobrir, Walther Eichrodt nos oferece uma oportunidade de estudar a teologia do Antigo Testamento. A obra é repleta de referências e considerações teológicas sobre temas do Antigo Testamento. O termo aliança *é utilizado como base para todas as análises, e a pessoa de Deus é estudada em sua natureza, seus atributos e suas características, em um ambiente cheio de narrativas históricas e permeado de profecias. A teologia do Antigo Testamento é esmiuçada com base em estudos sobre literatura apocalíptica e escatológica. Há formulações múltiplas sobre teologia até o início do período histórico de domínio romano que antecedeu a vinda de Cristo como Messias.*

FERREIRA, F.; MYATT, A. **Teologia sistemática**: uma análise histórica, bíblica e apologética para o contexto atual. São Paulo: Vida Nova, 2007.

Essa é uma obra densa, mas que pode ser estudada de modo gradual e pausado. Com a abordagem de temas específicos, trata-se de uma contribuição muito rica de dois teólogos que estão caminhando pela estrada teológica há décadas. A obra é uma análise histórica, bíblica e apologética para o contexto atual e abre um horizonte teológico amplo e que tem sido muito útil e relevante. É um compêndio sistematizado para atender iniciantes e pós-graduados com profundidade, clareza e graça em todos os assuntos contemplados.

GOLDSWORTHY, G. **Introdução à teologia bíblica**: o desenvolvimento do evangelho em toda a Escritura. São Paulo: Vida Nova, 2018.

Essa obra segue um tema teológico básico que percorre todas as partes do Antigo e do Novo Testamento. O conteúdo bíblico é abordado com referência absoluta à pessoa de Jesus Cristo. Busca-se estudar o Reino de Deus e considera-se Cristo como o ponto culminante na história da redenção. A obra foi estruturada para responder a quatro perguntas: Por quê? Como? O quê? Onde? A teologia bíblica é essencial para um bom desenvolvimento e amadurecimento da vida acadêmica, eclesiástica e devocional.

GONZÁLEZ, J. L.; PÉREZ, Z. M. **Introdução à teologia cristã**. São Paulo: Hagnos, 2008.

Trata-se de obra compacta, que começa com a pergunta mais básica de nossa abordagem: O que é a teologia? Os autores abordam as funções da teologia e sua relação com outras ciências, a começar pela filosofia; avançam com a reflexão sobre a teologia no mundo; estudam a fundo a pessoa de Jesus Cristo e toda a sua obra; ponderam sobre a Igreja e sua história, com temas teológicos diversos, com destaque para o Reino de Deus, culminando com a esperança escatológica da vida eterna.

HÄGGLUND, B. **História da teologia**. Porto Alegre: Concórdia, 2003.

Essa obra de Bengt Hägglund tem como objetivo introduzir o estudante na literatura dogmática cristã, descrevendo suas etapas de desenvolvimento. A história da teologia é abordada como um ramo da história das ideias. A teologia é estudada para analisar temas que interpretam a fé cristã, desde a era dos pais apostólicos, nos primeiros séculos da Era Cristã, até as contribuições de teólogos e estudiosos do século XX. Trata-se de uma obra repleta de nomes que nestes dois mil anos de história da Igreja foram ativos e fizeram surgir muitos debates, o que levou ao amadurecimento da fé nos segmentos acadêmico e eclesiástico.

MARSHALL, I. H. **Teologia do Novo Testamento**: diversos testemunhos, um só Evangelho. São Paulo: Vida Nova, 2007.

Essa obra aborda todos os livros bíblicos do Novo Testamento sob o prisma da teologia que cada livro apresenta. As doutrinas e os ensinamentos identificados em cada livro consideram que o Novo Testamento, em toda a sua diversidade, tem uma identidade teológica unificada em torno da pessoa de Cristo, seu Evangelho e sua obra.

Respostas

Capítulo 1

Atividades de autoavaliação

1. a
2. c
3. a
4. c
5. b

Capítulo 2

Atividades de autoavaliação

1. e
2. a
3. b
4. a
5. d

Capítulo 3

Atividades de autoavaliação

1. c
2. d
3. e
4. b
5. a

Capítulo 4

Atividades de autoavaliação

1. d
2. a
3. b
4. c
5. e

Capítulo 5

Atividades de autoavaliação

1. d
2. b
3. e
4. b
5. c

Capítulo 6

Atividades de autoavaliação

1. a
2. e
3. b
4. a
5. d

Sobre o autor

Antonio Carlos da Silva é doutorando em Teologia do Antigo Testamento na Pontifícia Universidade Católica do Paraná (PUCPR), mestre em Teologia, especialista em Liderança e Pastoreio e bacharel em Teologia pelas Faculdades Batista do Paraná (Fabapar). Cursou língua hebraica na Universidade de Jerusalém. Seus estudos concentram-se nas áreas de organização e cuidado pastoral, exegese e textos bíblicos do Antigo Testamento.

Foi missionário em vários países e fez peregrinação missionária no Egito, em Israel e na Itália. É professor de ensino superior e, atualmente, leciona no Centro Universitário Internacional Uninter. É palestrante na Conferência Batista do Sétimo Dia Brasileira e no curso de Teologia Time (Treinamento Ministerial por Extensão). Também preside e atua como pastor na Missão Cristã Emanuel, em São José dos Pinhais-PR. É autor do *Livro de Daniel* (InterSaberes, 2021).

Impressão:
Maio/2023